Mitteleuropa zur Zeit Goethes

Marianne Reißinger

»Zwei Seelen, ach, in meiner Brust«

Marianne Reißinger

»Zwei Seelen, ach, in meiner Brust«

Goethe ganz privat

Mit 25 Abbildungen

Langen Müller

Bildnachweis:

Stiftung Weimarer Klassik: 13, 27, 55, 60, 102, 115, 161, 165, 170, 183, 213, 217, 223, 227, 241, 253, 254, 279; Artemis & Winkler Verlag, Düsseldorf: 19, 105, 111, 121
Der Verlag konnte in einzelnen Fällen die Inhaber der Rechte an den reproduzierten Fotos nicht ausfindig machen. Er bittet, ihm bestehende Ansprüche mitzuteilen.

Besuchen Sie uns im Internet unter
http://www.langen-mueller-verlag.de

Schutzumschlag: Atelier Seidel, Neuötting
Umschlagmotive: Archiv für Kunst und Geschichte, Berlin
Vorsatzkarte: Eckehard Radehose
Herstellung und Satz: VerlagsService Dr. Helmut Neuberger
& Karl Schaumann GmbH, Heimstetten
Gesetzt aus der 11/14 Punkt Weiss
Druck & Binden: Ueberreuter Buchproduktion, Korneuburg
Printed in Austria
ISBN 3-7844-2918-1

Inhalt

Ein Skandal

Das lesende Publikum war begeistert. Geistreiche Textdeuter und hochwissenschaftliche Forscher aber wandten sich mit Grausen. In welche Abgründe hatte der Germanist und Historiker Hans Gerhard Gräf hier Deutschlands Dichter- und Denkerfürsten Johann Wolfgang von Goethe im Jahr 1916 gestürzt? Wie konnte er es wagen, den 100. Todestag der Frau Geheimrat Christiane von Goethe zum Anlass zu nehmen, erstmals den Briefwechsel zu publizieren, die Post, die sich Goethe und Christiane zwischen 1792 und 1816 schickten? Dem Dichter des »Werther«, des »Wilhelm Meister«, des »Faust«, dem Philosophen und Naturforscher mochte man gerade noch den weltlichen Posten eines Ministers beim Herzog Karl August in Weimar zugestehen. Aber so menschliche Neigungen und Schwächen – die konnte ein Goethe nicht haben.

Niemand wehrte sich dagegen, einen Brief von Goethe zu lesen. Schließlich kannte man ja auch dessen intellektuelle Gedanken, die er der Weimarischen Hofdame Charlotte von Stein geschrieben hatte. Gut, man kennt nicht die Antworten der Angebeteten, weil Frau von Stein es für richtig gehalten hatte, sie zu vernichten, bzw. Goethe darum gebeten hatte; was er bekanntlich auch tat. Aber das hatte offensichtlich nur den Schriftsteller Gottfried Keller gestört. Nachdem er Goethes »Briefe an Frau von Stein« gelesen hatte, schrieb er 1872 an eine Freundin: »Ärgerlicherweise fehlen auch hier, wie in allen solchen Briefwechseln, die Briefe der Dame; ich weiß nicht, woher das kommt, aber es ist fast immer so und ist ein

Mißbrauch, daß die eine Hälfte solcher Korrespondenz immer auf die Seite gebracht wird. Man fährt immer im Nebel herum, da man nicht weiß, was die andere Partei werth ist.«

Dieses konnte man nun plötzlich ausgerechnet bei der Frau im Leben Goethes, die man – der Meinung vieler Zeitgenossen nur allzu gerne folgend – als die ungebildete, auch vulgäre Mesalliance des Geheimrats abtat. Der Irrtum eines Genies. Eine Peinlichkeit, über die man nicht sprach, denn ihr Ideal-Bild eines Mannes konnte einfach kein Mann nach bürgerlichem Muster sein: weder als leidenschaftlicher und treuer Liebhaber noch als fürsorglicher Vater seiner Familie. Dass Goethe mit der hübschen Christiane ein Verhältnis hatte, das hielt man für selbstverständlich. Aber warum er mit dieser Frau mit dem breiten thüringischen Akzent eine intakte Lebensgemeinschaft aufbaute, sie achtundzwanzig Jahre lang gegen die Bosheiten der Weimarer Hofgesellschaft schützte, das verstand seine Umwelt nicht. Doch hatten sie denn Goethe wirklich immer verstanden? Begriffen, was er meinte, wenn er in seinem »Torquato Tasso« schrieb:

Viel lieber, was ihr euch unsittlich nennt,
Als was ich mir unedel nennen müßte.

Ein Gedanke, der sich in vielen Variationen in seiner Korrespondenz mit dem »Hausschatz« wiederfindet. Und auch deshalb mag man bedauern, dass gerade die Briefe vor 1792 nicht erhalten sind, auch später große Lücken klaffen. Manches ging gewiss auf den oft komplizierten Postwegen verloren, vieles – z. B. Christianes Briefe zwischen 1804 und 1809 – mag Goethes gelegentlicher Aufräumwut zum Opfer gefallen sein. Erhalten blieben jedoch immer noch 354 Briefe von Goethe und 247 Briefe von Christiane.

Kaum verließ Johann Wolfgang von Goethe Weimar länger als einen Tag, dann berichtete er Christiane von seinen Erlebnissen,

Christiane Vulpius mit Schultertuch Federzeichnung 1789.

erkundigte sich nach ihrem Befinden. Der »Bettschatz« antwortete postwendend. Stilistisch entsprechen manche Briefe unseren heutigen Telefonaten: viele Gedanken, angerissen, angemerkt, oft auch als Erinnerungszettel für ein ausführliches mündliches Gespräch gedacht; Goethes Frankfurter und Christianes thüringischer Dialekt prägen die Diktion, unterstreichen die Natürlichkeit dieser Mitteilungen. Das Du ist die normale Anrede zwischen den Eheleuten. Wenn Christiane es mal mit dem Sie vermischt, dann hat sie den Brief entweder nicht selbst geschrieben oder einer der Boten hat ihr neugierig über die Schulter geschaut. Klatsch und Tratsch verstecken sich hinter heute manchmal kaum noch nachvollziehbaren harmlosen Andeutungen; Intimitäten sagen sich die Eheleute mit einer ungeheuren Sprach-Phantasie. Klug bedachten dabei Goethe und Christiane nicht nur, dass ihre Briefe für unbefugte Leser wertneutral blieben, sondern auch ihren Sekretären nicht alles offenbarten.

Goethe nämlich diktierte grundsätzlich, fügte nur hin und wieder einige Sätze von »eigener Hand« an, weil er – wie er 1812 an Josephine O'Donell schrieb – zu schnell dachte: »Ich bin niemals zerstreuter, als wenn ich mit eigner Hand schreibe: denn weil die Feder nicht so geschwind läuft, als ich denke, so schreibe ich oft den Schlußbuchstaben des folgenden Worts, ehe das erste noch zu Ende ist, und mitten in einem Komma fange ich den folgenden Perioden an; Ein Wort schreibe ich mit dreierlei Orthografie, und was die Unarten alle sein mögen.« Christiane dagegen stand anfangs mit Feder und Tinte noch mehr auf Kriegsfuß als Goethes Mutter, ganz zu schweigen von der Orthographie. Es fehlte ihr an Übung – und Geduld. Ihrem »liebsten Schatz« zu antworten, war für sie ein hartes Stück Arbeit. Goethe wusste es wohl zu schätzen, wenn er in einem Epigramm dichtete:

Welche Schrift ich zwei-, ja dreimal hinter einander
Lese? Das herzliche Blatt, das die Geliebte mir schreibt.

Im Detail also, in Briefen wie in Gedichten und manchen Epigrammen findet sich das, was Goethe in »Dichtung und Wahrheit« aus weiter Ferne und der Sicht eines alten Mannes nur andeutet: sein Leben als Ehemann. Es waren für den Dichter die vollkommensten Jahre.

Goethes Gartenhaus von der Rückseite an der Ilm, 1779/80.

Weimar ging, nahm er Philipp Seidel als Bedienten mit. Der Sohn eines Spenglers war früh Halbwaise geworden, hatte eine karge Jugend, war aber trotz geringer Vorbildung fähig, in einigen Frankfurter Familien als Lehrer zu fungieren. Goethes Schwester Cornelia gehörte zu seinen Schülerinnen. Dem Kaiserlichen Rath Johann Caspar Goethe leistete Seidel Schreiberdienste und kopierte daneben auch die Arbeiten Johann Wolfgangs. Der junge Herr zog Seidel immer mehr an sich und überredete ihn, ihm zu folgen. Vom Kammerdiener wuchs Seidel, den die Weimaraner damals nur Philipp nannten, – in die Rolle des Sekretärs hinein, wurde später Haushofmeister beim Herzog und Agent.

Goethe und Seidel, zwei lebenslustige junge Männer, waren viel miteinander unterwegs, teilten sich anfangs die Schlafkammer, durchschwatzten die Nächte. Goethe diktierte Seidel Briefe, auch

Teile der poetischen Texte. Seidel öffnete und erledigte die Post, verwaltete die Kasse und organisierte den komplizierten Haushalt des jungen Legationsrates Goethe. Seidel besaß Goethes ganzes Vertrauen, wusste am genauesten, was ihn freute, was ihn quälte. Es war ein ungewöhnliches Verhältnis, ohne Anmaßung und Dünkel, auf der Basis von Großmut, Offenheit und Treue. Nachdem Goethe 1776 das Gartenhaus an der Ilm bezogen hatte, schrieb Christoph Martin Wieland, der Erzieher des Herzogs, einmal: »Goethe hat sich ein Haus gemietet, das wie ein kleine Burg aussieht, und es macht ihm großen Spaß, daß er mit seinem Philipp ganz allein sich im Notfall etliche Tage gegen ein ganzes Korps darin wehren könnte, insofern sie ihm das Nest nicht überm Kopf anzündeten.«

Seidel blieb allerdings nicht lange allein in Goethes Diensten. Schon im Dezember 1775 werden Christoph Sutor als zweiter Diener, Dorothea Wagenknecht für die Küche, Maria Dorothea Götze für die Hausarbeit und deren sechzehnjähriger Sohn Paul als Laufjunge eingestellt. Auf der Basis des Stundenlohns wurden dazu Gärtner, Tagelöhner, Wasch-, Bügel- und Nähfrauen beschäftigt. Ein durchaus großer Haushalt, den der junge Legationsrat Goethe sich in Weimar leistete und den Seidel auch in finanzieller Hinsicht organisieren musste. Dass der Herr Sekretär sich dabei selbst nicht vergaß, sich manches gönnte, ohne seinen Herrn vorher gefragt zu haben, wurde als Defizit unter »verthan« ausgebucht – und Goethe bezahlte auch das kommentarlos.

Für die Jahre 1781, 1782 und 1783 legte Seidel seinem Herrn folgenden Voranschlag vor (Tl = Taler):

Voranschlag	1781	1782	1783
A. *Almosen*	30 Tl	30 Tl	34 Tl
Ich halte mit Zachäus einen Zehntel für billig. Aber Sie geben ihn jetzt reichlich, denn wir müssen, was in den übrigen Buchstaben stickt, auch rechnen.			
B. *Wäsche*	20 Tl	20 Tl	25 Tl
Wollen Sie dem Christoph und dem Götze erlauben, ihre Wäsche mit in die Ihre zu tun? – Es wird jährlich 12mal gewaschen.			
Die 3 Wäscherinnen erhalten à 8 gr			12 Tl
Für das Rollen à 1 gr 6 Pfg			2 Tl 6 gr
Die Bieglerinnen überhaupt			5 Tl
NB. Alle ohne Kost, nur die Wäscherinnen kriegen eine Suppe,			
Seife, Lakmus, Stärke			5 Tl
C. *Porto*	40 Tl	40 Tl	50 Tl
Soll künftig wegen der Unterschleife der Postillionen in ein Büchlein aufnotiret und vierteljährig ans Postamt bezahlt werden.			
D. *Meubles*	30 Tl	5 Tl	20 Tl
E. *Kleidung*	100 Tl	150 Tl	100 Tl
Machen Sie eine Einrichtung über die abgelegten Kleider. Sie sollten diese von Zeit zu Zeit verkaufen. Wenn Sie Christoph alles schenken, so wäre es unproportionierlich.			

F. *Bücher*	10 Tl	20 Tl	20 Tl
G. *Ord. Ausg.*	140 Tl	360 Tl	350 Tl
H. *Außerord.*	70 Tl	53 Tl	38 Tl
I. *Keller*	200 Tl	150 Tl	94 Tl
K. *Küche* Nemlich 200 Tl für Sie und 100 Tl für uns.	300 Tl	350 Tl	350 Tl
L. *Lichte*	20 Tl	20 Tl	35 Tl
M. *Garten*	100 Tl	10 Tl	10 Tl
N. *Gesinde* Hieraus ist zu ersehen, daß zwei gute Mägde für einen Bedienten zu halten wären, ungerechnet was so ein Weibsbild im Hause noch nützt.	160 Tl	180 Tl	260 Tl

Jahresabschluß	**1781**	**1782**	**1783**
Einnahmen	1946 Tl	3364 Tl	2727 Tl
Ausgaben	1625 Tl	3054 Tl	2595 Tl*

* Der Wert des Sächsischen Talers lässt sich heute nicht mehr exakt bestimmen. Währungs-Experten geben als Anhaltspunkt Einkommen und Kaufkraft an. So verdiente ein Maurer am Tag 6 Groschen, wofür er drei Hühner kaufen konnte. Für den Tageslohn bekam er aber auch 6 Pfund Brot oder 2 Pfund Butter. Ein Facharbeiter verdiente 100 bis 120 Taler im Jahr und gehörte mit dem Bergmann (100 Taler) zu den Gutverdienenden. Auch das Jahresgehalt, das Goethes Schreiber erhielten, war extrem hoch. Vorsichtig geschätzt kann man die Ausgaben des Goetheschen Haushalts von rund 2500 Talern mit der Kaufkraft von 50 000 Euro vergleichen.

Planung und wirkliche Ausgaben stimmten jedoch nur sehr ungefähr überein. Wie sein Vater in Frankfurt, glich auch der Sohn in Weimar die Differenz aus Sonderkassen aus.

Ein Taler wurde damals zu 24 Groschen gerechnet, der Groschen zu 12 Pfennigen. In Waren bedeutete das: Ein Brot oder ein Liter Milch kosteten 4 Pfennige, ein Pfund Rindfleisch zwei Groschen, 12 (ein Schock) Eier 6 Groschen; die Anfertigung eines Paars Schuhe 2 Taler, eines Anzugs etwa 9 Taler.

Selbst wenn man bedenkt, dass Goethe häufig bei Hof zur Tafel geladen war, auch bei den Damen und Herren der Weimarer Gesellschaft speiste und obendrein für den Herzog häufig unterwegs war, so bleibt der Haushalt des attraktiven Junggesellen immer noch ziemlich aufwändig. Zu den vielen Extras, die Philipp Seidel in seiner Rechnung nicht aufführt, gehört auch der »Chirurg« (also der Bader oder Barbier), der jeden Morgen zum Rasieren kam und der Friseur, der ein- bis zweimal in der Woche zum Schneiden und Ondulieren des Haares erschien. Alles in allem standen in Goethes Haushalt in den ersten Weimarer Jahren fünf Dienstboten in festem Sold. Diese Zahl blieb auch mehr oder weniger gleich, als Goethe vom Gartenhaus in die Wohnung am Frauenplan umzog, hier mit Christiane eine Familie gründete. Goethe ermutigte diese sogar, nicht sparsam mit dem Personal zu sein. So heißt es in seinem Brief, den er Frau und Kind aus dem Frankreich-Feldzug des Herzogs 1793 nach Hause schickt: »... Richte die Haushaltung ein, wie Du es recht hältst, und behalte auch die Magd, da sie nöthig ist und Du mit ihr zufrieden bist ...« (7. Juni 1793)

Nachdem das Ehepaar 1799 befunden hatte, dass eigene Pferde und Wagen um vieles komfortabler waren als die Lohnkutscher, musste Goethe auch einen Kutscher einstellen. Hinzu kamen – vor allem nach dem Tod von Christianes Schwester Ernestine und der Tante Juliana – Kindermädchen (nach Bedarf) und eine Gesellschafterin (und gleichzeitig Anstandsdame), die Christiane außerhalb des Hauses begleitete. Goethe selbst sah sich auch bald gezwungen, zusätzlich erfahrene Schreiber anzustellen, da die Nachfolger von Philipp Seidel, Paul Götze oder Johann Ludwig Geist den Anforderungen der Schreibstube nicht gewachsen waren.

»Wer das erste Knopfloch verfehlt, kommt mit dem Zuknöpfen nicht zu Rande«, schrieb Goethe in »Maximen und Reflexionen« – und das traf, im übertragenen Sinn, durchaus auch auf seine häusliche Menage zu. Um zu funktionieren, musste ein Rad ins andere greifen. Das hatte seinen Preis. Diener und Kutscher erhielten je 50 Taler jährlich, Köchin und Gesellschafterin je 30 Taler und die Haus- und Kindermädchen etwa 20 Taler. Ein Schreiber jedoch verlangte mindestens 80 Taler Gehalt im Jahr. Dazu kamen noch Biergeld und Geschenke, die Goethe oft auch von Reisen mitbrachte.

Wen aber wundert es, dass ein Mensch, der die Schönheit liebt, auch sein Personal adrett ausstaffiert sehen will? Seit 1782 ließ Goethe beim herzoglichen Leibschneider Hauenschild alle zwei Jahre aus grünem oder grauem Tuch, mit Seidenfutter und goldenen Knöpfen, für Diener und Kutscher eine gute Livree für 20 Taler und eine einfachere für 13 Taler anfertigen. Dazu gehörten natürlich auch ein Hut und eine »Veste mit Ermeln« – machte zwei bis drei Taler extra. Der Kutscher hatte außerdem Anspruch auf einen Umhang und einen Fuchspelz.

So sehr jedoch Goethe für sein Personal sorgte, auch ihm blieb der Ärger nicht erspart. Besonders mit den Köchinnen. Im November 1798 schreibt Christiane an ihren Liebsten in Jena: »... Übrigens

Neujahrswunsch des kleinen Sohnes August Goethe, 1. 1. 1799.

geht es mir ganz gut; nur mit meiner Köchin habe ich meine Noth, die nimmt mir alles untern Händen weg, und ich muß den ganzen Tag die Augen auf alles haben. Ich habe mir aber eine andere gemiethet; auf Weihnachten muß sie fort. Wenn mir es nicht um die Leute wäre, so schickte ich sie gleich fort, denn sie macht lauter dumme Streiche, die ich Dir alle erzählen will, wenn Du wiederkömmst. Die Marie aber wird alle Tage braver, und wenn ich die nicht hätte, ging' es mir schlecht …«

Die Probleme mit der Köchin müssen so arg gewesen sein, dass der eben zehnjährige August seiner Mutter auf den Neujahrsglückwunsch schrieb: »An die liebe Mutter! Ich wünsche Ihnen zum Neuenjahre eine gute Köchin, die Sie niemals ärgern thut. Von August Goethe am 1. Januar 1799.«

Der fromme Kinderwunsch half offensichtlich wenig, denn im Oktober 1799 berichtet Christiane erneut nach Jena an den Haushaltungs-Vorstand: »Ich habe aber eine Bitte an Dir, daß, wenn die Frau oder Herr Geheimer Rath Schmidt an Dich schreiben wegen der Köchin, daß Du Dich auf nichts einläßt, als daß die Köchin wegen ihres doppelten Vermiethens bestraft werde. Denn ich habe es ganz der Polizei übergeben, und man wird nunmehro an Dich kommen, denn man will sie nicht her lassen wegen Nähe der beiden Gärten. Ich werde sie wohl auch nicht kriegen; aber sie müssen mir mein Miethgeld, das bei der Polizei liegt, und itzo meinen Schaden ersetzen. Das hat mir auch Undeutsch gesagt. Ich habe itzo 2 junge Mädchen im Hause, die will ich recht gut einrichten, daß alles gut geht, wenn Du wiederkömmst …« (2. 10. 1799)

Die Köchinnen bleiben auch weiterhin das Verdruss-Thema des Geheimen Raths Goethe. Im März 1811, während Christiane es genießt, dass ihr Mann einmal drei Monate am Stück in Weimar ist und ihr die ersten Bücher von »Dichtung und Wahrheit« vorliest, ist es die Köchin Charlotte Hoyer, die die Herrschaft so sehr in Rage bringt, dass Goethe selbst zur Feder greift und an das »Herzogl. S. Weimarische Polizeycollegium« folgende Darstellung schickt:

»Nach der älteren, erst vor kurzem unter dem 26. Februar erneuerten Polizeyverordnung, welche den Herrschaften zur Pflicht macht, die Dienstboten nicht blos mit allgemeinen und unbedeutenden Attestaten zu entlassen, sondern darin gewissenhaft ihr Gutes und ihre Mängel auseinanderzusetzen, habe ich der Charlotte Hoyer, welche als Köchin bei mir in Diensten gestanden, als einer der boshaftesten und incorrigibelsten Personen, die mir je vorgekommen, ein, wie die Beylage ausweist, freylich nicht sehr empfehlendes Zeugniß bey ihrem Abschied eingehändigt. – Dieselbe hat sogleich ihre Tücke und Bosheit noch dadurch im Übermaß bewiesen, daß sie das Blatt, worauf auch ihrer ersten Herrschaft Zeugniß gestanden, zerrissen und die Fetzen davon im Haus herumgestreut, welche zum Beweis gleichfalls hier angefügt sind.

Ein solches gegen die Gesetze wie gegen die Herrschaften gleich respektwidriges Benehmen habe ich nicht verfehlen wollen, sogleich hiermit schuldigst anzuzeigen und die Ahndung einer solchen Verwegenheit einsichtsvollem Ermessen anheim zu geben.«

Beilage: »Charlotte Hoyer hat zwei Jahre in meinem Haus gedient. Für eine Köchin kann sie gelten, und ist zu Zeiten folgsam, höflich, sogar einschmeichelnd. Allein durch die Ungleichheit ihres Betragens hat sie sich zuletzt ganz unerträglich gemacht. Gewöhnlich beliebt es ihr nach eignem Willen zu handeln und zu kochen; sie zeigt sich widerspenstig, zudringlich, grob, und sucht diejenigen, die ihr zu befehlen haben, auf alle Weise zu ermüden. Unruhig und tückisch verhetzt sie ihre Mitdienenden und macht ihnen, wenn sie nicht mit ihr halten, das Leben sauer. Außer andern verwandten Untugenden hat sie noch die, daß sie an den Thüren horcht. – Welches alles man, nach der erneuten Polizeyverordnung, hiermit ohne Rückhalt hat bezeugen wollen.«

»Mein kleines Naturwesen«

Der junge Johann Wolfgang von Goethe war ein bunter Schmetterling – und er kannte seinen Wert nur zu gut. Kaum war er dem behütenden Elternhaus einmal entflogen und genoß die studentische Freiheit in Heidelberg, Leipzig und Straßburg, da schmeckte ihm die väterliche Auflage, Jura zu studieren, nicht sonderlich; der Vater nahm dem Sohn denn auch lange übel, dass er nicht promovieren wollte, sondern nur mit dem Licenciat abschloss. Bis dahin mochte er der gehorsame Sohn sein, aber nicht weiter. Längst nämlich hatte der junge Mann philosophische, theologische und naturwissenschaftliche Interessen entwickelt, hatte auch als Dichter schon die ersten Erfolge. Und nicht erst seit den »Leiden des jungen Werther« flogen ihm die Mädchenherzen zu.

Goethe flirtete gern und viel, verliebte sich oft, sprach auch freizügig von der großen Liebe. Viele dieser Beziehungen finden sich in seinen Dichtungen wieder, verklärt. Die Realität aber dürfte ebenso harmlos gewesen sein wie die kurzzeitige Verlobung mit Lili Schönemann. Denn was wir heute unter Beziehung verstehen, hat nichts mit den Spielregeln der Moral und Etikette in der zweiten Hälfte des 18. Jahrhunderts zu tun. Wenn ein Mann des gehobenen Bürgertums – und das war Goethes gesellschaftlicher Status – mit einer unverheirateten Frau flirtete, dann küsste er ihr bestenfalls die Hand. Der Kuss kam schon einer Verlobung gleich und alles andere setzte den Trauschein voraus.

Vor einer festen Bindung aber scheute Goethe zurück; das »gebrochene Herz« mancher Freundin dürfte über das Intellektuelle hinaus seine eigene Seele, seine Gefühle nicht sonderlich berührt haben. Kein Wunder, dass Goethes Mutter, die Frau Aja, ihn oft – sogar gegenüber der Herzogin Anna Amalia von Weimar – nur ihren Häschelhanß nannte. Ihr Wolf haschte hier und da, rannte davon wie ein Hase, wenn's ihm zu brenzlig zu werden schien. Wenn die Goethe-Literatur aus dem Häschelhanß schon früh den Hätschelhans machte, dann war das wohl eher pietistische Prüderie, als dass er tatsächlich verhätschelt wurde. Er war höchstens in jeder Hinsicht hochgradig verwöhnt. Außerdem hätte die kluge Frau Aja in der Öffentlichkeit gewiss nicht von ihrem Hätschelkind gesprochen.

Goethe wollte seine Freiheit genießen. Andererseits war es in seiner Zeit auch üblich, dass Männer erst in reiferem Alter, so um die vierzig, heirateten. Dann, wenn sie in ihrem Beruf etabliert waren, den Unterhalt einer Familie garantieren konnten. Ebenso selbstverständlich aber war es auch, dass die Frau meist fünfzehn, zwanzig Jahre jünger war. Fürs Vergnügen dagegen taten sich auch in Weimar neue, ganz andere Möglichkeiten auf. Und wenn nur ein Bruchteil von dem stimmt, was Philipp Seidel an seinen Bruder nach Frankfurt berichtet, dann mischten die Herren aus der Großstadt die biedere Residenzstadt ziemlich auf:

»Am Freitag«, schrieb Philipp im November 1776, »waren wir auf der Redoute. Da gefiel mirs. Es gab allerlei artig Zeug. Die Nacht schliefen wir also nicht. Erst die folgende legten wir uns. Wir schlafen nun mit dem Herrn zu dreyen in einer Kammer. Da kamen wir ins Gespräch aus einem ins andere bis zu allen Teufeln: von Liebesgeschichten bis zur Insel Corsica.« Und im Oktober 1777 erzählt Seidel gar: »Lieber Freund, ich habe so viele Freude über unsere Lebensart, gib nur einmal acht, wie das weiter geht und – oder mein prophetisches Gefühl müßte mich betrügen – ob wir nicht die Ahnherrn eines Dörfgens, einer Vorstadt oder einer Burg wenigstens werden, und man nicht nach ein paar hundert Jahren sagen wird, da geht Goethes und Philipps Geist um, einander umschlungen führend.«

Zur gleichen Zeit aber lernte Goethe bei Hofe auch Charlotte von Stein (1742–1827) kennen. Mit der Gattin des Oberstallmeisters Friedrich von Stein verband ihn bald die Literatur, das geistvolle Gespräch, die Auseinandersetzung mit menschlichen Idealen. Goethe entflammte schnell für die erfahrene, reife Frau. Er liebte sie, erst vorsichtig, dann in feurigen, emphatischen Billetten, Gedichten und Briefen – platonisch. Rund zwölf Jahre dauerte diese »Affäre«; Jahre, in denen auch Goethe erwachsener wurde, allmählich auf die vierzig zuging. Nun hatte er genug von der Welt gesehen, Erfahrungen gesammelt, um von einer Liebe mehr zu erwarten als den theoretischen Diskurs. Doch da gab sich Charlotte von Stein – immerhin eine verheiratete Frau, die sich zur damaligen Zeit durchaus einen Liebhaber leisten konnte, ohne mit Sitte und Moral in Konflikt zu geraten – seltsamerweise prüde, wehrte den stürmischer werdenden Liebhaber ab. Schon 1784 war Goethe die Bemerkung entschlüpft: »Mon amour pour toi n'est plus une passion, c'est une maladie.« Die Leidenschaft war für ihn zur Krankheit geworden, die er kurieren musste. Er reiste nach Karlsbad und von dort, nur der Herzog war darüber informiert, nach Italien. Allein, ohne Seidel, ohne Diener. Den Zeitpunkt der Rückkehr kannte niemand.

Wie oft hatte Goethe bisher nicht seine Reisepläne schon geändert (und wird es auch in Zukunft je nach Laune tun!), aber am 13. August 1786 schrieb er an Philipp Seidel, den er inzwischen auf den

Posten des herzoglichen Cammer-Calculators im Rechnungsdepartement gebracht hatte, aus Karlsbad:

»Noch hat sich nichts zugetragen, das mich am Ausführen meines Planes hindern könnte. Gegen Ende des Monats werde ich die Reise antreten.«

Und am 2. September: »... wenn ich alles überlege, kann ich dir keine frühere Adresse als nach Rom angeben. Du schreibst mir aber nicht dorthin und leugne übrigens alles gegen alle. Aus meinem Mund weiß *niemand* ein Wort.«

Aus Verona erfährt Seidel dann am 18. September: »Es ist mir alles nach Wunsch geglückt. Von Venedig erhältst du wieder einen Brief. ... Es ist mir eine gute Übung, allein zu sein, da ich alles selbst tun muß, nachdem ich mich so lange habe gängeln und bedienen lassen.«

Aus Rom schreibt Goethe dann am 4. November: »Ich bin glücklich hier angelangt, schicke mir nun alles, was du an Nachrichten gesammelt hast.«

Rom, 9. Dezember: »Du hast deine Sache gut gemacht, deine Relation ist recht brav, und ich freue mich deines Wohlseins.«

Neapel, 3. März 1787: »Glücklich hier angekommen und den Vesuv schon bestiegen.«

Neapel, 15. Mai: »Übrigens bleibe ja dabei und ich fordere dich dazu auf, mir über alles, was mich selbst angeht, deine Meinung unverhohlen, ja ohne Einleitung und Entschuldigung zu sagen. Ich habe dich immer als einen meiner Schutzgeister angesehen, werde nicht müde, dieses Ämtchen auch noch künftig beyher [nebenher] zu verwalten.«

Rom, 18. August: »Soviel kann ich dir sagen, daß deine Gedanken sehr mit den meinigen zusammentreffen, ja bis auf geringe Modifikationen dieselben sind. – Ich wünschte, daß unsere gegenwärtige Korrespondenz alles wegheben möge, was zwischen einem unbedingten wechselseitigen Vertrauen stehen könnte, denn ich hoffe, du sollst bei meiner Zurückkunft und in der Folge mehr werden, als du mir jemals warst.«

Rom, 18. April 1788: »Den 22. oder 23. gehe ich von hier ab und hoffe, bald bei euch zu sein. Ich wünschte, daß du die erste Zeit im Hause bliebst, bis ich mich wieder gefunden habe.«

Philipp Seidel hatte also fast zwei Jahre lang die Interessen Johann Wolfgang von Goethes perfekt gewahrt. Vielleicht ein wenig zu perfekt, denn er hatte auch einen Kasten – Goethe hatte ihn von Venedig geschickt – der Frau von Stein nicht sofort zugestellt. Er blieb am Frauenplan stehen, erreichte die Adressatin erst viel später. Erst nachdem er schon lange in Rom war, bekam Charlotte von Stein Goethes Reisetagebuch bis Venedig, mit dem er ihren Zorn wegen seines plötzlichen Verschwindens, seiner Flucht, beschwichtigen wollte. An Zufall mag man da bei dem sonst so zuverlässigen Seidel nicht glauben. Eher daran, dass er der aussichtslosen Verbindung mit Frau von Stein ein radikaleres Ende setzen wollte, als es sein friedliebender Herr getan hätte. Seidel wird den strengen Brief, der am 23. Februar 1787 aus Rom an ihn geschrieben wurde, leicht verkraftet haben:

»Noch ein Wort! Ich kann nicht billigen, daß du der Frau von Stein nicht nähere Auskunft wegen des Kastens gabst. Ich bin dadurch auf einige Zeit in Sorge geraten. Wo man aufklären auch in Kleinigkeiten kann, soll man es ja und bald tun. Ich gebe diese Lehre und Ermahnung dir und mir, in dem ich dies schreibe.«

Der endgültige Bruch zwischen Goethe und Charlotte von Stein war längst besiegelt, als er in Italien Kunst, Landschaft und Natur entdeckte und in vollen Zügen genoß. Geistig – und körper-

Blick auf den Kirchturm von Oberweimar, 1778/79.

lich. Faustina hieß die Frau, die ihn ohne jeden philosophischen Überbau daran erinnerte, dass der Mensch nicht nur aus Geist besteht. Gesunden Menschenverstand, Sensibilität im Umgang mit dem Partner fand man offenbar eher bei »Naturwesen«. Nach den zehn Jahren im Korsett der kleindimensionierten höfischen Etikette in Weimar mag Goethe unter südlichem Himmel – bewusst oder unbewusst – wieder auf jenes Freiheitsdenken gestoßen sein, mit dem er in der Freien Reichsstadt Frankfurt aufgewachsen war.

Liebesqual verschmäht mein Herz,
Sanften Jammer, süßen Schmerz;
Nur vom Tüchtgen will ich wissen,
Heißem Äuglen, derben Küssen …

Als Goethe im Mai oder Juni 1788 wieder nach Weimar zurückkam, musste es ihm selbstverständlich erscheinen, mit seiner Vergangenheit in jeder Hinsicht zu brechen. Er ließ sich von seinen Hofämtern befreien, stand dem Herzog nun eher als Minister für besondere Aufgaben zur Verfügung. Zielbewusst schuf er sich die Freiräume, die er brauchte, um seine dichterische Arbeit wieder aufzunehmen, Neues zu schaffen. An eine Frau in seinem Leben dachte Goethe zu diesem Zeitpunkt allerdings wohl kaum. Denn wie er sich nun in seinem Gartenhaus und am Frauenplan einrichten wollte, da hätte ihm schon – wie so oft bei nicht mehr ganz jungen Männern – ein junges Mädchen begegnen müssen, das seiner Mutter im Wesen aufs Haar glich. Ein unverbildetes Naturwesen eben.

Goethe suchte nicht, eher scheint dieses »kleine Naturwesen« ihn gefunden zu haben. Der Reiseschriftsteller in Sachen Kunst, Christian Friedrich Daniel Schubart, berichtet in seinen »Erinnerungen an Goethe«:

»Über diese Stunde, in welcher der junge Dichter dieses weibliche Wesen (Christiane) zum ersten Mal sah [Juni/Juli 1788] hat Frau von Goethe selbst einem meiner Freunde, dem jüngst verstorbenen preußischen Geheimen Hofrat John, früheren Sekretär Goethes, folgendes erzählt, was hier aus dessen Mund getreu wiedergegeben wird.

Es war damals an dem weimarischen Hofe ein Prinz von Hessen-Darmstadt zum Besuche anwesend, und Goethe erhielt den Auftrag, diesen fürstlichen Gast bei der Besichtigung der Merkwürdigkeiten und öffentlichen Anstalten Weimars zu begleiten. So kam er mit demselben auch in das in jener Zeit berühmte und blühende Bertuchische Industrie-Comptoir. In diesem Institute wurde eine große Anzahl junger Mädchen aus guten Familien der Stadt mit verschiedenen Kunstarbeiten beschäftigt, wie denn das bekannte bändereiche Bilderbuch, dessen Kolorierung mit dem Pinsel ausgeführt wurde, vielen jungfräulichen Händen Beschäftigung und Erwerb darbot.

In einem Saale dieses großen Bertuchischen Hauses war auch eine Gesellschaft junger Mädchen vereinigt, welche sich der Anfertigung künstlicher Blumen widmeten und dabei unter der Aufsicht und Leitung einer Gouvernante standen.

In diesen Saal trat nun auch der Prinz von Hessen-Darmstadt unter Goethes Begleitung. Das äußere Ansehen und die persönliche Haltung dieser jungen kunstfertigen Mädchengesellschaft konnte nun dem Dichter zugleich als ein Abbild des innerlich verkümmerten Gesellschaftslebens erscheinen, von welchem er sich in seinem Werther so kräftig abgewendet hatte. Es waren hagere Gestalten und blasse Gesichter mit dem Ausdruck der herrschenden Sentimentalität, und in ihrem Benehmen entsprachen diese Blumenkünstlerinnen den steifen und leblosen Nachahmungen der Natur, welche unter ihren Händen entstanden.

Nur Mademoiselle Vulpius (die nachmalige Frau v. Goethe) saß als Ausnahme unter ihnen, in voller Gesundheit und in natürlicher frischer Jugendblüte. Der fremde Prinz, der auch diesen Teil des Institutes genau in Augenschein nehmen wollte, verweilte einige Zeit in dem Saal und schenkte den Arbeiten der jungen Künstlerinnen, zu welche sie sich wieder niedersetzen mußten, eine längere Aufmerksamkeit.

Den Arbeitstisch umwandernd, richtete er an mehrere derselben Fragen, welche ihm im Tone der Zeit mit ehrfurchtsvoller Zierlichkeit beantwortet wurden. Als er aber an Mademoiselle Vulpius kam, und an sie die Worte richtete: »Und Sie, mein Kind, was machen Sie?«, da trat aus der körperlichen Naturfrische auch das innerliche Naturkind in voller Kraft heraus. Den Blumenstrauß, der unter ihren Händen erblühte, dem hohen Herrn vorhaltend, antwortete sie im derben weimarischen Dialekt: »Na, das sähe Sie doch wohl, daß es Vergißmeinnicht seind?«

Natürlich war das ein harter Bruch in den zierlichen Anstand der ganzen jungfräulichen Szene, und ebenso natürlich war der auflodernde Zorn der Gouvernante, den diese jedoch mit aller möglichen Mäßigung des Anstandes in einem derben Verweis gegen sie ausließ. Um aber den begangenen großen Fehler gegen den Prinzen wieder gut zu machen und den reinen sentimentalen Ton der Gesellschaft wieder herzustellen, schloß sie ihre Zornrede mit dem Vorwurf an das junge Mädchen, daß sie die schönste Gelegenheit zu einer sinnreichen gereimten Antwort versäumt habe, welche hätte lauten müssen:

Das ist das Blümlein, welches spricht:
O gnäd'ger Prinz, vergiß uns nicht!

Bei dieser Szene also sah Goethe seine nachherige Gattin zum ersten Male.«

Johanna Christiana Sophia Vulpius war die älteste Tochter des fürstlich sächsischen Amtskopisten Johann Friedrich Vulpius. Am 1. Juni 1765 – Christiane selbst verwechselte immer ihren Geburtstag mit dem einer ihrer Schwestern und feierte grundsätzlich den 6. August! – in Weimar geboren, musste sie sich schon bald um Vater und Geschwister kümmern, da die Mutter früh gestorben war. Und da der Herzog von Weimar seine Beamten weder gut noch regelmäßig bezahlte, lernte Christiane – so wird sie zeitlebens gerufen – schon daheim sparen und wirtschaften. Nachdem auch noch der Vater gestorben war, sah sich ihr Bruder August gezwungen, das Jurastudium in Jena abzubrechen. Als Theater- und Gelegenheitsdichter half er mühsam, zum Unterhalt der jüngeren Geschwister und einer Tante beizutragen. Christiane aber ging nach Apolda in die Blumenfabrik – der ehrbarste Ort, wo eine Frau zur damaligen Zeit Geld verdienen konnte. Gewiss nicht ohne

Grund ist ihr Siegel, mit dem sie ihre Briefe an Goethe verschließen wird, ein Postament mit einem zierlichen V und Blumengewinden geschmückt, darauf eine Schale mit Blumen.

So pragmatisch, wie Christiane dachte, als sie sich einen Brot-Erwerb suchte oder dem Prinzen von Hessen-Darmstadt antwortete, so praktisch handelte sie, nachdem sie den herzoglichen Minister von Goethe nun einmal gesehen hatte. Sie nahm ein Manuskript ihres Bruders und ging schnurstracks zum Gartenhaus an der Ilm, um es dem Dichter zu zeigen, ihn um Protektion zu bitten; die Familie Vulpius brauchte einfach mehr Geld als das, was sie mit Kunstblumen verdienen konnte. Der Hausherr war offenkundig zu Hause. Und alleine!

Der 12. Juli 1788 wird von Goethe und Christiane jährlich als der Tag ihres Liebes- und Lebensbundes gefeiert. Auf diesen Tag bezieht sich auch die achtundzwanzigjährige Ehe, auf die Goethe 1816 beim Tod Christianes zurückblickt. Goethe war eine Gewissensehe eingegangen, mit der er dem Vorbild der Philosophen Hamann und Lichtenberg gefolgt war. Dieses gegenseitige Versprechen mit Christiane war zweifelsfrei für Goethe von Anfang eine Ehe mit allen Rechten und Pflichten. Und als er wenig später einmal einem Freund riet, zu heiraten, der ihn aber fragte, warum er selbst nicht heirate, antwortete Goethe: »Ich bin verheirathet, nur nicht mit Ceremonie.« Dass beide Partner glücklich mit dieser Situation waren, spiegelt sich nicht nur in ihrem Briefwechsel.

Goethe hat es später mehrfach in Epigramme gefasst:

Lieb und Leidenschaft können verfliegen,
Wohlwollen aber wird ewig siegen.

So sagt er in den »Zahmen Xenien«. Und im Sommer der »Vier Jahreszeiten« folgerte er:

Neigung besiegen ist schwer; gesellet sich aber Gewohnheit,
Wurzelnd, allmählich zu ihr, unüberwindlich ist sie.

Goethes Gestaltung seiner Intimsphäre, seiner privaten Lebensumstände, die er sich als Neununddreißigjähriger geschaffen hatte, ist für den Geheimrat ein Meilenstein in seinem Leben geworden. Mit Blick darauf schreibt er am 12. Juli 1796 an Schiller: »Heute erlebe ich auch eine eigne Epoche, mein Ehstand ist eben 8 Jahre und die französische Revolution 7 Jahre alt.« Hundert Jahre später wurde Goethes freidenkerisches Handeln beispielsweise für Friedrich Nietzsche zur idealen Form der Verbindung mit einer Frau. An seine Schwester schreibt der Philosoph 1885:

»Das Vernünftigste wäre vielleicht eine gute wirthschaftliche Gattin für mich, welche ihre Aufgabe darin sähe, mich in dem Zustand zu erhalten, in dem ich meiner überschweren Lebensaufgabe am besten nachkomme. Aber alles, was ich von Weibern kennen gelernt habe, ist mir, auf diese Mission angesehen, als unzureichend erschienen: so daß ich eigentlich in diesem Puncte keinen Glauben mehr habe. Sie müßte jung sein, sehr heiter, sehr rüstig und wenig oder gar nicht ›gebildet‹ und außerdem eine gute Wirthschafterin, aus eigener Neigung.« Und im Sommer 1886 schreibt es Nietzsche seiner Schwester noch deutlicher: »Für einen Menschen, wie ich bin, gibt es keine Ehe, es sei denn im Stil unseres Goethe.«

Für seine Zeitgenossen allerdings war Goethes eigenwillige Form der Ehe schon im Jahr 1788 nur bedingt vorbildlich. Es spaltete die Weimarer heftig in Pro und Kontra. Da jedoch das Idol Goethe, der ideale Mann, keinen Schaden dabei nehmen sollte, so war es immer

Christiane, die ihn in die Niederungen der Bürgerlichkeit gezogen hatte. Die Damen wie die Herren von Adel klatschten und tratschten nicht nur in ihren Salons, sondern berichteten die ungeheuerliche Neuigkeit von Goethe in »alle Welt«. Ein Thema, das die Gesellschaft jahrelang immer wieder beschäftigte.

Caroline Herder an ihren Mann – 14. August 1788
»Eben war Goethe da, er hat viel Lustiges, ich möchte sagen, Betäubendes über seine häusliche menschliche Situation gesagt – es war aber in allem so viel Klarheit und Richtigkeit, daß das Betäuben nicht statt hat. Er hat nun alles Glück und Wohlsein auf Proportion und das Unglück auf Disproportion reduziert. Ihm sei jetzt gar wohl, daß er ein Haus habe, Essen und Trinken hätte und dergleichen. Alles, was Du in Deinen drei Bänden der Philosophie von den Tartaren bis zu den Römern geschrieben hättest, käme alles darauf hinaus, daß ein Mensch ein Hauswesen besäße, und (setzte ich hinzu) mit Vernunft sich regierte!

Dies ist der kurze Auszug unseres Gesprächs, das wir mit ziemlich guter Laune gehalten haben.«

Caroline Herder an ihren Mann – 8. März 1789
»Ich habe nun das Geheimnis von der Stein selbst, warum sie mit Goethe nicht mehr recht gut sein will. Er hat die junge Vulpius zu seinem Clärchen, und läßt sie oft zu sich kommen etc. Sie verdenkt ihm dies sehr. Da er ein so vorzüglicher Mensch ist, auch schon vierzig Jahr alt ist, so sollte er nichts tun, wodurch er sich zu den andern so herabwürdigt.«

Caroline von Beulwitz an Schiller – 5. Dezember 1789
»Goethe war artig; er dauert mich so; sein Liebchen ist in Kindesnöten seit fünf Tagen und wird vermutlich sterben, er sah milder aus als gewöhnlich und zerstreut.«

Charlotte von Stein an Karl Ludwig Knebel – 3. Juli 1790
»Der Herzog läßt den Geheimrat v. Goethe nach Schlesien kommen. Dem wäre es unstreitig bei seinem Christelchen hier wohler.«

Friedrich von Schiller an Christian Gottfried Körner – 1. November 1790
»... Übrigens ergeht's ihm närrisch genug. Er fängt an alt zu werden, und die so oft von ihm gelästerte Weiberliebe scheint sich an ihm rächen zu wollen. Er wird, wie ich fürchte, eine Torheit begehen und das gewöhnliche Schicksal eines alten Hagestolzes haben. Sein Mädchen ist eine Mamsell Vulpius, die ein Kind von ihm hat und sich nun in seinem Hause fast so gut als etabliert hat. Es ist sehr wahrscheinlich, daß er sie in wenigen Jahren heiratet. Sein Kind soll er sehr lieb haben, und er wird sich bereden, daß, wenn er das Mädchen heiratet, es dem Kinde zuliebe geschehe, und daß dieses wenigstens das Lächerliche dabei vermindern könnte.

Es könnte mich doch verdrießen, wenn er mit einem solchen *Geniestreich* aufhörte; denn man würde nicht ermangeln, es dafür anzusehen.«

Karl August Böttiger – Undatiert, zwischen 1786 und 1794
»... Man glaubt noch immer, daß er seine bisherige Mätresse, Demoiselle Vulpius, einmal heiraten werde. Als vor einiger Zeit ein junger Goethe aus dieser Verbindung in die Welt gewandert kam, so bat er den Herzog zu Gevatter, der es zwar annahm, aber der Taufe nicht beiwohnte. Diese Vulpius ist übrigens eine kleine unansehnliche Person, die mit dem so wohl gewachsenen, männlich schönen Goethe (man sehe das äußerst wohlgeratene Porträt von Lips) nicht wenig kontrastiert.

Nichts ist einfacher als seine jetztige Häuslichkeit. Abends sitzt er in einer wohlgeheizten Stube, eine weiße Fuhrmannsmütze auf dem Kopf, ein Wollenjäckchen und lange Flauschpantalons an, in niedergetretenen Pantoffeln und herabhängenden Strümpfen im Lehnstuhl, während sein kleiner Junge auf seinen Knieen schaukelt. In einem Winkel sitzt stillschweigend und meditierend der Maler Meyer, auf der anderen Seite die Donna Vulpia mit dem Strickstrumpf. Dies ist die Familiengruppe.«

David Johann Veit an Rahel Levin – 8. Februar 1795
»Auf der Redoute in Weimar, die als eine bloße Tanzgesellschaft in dem Komödienhause, mit einigen simplen, aber geräumigen Nebenzimmern, nicht übel ist, wüßte ich nichts Merkwürdiges erlebt zu haben. Man hat Pharao gespielt, hat Goethe drehen (so nennt man hier langsam walzen) gesehen, hat die Vulpius gesehen, und abscheulich gefunden.«

Friederike Bruns Tagebuch – 12. Juli 1795
»... Denn wirklich ist in gewissen Momenten ein Blick in Goethes Auge ein Beweis für Unsterblichkeit mehr. Heute redete ich viel mit ihm über seine häuslichen Verhältnisse, seine Freunde, seinen Knaben. Wie er aus Scheu vor einer genauen Verbindung nach und nach mit einem Wesen, das Gleichheit der Denkart und Handlungsweise ihm lieb gemacht habe, in die genaueste [Verbindung] geraten sei. Ich sagte ihm meine Freude an seiner Wahrhaftigkeit und Billigkeit. Das erste ist man, weil man muß, das zweite, soviel man kann, sagte er sehr bescheiden.«

Charlotte von Kalb an Charlotte Schiller – 8. September 1795
»Goethe sah ich noch nicht, er ist aber wieder hier. Meyer sagte mir, er habe schon längst mich besuchen, mich zu sich einladen wollen; aber sein *Mißstand mit der ganzen Sozietät* hier macht, daß er auch für mich verloren ist. Das könnte, das sollte anders sein.«

Charlotte von Stein an ihren Sohn Fritz – 22. November 1796
»... Es ist doch schade, daß der Goethe in so dummen Verhältnissen steckt; er hat Verstand und eine Seite von Bonhomie, und nur sein dummes häusliches Verhältnis hat ihm etwas Zweideutiges im Charakter gebracht. ...«

F. L. Ch. von Oertel: Briefe eines ehrlichen Mannes – 1800
»... Goethe lebt nämlich mit einer Demoiselle V[ulpius] in engem Verhältnis. Sie ist ein kleines lebhaftes Mädchen, eben nicht schön, und auch nicht von ausgezeichnetem Verstande, aber voller Natürlichkeit, und durch Goethens Umgang soll sie gebildet und interessant geworden sein, so daß sie manche artige witzige Bemerkung macht. Goethe führt mit ihr ein häusliches, ruhiges vergnügliches Leben, sie wohnt in seinem Hause, und besorget die Wirtschaft. Er hat einen allerliebsten Jungen, den er August Walther hat taufen lassen, und von dem ich begierig bin in der Folge mehr zu hören, wie und was er unter Goethes Anleitung geworden ist. ...

Die innere Einrichtung seines Hauses ist schön und geschmackvoll, es herrscht ganz ein römischer Geist darinnen. Neben der breiten Treppe im Haus – nach römischer Art – sind mehrere Nischen, in denen Statuen stehen, und an der Decke ist ein plat fond, das ein Gemälde der Iris enthält. Vor der Türe ist am Fußboden das Wort Salve mit großen schwarzen Buchstaben eingelegt, und in den Zimmern findet man die schönsten Gemälde und Zeichnungen nach Raffael, Correggio, Angelika Kauffmann u.a.m., da daß jeden, der in dieses Haus tritt, die geschmack- und geistvolle Einrichtung innig wohl tut.«

Charlotte von Schiller an Prinzessin Caroline – 1814
»Es ist eigen, daß Goethe die weibliche Natur so wahr schildert, daß er die kleinsten Züge schön aufgefaßt hat. Aber weder eine

Leonore, noch Natalie sind ihm selbst im Leben begegnet, und was ihn umgab im Leben und in der Wirklichkeit, kann ihm den Glauben an seine Schöpfungen nicht erhöhen. ...«

Der inzwischen offensichtlich idealisierte Dichterfürst wurde mit seinen poetischen Figuren identifiziert. Als Mensch mochten ihn in Weimar nur wenige sehen – und sein Privatleben als seine Privatsache anerkennen. Doch Goethe ließ sich nicht irritieren. Im Gegenteil. Er provozierte die Weimarer Gesellschaft, indem er Hand in Hand mit Christiane durch die Straßen ging, Schlittenfahrten unternahm oder Schlittschuh lief, mit ihr auf die Redouten ging. Schützend stellte er sich vor sie – in Weimar mit der Macht seiner Persönlichkeit, wenn er verreist war, ermunterte er Christiane, unbeirrt den gemeinsam beschlossenen Weg zu gehen. Mut sprach ihr allerdings auch Frau Aja aus Frankfurt zu, vor allem dann, wenn man wieder einmal Christianes unbändige Tanzlust anprangerte. War's wegen der Etikette oder doch nur, weil Christiane, die jüngere Frau, für die Damen eine Konkurrenz bei den attraktiven Herren von Stand war? Christiane kümmerte sich (scheinbar) wenig darum und las mit Freuden Frau Ajas Brief vom 18. Januar 1802:

»... Liebe Tochter! Tausend Danck vor Ihren Lieben Brief, Sie haben dadurch sehr glücklich gemacht – beehren Sie mich zuweilen mit Ihrer lieben Zuschrift, und ich werde immer dadurch verjüngt wie ein Adler! ... Tantzen Sie immer liebes Weibgen. Tantzen Sie – frölige Menschen die mag ich gar zu gern – und wenn sie zu meiner Familie gehören habe ich sie doppelt und dreyfach lieb. ... Tantzen Sie wo Sie Gelegenheit dazu finden – und darüber wird sich hertzlich freuen die sich nennt

Ihre
Treue Mutter Goethe«

Doch die Zeiten änderten sich bald. Das Leben wurde selbst im kleinen Weimar unruhiger. Auch hier blieb man von Napoleons Kriegszügen durch Europa nicht verschont. Einquartierungen von Soldaten waren an der Tagesordnung; dagegen konnte sich nicht einmal Goethe wehren. Im Oktober 1806, nach der Schlacht bei Jena, die der französische Kaiser gewonnen hatte, stürmten französische Soldaten in Goethes Haus, verlangten Essen, Wein und ein Bett. Goethe und Christiane waren an diesem 14. Oktober besonders irritiert über solche ungehobelten Menschen, zumal man ihnen zugesagt hatte, dass am Frauenplan nur Offiziere Unterkunft finden sollten. Goethe, der noch lange nicht alles hinnahm, soll sich gegen das betrunkene Fußvolk gewehrt haben. Mutig habe er – so sagt es die Legende – ihm den Weg in sein Schlafzimmer versperrt. Die Soldaten legten ihre Gewehre an, doch da soll sich Christiane entschlossen vor ihren Mann gestellt haben (im Zweifelsfall auch bewaffnet, denn sie hatte seit ihrer Frankfurt-Reise eigene Pistolen zur Selbstverteidigung), so dass sich dieser ins angrenzende Zimmer zurückziehen konnte. Die Franzosen gaben auf, allerdings auch, weil inzwischen jene Offiziere angekommen waren, die auf die Goetheschen Betten Anspruch hatten.

Goethe schreibt unter dem 14. Oktober in sein Tagebuch: »Früh Kanonade bei Jena, darauf Schlacht bei Kötschau. Deroute der Preußen. Abends um 5 Uhr flogen die Kanonenkugeln durch die Dächer. Um 1/2 6 Uhr Einzug der Chasseurs. 7 Uhr Brand, Plünderung, schreckliche Nacht. Erhaltung unseres Hauses durch Standhaftigkeit und Glück.«

Ob die Geschichte von Christianes Heldenmut nun wahr ist oder nicht, Goethe und seine Familie schwebten an diesem Tag in akuter Lebensgefahr. Um sich selbst war ihm dabei gewiss nicht bange. Doch wie würde es Christiane oder seinem Sohn August in diesen

Kriegszeiten ergehen, wenn er sterben würde, sie nicht mehr schützen könnte? Diese Sorge mag ihn zu einem Schritt bewogen haben, an den Goethe und Christiane bisher wohl kaum gedacht hatten.

Goethe ging zum Pfarrer der Jakobskirche und wollte so schnell als möglich getraut werden. Der Geistliche der Hofkirche erinnerte an die Formalitäten des Aufgebotes. Den Dispens und die herzogliche Heiratsgenehmigung erlangte der Geheime Rat schnell. Am 19. Oktober vermerkt das Kirchenbuch:
»Sr. Excellenz, Herr Johann Wolfgang von Göthe, Fürstl. Sächs. Geheimer-Rath allhier, mit Demoiselle Johanna Christiana Sophia, geb. Vulpius, des weil. Herr Johann Friedrich Vulpius, Fürstl. Sächs. Amts-Copistens allhier, hinterlassene älteste Tochter, sind Dom. XX post Trinitatis als den 19. Octobris in allhiesiger Fürstl. Hofkirchen-Sakristei von dem Herrn Oberconsistorial-Rath Günther in der Stille copuliert worden.«

In seinem Tagebuch steht unter dem 19. Oktober nicht mehr als: »Trauung.« Zwei Tage später schreibt Goethe dann an seinen Freund Knebel: »Daß ich mit meiner guten Kleinen seit vorgestern verehelicht bin, wird euch freuen. Unsre Trauringe werden vom 14. Oktober datiert.«

Schon am 27. Oktober aber gratuliert Goethes Mutter zu der Entscheidung ihres Sohnes – nicht ganz ohne Eigeninteresse, denn nun konnte sie endlich bei ihren vielen Gesellschaften ausführlich von der Familie in Weimar erzählen, ohne irgendwelche Rücksichten nehmen zu müssen:

»... Zu deinem neuen Stand wünsche dir allen Seegen – alles Heil – alles Wohlergehen – da hast du nach meines Hertzens Wunsch gehandelt – Gott! Erhalte Euch! Meinen Seegen habt Ihr hiemit in vollem Mas – der Mutter Seegen erhält den Kindern die Häußer – wenn sie schon vor den jetzigen Augenblick nichts weiter in diesen Hochbeinigen erbärmlichen Zeiten thun kann. Aber nur Gedult die Wechsel Briefe die ich von unserm Gott erhalten habe – werden so gewiß bezahlt als jetzt /:da ich dieses schreibe die Sonne scheint ;/ Darauf verlaßt Euch – Ihr sollt mit Eurem Theil zufrieden seyn – das schwöre ich Euch. Grüße meine Liebe Tochter hertzlich – und sage Ihr, daß ich Sie Liebe – schätze verehre – daß ich Ihr selbst würde geschrieben haben, wen wir nicht in einem beständigen Wirrwel lebten ...«

Und am 17. April 1807, nachdem Goethe Christiane nach Frankfurt geschickt hatte, um sich als Frau Geheimrat zu präsentieren, schreibt Frau Aja ihrem Häschelhanß:

»Lieber Sohn!
Dein Brief welcher die glückliche Ankunft meiner Lieben, Lieben Tochter mir verkündtigte hat mir Hertz und Angesicht frölich gemacht – Ja wir waren sehr vergnügt und glücklich beyeinander! Du kanst Gott dancken! So ein Liebes – herrliches unverdorbenes Gottes Geschöpf findet mann sehr selten – wie beruhigt bin ich jetzt /: da ich Sie genaue kenne :/ über alles was dich angeht – und was mir unaussprechlich wohl that, war, daß alle Menschen – alle meine Bekandten Sie liebten. ...«

In Weimar selbst hat man in diesen Tagen des Oktober 1806 andere Sorgen, als in Briefen die formale Veränderung im Goetheschen Haushalt zu diskutieren. Jeder, auch Charlotte von Stein, musste sich um den eigenen Besitz kümmern, manche auch nur noch um das, was Plünderer und Brände von diesem übrig gelassen hatten. Goethe scheint die Gunst der Stunde zu nutzen und beschließt, mit Christiane am Tag nach ihrer Trauung Johanna Schopenhauer einen Besuch abzustatten. Sie, die nach dem Tod ihres Mannes aus Hamburg nach Weimar gekommen war, informiert am 24. Oktober ihren Sohn, den Philosophen Arthur Schopenhauer:

»Goethe hat sich Sonntag mit seiner alten geliebten Vulpius, der Mutter seines Sohnes, trauen lassen, er hat gesagt, in Friedenszeiten könne man die Gesetze wohl vorbeigehen, in Zeiten wie die unsern müsse man sie ehren. Den Tag darauf schickte er Dr. Riemer, den Hofmeister seines Sohnes, zu mir, um zu hören, wie es mir ginge, denselben Abend ließ er sich bei mir melden und stellte mir seine Frau vor; ich empfing sie, als ob ich nicht wüßte, wer sie vorher gewesen wäre, ich denke, wenn Goethe ihr seinen Namen gibt, können wir ihr wohl eine Tasse Tee geben. Ich sah deutlich, wie sehr mein Benehmen ihn freute; es waren noch einige Damen bei mir, die erst formell und steif waren und hernach meinem Beispiel folgten. Goethe blieb fast zwei Stunden, und war so gesprächig und freundlich, wie man ihn seit Jahren nicht gesehen hat. Er hat sie noch zu niemand als zu mir in Person geführt. Als Fremden und Großstädterin traut er mir zu, daß ich die Frau so nehmen werde, als sie genommen werden muß; sie war in der Tat sehr verlegen, aber ich half ihr bald durch. In meiner Lage und bei dem Ansehen und der Liebe, die ich mir hier in kurzer Zeit erworben habe, kann ich ihr das gesellschaftliche Leben sehr erleichtern. Goethe wünscht es und hat Vertrauen zu mir, und ich werde es gewiß verdienen. Morgen werde ich eine Gegenvisite machen.«

Und Elisa von der Recke schreibt nach Christianes Tod 1816 an Johanna Schopenhauer:

»Wodurch die Verstorbene sich mir empfohlen hat, ist, daß ich sie nie von Andern Böses sprechen hörte; auch war ihre Unterhaltung, soweit ich sie kannte, immer so, daß ich mir es wohl erklären konnte, daß ihr anspruchsloser, heller, ganz natürlicher Verstand Interesse für unsern Goethe haben konnte, der mir seine Frau mit diesen Worten vorstellte: Ich empfehle Ihnen meine Frau mit dem Zeugnisse, daß sie, seit sie ihren ersten Schritt in mein Haus that, ich ihr nur Freuden zu danken habe.«

Schlampams-Stündchen

Johann Wolfgang von Goethe mochte in Jamben und Hexametern dichten, eine Kunstsprache in seinen Romanen sprechen und in seinen naturwissenschaftlichen Werken ein seiner Zeit entsprechendes Hochdeutsch schreiben. Das alles aber hatte wenig mit dem zu tun, was er im täglichen Leben sagte. Da wird der Einfluss des ererbten Frankfurter Dialekts und der Klang des Thüringischen Weimarischer Prägung auch auf ihn abgefärbt haben. Christiane dagegen hat immer ein breites Weimarisch gesprochen und entsprechend geschrieben. Im Laufe ihrer Ehe mit Goethe mag sie ein wenig daran poliert haben, vor allem, um die Damen der Gesellschaft nicht allzu sehr zum Spott zu reizen. Manches Wort übernimmt sie wohl auch von ihrem Mann. Besonders französische Mode-Ausdrücke tauchen im Laufe der Jahre in ihren Briefen auf.

Wie sich das Ehepaar unterhalten haben könnte, lässt sich nur aus seinem Briefwechsel schließen. Und da begegnet man einer ungeheuer farbigen, frischen und erfindungsreichen Sprache. Wahre Sprach-Schöpfer und Sprach-Künstler sind Goethe und Christiane, wenn es darum ging, Dinge für Dritte zu verschleiern, ganz und gar unverständlich zu machen. Schließlich musste auch das Personal nicht alles wissen, was der Geheime Rat und die Demoiselle Vulpius an Vertrautheiten auszutauschen hatten.

»Äugelchen hat es gar nicht gesetzt«, versichert Goethe seiner Christiane am 21. August 1792 aus Frankfurt; Christiane wird immer – mundartlich – von *Äuglichen* reden. Diese *Äugelchen* stehen für Goethes Lust, mit einem weiblichen Wesen zu flirten, auch nur zu liebäugeln; zuweilen meinen sie auch das holde Geschöpf selbst. Im Spiel mit der Eifersucht berichtet Goethe natürlich von den vielen Äugelchen, die ihm außerhalb von Weimar begegnet sind. Christianes manchmal auch ein wenig ängstliche Warnung kommt umgehend. Allerdings weiß sie sehr wohl, dass ihr sechzehn Jahre älterer Mann schon fürchtet, sie könne sich in einen Jüngeren verlieben, ihm untreu werden. Übermütig teilt sie dann ihrem Schatz mit, dass sie sich vor Äuglichen nicht retten könne. Schon am Mittag sei sie beim abendlichen Ball für jeden Tanz ausgebucht gewesen. Trotzdem möchte keiner von beiden tauschen – und sie sagen es sich in jedem Brief deutlich.

Nachdem Goethes heftig umhersuchende Äugelchen bei Christiane nun einmal gefangen waren, fingen die *Schlampams-Stündchen* bei ihnen an. Am 13. Mai 1793 schreibt sie ihm aus Jena: »Ich sehe hier immer viel Neues, aber ich wünsche mir nur immer, daß ich das alles mit Dir sehen könnte, und wir könnten so ein paar Schlampams-Stündchen halten, da wäre ich recht glücklich.« Allerdings hat auch Goethe viel Spaß, wenn er mit Christiane *schlampamsen* kann, denn die Plauderstündchen im Garten oder in der Nähe des Kamins enden doch immer in köstlichen Kose- und Schmusestündchen. Begriffe aus der Ehesprache im Haus am Frauenplan, die jedoch durchaus variiert werden. Am 26. Oktober 1808, im zwanzigsten Ehejahr, schreibt Goethe aus Jena an Christiane, die in Frankfurt die Erbangelegenheiten nach dem Tod der Schwiegermutter regelt: »Lebe wohl. Liebe mich recht schön und sei versichert, daß ich mich recht ungeduldig nach den Schlender- und Hätschelstündchen sehne.«

Die Folge allzu intensiver Schlampams-Stündchen sind bei Goethes häufiger gewisse Umstände – die *Krabskrälligkeit* mit ihren neun Monate lang wachsenden *Pfuiteufelchen*. Goethe schreibt Christiane am 17. Mai 1793 aus Frankfurt, dass er alle ihre Besorgungswünsche erledigt habe, aber nachdem der Brief eigentlich fertig ist, heißt es:

»Wende um!
Meine Mutter hat mir einen sehr schönen Rock und Caraco für Dich geschenkt, den ich Dir sogleich mit schicke, denn ich kann Dir, wie Du weißt, nichts zurückhalten. Dabei liegen Zwirn-Bänder, wie Du sie verlangtest. Das andre kommt nach und nach. Lebe wohl! Meine Liebste.

N. B. Es sind fünf Blätter zum Rock und ein Blatt zum Caraco, von dem die grünen Streifchen abgeschnitten und aufgarnirt werden. Wenn Du Dirs machen lässest, so frage jemand, der es versteht.

Adieu! Küsse den Kleinen.

Wie wäre es, wenn Du Dir den Rock und das Caraco auf Deine nächsten Umstände machen ließest, es ist ja Zeug genug, Du kannsts immer enger machen lassen. Ich schicke Dir noch einen großen Shwal, und da wärst Du in der Krabskrälligkeit recht geputzt.«

Der Caraco, den Goethe schickt, ist »eine Art Damen-Spencer mit einer kleinen schoßartigen Verzierung am Ende des Rücktheils« (Heyses Fremdwörterbuch). Wie die beiden Liebenden jedoch das lautmalerische Wort Krabskrälligkeit gefunden haben, lässt sich kaum erklären. Mag sein, dass der biologische – also von der Natur vorgegebene – Vorgang von der Befruchtung eines Eis durch den Samen, Goethe und Christiane durch die Verben krabschen und krallen zu diesem Substantiv inspiriert haben könnte.

Einfacher ist es schon mit den Pfuiteufelchen, die, über den allgemeinen Begriff der Schwangerschaft hinaus, das im Mutterleib wachsende Kind benennen.

»In Jena und Weimar habe ich«, schreibt Christiane am 24. Mai 1793 ihrem Schatz nach Frankfurt, »eine große Bequemlichkeit zu den Pfuiteufelchen gesehen. Das sind so weiße Saloppen von klaren weißen Zeuge ohne Streifen, ganz glatt; sie werden es in Frankfurt schon wissen. Wenn Du mir so was schicken wolltest, aber bald, sei aber ja nicht böse, daß ich Dich schon wieder plage.«

»Lager bei Marienborn, 3. Juni 1793.
Dein Brief hat mich sehr gefreut, und die Nachricht, daß ihr wohl seid. Daß Dir das Kleid gefallen hat, kann ich denken. Du hast nun auch einen großen seidnen Shawl, mit dem Du die pfui Teufelchen zudecken kannst. Wenn ich wieder nach Frankfurt komme, will ich Dir auch für etwas Weißes sorgen... G.«

Christiane versucht also nach Kräften, ihre Schwangerschaft so lange als möglich unsichtbar zu halten. Für die Öffentlichkeit ist sie eine ledige Mutter, die normalerweise hart bestraft wird vom Weimarer Stadtrat und der Kirche: Sie muss Geld bezahlen, unter Eid den Vater nennen und öffentlich Kirchenbuße leisten. Kein Zweifel, das wird Christiane nie zu befürchten haben, denn noch vor der Geburt des ersten Kindes (August) hatte Goethe bei den entsprechenden Stellen der herzoglichen Regierung dafür gesorgt, dass die Hüter des Gesetzes in seinem Fall nicht tätig werden. Die Pfuiteufelchen stehen demnach für etwas, was man nicht tut – eigentlich.

Schuld an allem ist aber doch nur dieser *Herr von Schönfuß*. Aus Weimar lockt Christiane den in Jena arbeitenden Gatten zum Beispiel am 9. Juni 1797:

»Hier schicke ich Dir was Pyrmonter [Wasser]. Wenn ich nur erst wieder um Dich bin, sollst Du gewiß wieder heiter werden; da soll der Herr von Schönfuß viel da sein. Leb wohl in Eile.«

Am Ende des 19. und zu Beginn des 20. Jahrhunderts übersetzte man diese phantasievolle Beschreibung des edelsten Teils eines Mannes schamhaft mit »Amor«. Schlafzimmer-Poesie, von der Goethe und seine Frau offensichtlich mehr verstanden. Die prächtige Erscheinung des Herrn von Schönfuß beschreibt Karl von Stein in seinen Erinnerungen:

»Zuweilen ging mein Bruder auch nach Goethens Gartenhaus, um zu sehen, wie es dort aussäh. Eines Tages, wie er unbefangen in jenes Gartenhaus geht, und sich allein glaubt, begegnet ihm ein kleines korpulentes Frauenzimmer, welches auch daselbst zu Hause zu sein vermeint. Goethe selbst hatte so viel Sittsamkeit, daß er nicht anders ins Bad ging als in einem Badeanzuge, wobei ich mir noch des Zufalls erinnere, daß nahe an der Ilm auf der Wiese vor seinem Garten in Gegenwart von Damen, die an der Tür standen, ein paar Knöpfe dieses Anzugs aufgesprungen waren und etwas Großartiges des Körpers an dem großartigen Geiste enthüllten, was er doch sorgfältig verhüllt glaubte ...«

Diesen wunderbaren Herrn von Schönfuß sah Christiane allerdings zuweilen seltener als das *Meerweibchen* oder die *Meerweiblichkeit*. Da half es ihr auch wenig, dass sie hasig, ein Hase, ein Hasenfuß war und gerne hasen wollte. Nach Jena schrieb sie am 30. März 1799:

»...Ich bin auch ein Hase, wenn ich nur nicht seit der Redoute schon ein Meerweibchen wäre. Leb wohl und denke an Deinen Schatz, der Dich immer lieber hat.«

Niemand weiß, wie Christiane oder vielleicht auch Goethe auf dieses Meerweibchen kamen, um die monatliche Regel der Frau poetisch zu umschreiben. Möglicherweise ist es aus weniger poetischen als natürlichen Folgerungen entstanden: Das Meerweibchen oder die Seejungfrau ist der nordischen Sage zufolge ein Fischweib. An Land riecht sie entsprechend. Und schließlich war es ja Goethe, der einmal sagte: »Immer wo Begriffe fehlen, stellt zur rechten Zeit ein Wort sich ein.«

Auch der Hase in seinen vielen Wortschöpfungen wird von Christiane fast ausschließlich der Liebes- und Ehesprache zugeordnet. Der Deutungsphantasie des heutigen Lesers bleibt es überlassen, wie er diese Worte im jeweiligen Zusammenhang verstehen möchte. Eindeutig allerdings ist, wenn Christiane *gramselt* oder *kramselig* wird. Dann bläst sie vielleicht nicht unbedingt Trübsal, aber sie grämt sich über irgendetwas, ist aber meistens traurig, dass ihr Geliebter schon wieder seit Wochen, auch Monaten weg ist. Die *Schätzchen* sind auch nicht immer ein Trost, denn der Wert von »jungen Freundinnen« hat Grenzen.

Schier grenzenlose Freude bringt es Christiane allerdings, wenn ihr Goethe aus Frankfurt oder Leipzig ein *Krämchen* oder *Judenkrämchen* schickt. Es sind kostbare Stoff-Stücke, Spitzen, Bänder oder sonstige Utensilien zur Verzierung von Kleidern, die man in besonders exquisiter Auswahl meist bei einem Handelsjuden mit internationalen Kontakten auf der Messe kaufte. Von seinen Kuraufenthalten in Karlsbad oder Teplitz schickte Goethe dagegen oftmals ein *Schwänchen* auf die Reise nach Weimar – ein Paket mit Geschenken für Christiane, ihre Gesellschafterin und manchmal auch das Personal. Das änderte allerdings nichts daran, dass seine Frau ihm hin und wieder mitteilte, sie würde nächstens *»auf die Leuchtenburg ziehen«*, der in der Familie gern gebrauchte humoris-

August von Goethe

tische Ausdruck für: ich werde verrückt, ich muss ins Irrenhaus auf der Leuchtenburg.

Wenn Johann Wolfgang von Goethe nach Jena in sein »Büro« fuhr, dann teilte er Christiane Vulpius peinlichst genau mit, was er arbeitet. Sie weiß, was darunter zu verstehen ist, wenn er vom *Roman* spricht, vom *Gedicht*, von *meinen Arbeiten* und *meinen Geschäften* oder aber von *unseren gemeinschaftlichen Arbeiten, unseren Werken*. Es sind »Wilhelm Meisters Lehrjahre« oder die »Wahlverwandtschaften«; »Hermann und Dorothea«, die »Natürliche Tochter«, Gedichte für Schillers Musenalmanach oder die »Farbenlehre«. Gemeinsam mit Schiller arbeitete er für die »Propyläen«, die Literaturzeitschrift, die dieser herausgab.

Goethes Code-Wörter für das jeweilige Projekt werden dann auch von Christiane übernommen, wenn sie ihm für die Arbeit gute

Gedanken und schnellen Fortgang wünscht. Während der Schatz also Seite um Seite schreibt, damit das herzogliche Gehalt noch ein wenig aufgebessert wird, holt Christiane den *Zauberlehrling* ins Haus: Großes Reinemachen und Hausputz sind dann angesagt.

Gemeinsam jedoch sorgen sich die Eltern um den Sohn August, der ab 1808 in Heidelberg studierte. *Dämmerfürst* hatten ihn schon dort die Kommilitonen genannt, weil er dazu neigte, alles zu verträumen. Er ist *dämperich, dämpfig* oder *dämmert* liest man bei Christiane und bei Goethe. Ein Grund, warum man ihm nicht die Aufsicht über das Haus am Frauenplan überlassen will, wenn die Eltern gemeinsam nach Karlsbad fahren. Größere Sorgen jedoch macht Goethe, dass August nach der Rückkehr aus Heidelberg nun in Jena etwas *Kümmeltürkisches* entwickelt – etwas Kleinkariertes, wenig Welterfahrenes. Wenn sich das nicht schnell ändert, dann will man ihn nach Göttingen oder in eine andere große Stadt schicken.

August scheint jedoch rechtzeitig wach geworden zu sein, denn er schließt sein Studium in Jena ab und arbeitet schon bald erfolgreich in der herzoglichen Verwaltung in Weimar. Im Winter aber, wenn auch der Familienvater häufiger in seinem Haus ist, dann hört er gerne den *musikalischen Übungen* zu, die im großen Salon stattfinden: den Proben und Konzerten des Singvereins und der Hauskapelle, die Christiane mit Hilfe des Operndirigenten am Weimarer Theater zur regelmäßigen Institution machte.

Herr von Schönfuß

Kühn hatte der junge Goethe das fragwürdige Glück einer Ehe zu dritt in »Stella« (1776) zum Ideal stilisiert. Zwei Frauen waren bereit, sich einen Mann, Fernando, zu teilen; und diesem war's recht. Eine so grandiose wie bequeme Theorie. Irgendwann aber musste in dem Dichter die Erkenntnis gereift sein, dass eine schwärmerische Geliebte wie Stella vergnüglich sein kann, die liebend sorgende, verzeihende und die Launen großmütig ertragende Ehefrau (Cäcilie) aber wohl doch eher das Ideal für die Praxis des Lebens sei. Im Jahre 1806 arbeitete Goethe den Schluss um, klärt die Verhältnisse. Fernando erschießt sich, Stella hat sich vergiftet; kein Trost für die Witwe und theatralisch eine ebenso wenig überzeugende Lösung.

Dichterisch findet Goethe also keinen Weg, wie der Männer-Traum von der Frau für den Geist und der Frau für die Seele unter einem Dach zu verwirklichen sein könnte. Für sein eigenes Leben mag er deshalb schon vor der Trennung von Charlotte von Stein erkannt haben, dass die intellektuelle Diskussion ihn zwar beleben, ihn aber als Mensch und Mann nicht auf allen Ebenen erfüllen kann. Natürlich ist Goethes Entscheidung für Christiane Vulpius bis zu einem gewissen Grad ein Kompromiss, aber er basiert sicherlich auf der Erkenntnis, dass er in der Liebe einer Baronesse weniger heimisch ist als in den Armen einer Cäcilie.

Die um sechzehn Jahre jüngere Christiane war bereit – selbstverständlich nicht immer klaglos –, sich in seinen Beruf als Minister im Herzogtum Weimar und als Dichter einzufügen. Sie baute ihm mit einem wohlgeordneten Zuhause das Fundament, von dem aus er sich in der Öffentlichkeit als wichtige Persönlichkeit präsentieren konnte. Aber sie war auch die Frau, die ihn als Mann begehrte. Nicht nur einmal sollen Goethe und Christiane im ehelichen Schlafzimmer so temperamentvoll gewesen sein, dass dabei die Betten zu Bruch gingen. Beide genossen das Liebesleben mit Freude, sehnten sich danach, wenn sie getrennt waren. Auch in ihren Briefen schweigen sie darüber nicht, selbst wenn Christiane in ihren Formulierungen mit Hilfe der Ehesprache meist deutlicher ist als ihr Schatz.

Auf dem Weg in die Champagne, wo das preußische Heer gegen Frankreich kämpfte und wo Herzog Karl August von Weimar Goethe bei sich haben wollte, schreibt er aus Gotha an Christiane:

»Es ist gar zu nichts nütze, daß man sich von denen entfernt, die man liebt, die Zeit geht hin und man findet keinen Ersatz. Wir sind in Gotha angelangt, und ich denke bald wieder weg zu gehen, ich habe nirgends Ruhe. Meyer wird Dir erzählen, wie ich gleich in Erfurt bin von Wanzen gequält worden und wie ich mich auch hier vor der Nacht fürchtete. Da sind die Zimmerleute besser, die doch nur Morgens pochen. Ich bin aber wohl und hoffe, es soll mir noch wohler werden, wenn ich erst einmal Eisenach im Rücken habe. Von hier schicke ich Dir nichts als den schönsten Gruß und die Versicherung, daß ich Dich sehr liebe. Von Frankfurt soll aber bald das zierlichste Krämchen ankommen. Lebe wohl, liebe mich, halte alles gut in Ordnung und küsse den Kleinen. G.« (9. August 1792)

Aus Frankfurt, wo Goethe seit langer Zeit wieder zu Besuch ist bei seiner Mutter, der Frau Rat Goethe, meldet er nach Weimar:

»Heute hab ich Deinen Brief erhalten, meine liebe Kleine, und schreibe Dir nun auch, um Dir wieder einmal zu sagen, daß ich Dich recht lieb habe, und daß Du mir an allen Enden und Ecken fehlst.

Meine Mutter habe ich wohl angetroffen und vergnügt, und meine Freunde haben mich alle gar freundlich empfangen. Es gibt hier mancherlei zu sehen, und ich bin diese Tage immer auf den Beinen geblieben. Meine erste Sorge war das Judenkrämchen, das morgen eingepackt und die nächste Woche abgeschickt wird. Wenn es ankommt, wirst Du einen großen Festtag feiern, denn so etwas hast Du noch nicht erlebt. Hebe nur alles wohl auf, denn einen solchen Schatz findet man nicht alle Tage.

Lebe wohl. Grüße Herrn Meyer und küsse den Kleinen. Sag ihm, der Vater komme bald wieder. Gedenke mein. Bringe das Haus hübsch in Ordnung und schreibe mir von Zeit zu Zeit.

G.« (17. August 1792)

»Heute geh ich, liebe Kleine, von Frankfurt ab und nach Mainz. Ich muß Dir nur sagen, daß [es] mir recht wohl gegangen ist, nur daß ich zu viel habe essen und trinken müssen. Es wird mir aber noch besser schmecken, wenn mein lieber Küchenschatz die Speisen zubereiten wird. Das Judenkrämchen geht auch heute ab und wird nicht lange nach diesem Briefe eintreffen. Ich wünschte ein Mäuschen zu sein und beim Auspacken zuzusehen. Es hat mir recht viel Freude beim Einpacken gemacht. Hebe nur alles wohl auf. Adieu, mein liebes Kind. Äugelchen hat es gar nicht gesetzt. Behalte mich nur so lieb wie ich Dich. Adieu, grüße Herrn Meyern, küsse den Kleinen und schreibe mir bald. G.« (21. August 1792)

»Trier, den 25. August 1792.

Wo das Trier in der Welt liegt, kannst Du weder wissen, noch Dir vorstellen, das schlimmste ist, daß es weit von Weimar liegt, und daß ich weit von Dir entfernt bin. Es geht mir ganz gut. Ich habe meine Mutter, meine alten Freunde wiedergesehen, bin durch schöne Gegenden gereist, aber auch durch sehr garstige, und habe böse Wege und starke Donnerwetter ausgestanden. Ich bin hier, ohngefähr noch eine Tagreise von der Armee, in einem alten Pfaffennest, das in einer angenehmen Gegend liegt. Morgen gehe ich hier ab und werde wohl übermorgen im Lager sein. Sobald es möglich ist, schreibe ich Dir wieder. Du kannst um mich ganz unbesorgt sein. Ich hoffe bald meinen Rückweg anzutreten. Mein einziger Wunsch ist, Dich und den Kleinen wiederzusehen, man weiß gar nicht, was man hat, wenn man zusammen ist. Ich vermisse Dich sehr und liebe Dich von Herzen. Das Judenkrämchen ist wohl angekommen und hat Dir Freude gemacht. Wenn ich wiederkomme, bringe ich Dir noch manches mit, ich wünsche, recht bald. Lebe wohl. Grüße Meyern und sei mir ein rechter Hausschatz.

Adieu, lieber Engel, ich bin ganz Dein. G.«

»Bei Verdun, den 8. September 1792.

Wir stehen noch bei Verdun, werden aber wohl bald vorwärts gehen; ich befinde mich recht wohl und habe keine Zeit, hypochondrisch zu sein. Wäre es möglich, daß ich Dich um mich hätte, so wollte ich mirs nicht besser wünschen. Ich denke immer an Dich und den Kleinen und besuche Dich im Hause und im Garten und denke mir schon, wie hübsch alles sein wird, wenn ich wiederkomme. Du mußt mich aber nur lieb behalten und nicht mit den Äugelchen zu verschwenderisch umgehen.

Ehe wir hier abreisen, wird ein Körbchen abgehen mit Liqueur und Zuckerwerk, davon genieße was mit Herrn Meyer, das übrige hebe auf, ich schicke Dir noch allerlei in die Haushaltung. Wenn dieser Brief ankommt, bist Du vielleicht schon im vordern Quartier*.

---

* Christiane organisiert den Umzug vom Gartenhaus auf dem Grundstück Frauenplan/Seifengasse/Ackerwand und vom Großen Jägerhaus in der benachbarten Marienstraße 3, wo Goethe von 1789 bis 1792 ebenfalls wohnte.

Goethes Entwurf zum oberen Treppenhaus in Goethes Wohnhaus in Weimar, 1792.

Richte nur alles wohl ein und bereite Dich, eine liebe kleine Köchin zu werden. Es ist doch nichts besser, als wenn man sich liebt und zusammen ist. Lebe recht wohl und bleibe mein. Ich habe Dich herzlich lieb. G.«

»Im Lager bei Verdun, den 10. September 1792.
Ich habe Dir schon viele Briefchen geschrieben und weiß nicht, wenn sie nach und nach bei Dir ankommen werden. Ich habe versäumt, die Blätter zu nummeriren, und fange jetzt damit an. Du erfährst wieder, daß ich mich wohl befinde, Du weißt, daß ich Dich herzlich lieb habe. Wärst Du nur jetzt bei mir! Es sind überall große breite Betten, und Du solltest Dich nicht beklagen, wie es manchmal zu Hause geschieht. Ach! Mein Liebchen! Es ist nichts besser als beisammen zu sein. Wir wollen es uns immer sagen, wenn wir uns wieder haben. Denke nur! Wir sind so nah an Champagne und finden kein gut Glas Wein. Auf dem Frauenplan solls besser werden, wenn nur erst mein Liebchen Küche und Keller besorgt.

Sei ja ein guter Hausschatz und bereite mir eine hübsche Wohnung. Sorge für das Bübchen und behalte mich lieb.

Behalt mich ja lieb! Denn ich bin manchmal in Gedanken eifersüchtig und stelle mir vor: daß Dir ein andrer besser gefallen könnte, weil ich viele Männer hübscher und angenehmer finde als mich selbst. Du mußt aber nicht sehen, sondern Du mußt mich für den besten halten, weil ich Dich ganz entsetzlich lieb habe und mir außer Dir nichts gefällt. Ich träume oft von Dir, allerlei confuses Zeug, doch immer daß wir uns lieb haben. Und dabei mag es bleiben.

Bei meiner Mutter hab ich zwei Unterbetten und Kissen von Federn bestellt und noch allerlei gute Sachen. Mache nur, daß unser Häuschen recht ordentlich wird, für das Andre soll schon gesorgt werden. In Paris wirds allerlei geben, in Frankfurt gibts noch ein zweites Judenkrämchen. Heute ist ein Körbchen mit Liqueur abgegangen und ein Päckchen mit Zuckerwerk. Es soll immer was in die Haushaltung kommen. Behalte mich nur lieb und sei ein treues Kind, das Andre gibt sich. Solang ich Dein Herz nicht hatte, was half mir das Übrige, jetzt da ichs habe, möchte ichs gern behalten. Dafür bin ich auch Dein. Küsse das Kind, grüße Meyern und liebe mich. G.«

»Lager bei Hans, den 27. September 1792.

Dein Briefchen mit dem großen Tintenklecks habe ich erhalten und freu mich, daß es Dir und dem Kleinen wohlgeht, und daß Du im Stillen der Bequemlichkeit und des Guten genießest, wie ich Dir es hinterlassen habe. Ich stelle mir vor, wie Du das Judenkrämchen in Stücken schneidest und verarbeitest. Die schönen Spitzen zerschneide nur nicht, denn es ist eben zu einer schönen Krause gerechnet. Wenn Du ein braver Hausschatz bist, so wirst Du erst Freude haben, wenn ich mit allerlei guten Sachen beladen wiederkomme. Ich hoffe bald wieder in Frankfurt zu sein, und das ist alsdann, als ob ich schon wieder bei Dir wäre.

Wir erleben viel Beschwerlichkeiten, besonders leiden wir vom bösen Wetter. Davon werde ich mich in Deinen Armen bald erholt haben. Recht wohl bin ich übrigens und munter. In meinem nächsten Brief kann ich Dir vielleicht mehr sagen. Lebe wohl. Küsse den Kleinen und liebe mich und mache schön Ordnung, wenn Du nun hervorziehst. Adieu, mein süßes, liebes Kind. G.«

»Verdun, den 10. Oktober 1792.

Deine Briefe hab ich nun alle, mein liebes Herz; das Packet, das so lange außenblieb, hab ich auch erhalten und zwar in einem Augenblicke, wo ich große Langeweile hatte. Ich war recht vergnügt, so viel von Dir zu lesen.

Die Freude über das Judenkrämchen kann ich mir vorstellen. Ich mache mir Vorwürfe, daß ich nicht Spielsachen für den Kleinen eingepackt und den Sohn über die Mutter vergessen habe; er soll nun auch was haben, entweder bring ichs mit oder schicke es voraus.

Du wirst nun wohl schon wissen, daß es nicht nach Paris geht, daß wir auf dem Rückzuge sind. Vielleicht bin ich, wenn Du diesen Brief erhältst, schon wieder in Deutschland. Der Krieg geht nicht nach Wunsch, aber Dein Wunsch wird erfüllt, mich bald wieder nahe zu wissen.

Ich habe viel ausgestanden, aber meine Gesundheit ist ganz fürtrefflich, es fehlt mir nicht das Mindeste, und an Hypochondrie ist gar nicht zu denken. Du wirst einen recht muntern Freund wieder kriegen.

Du hast wohlgetan, mir nichts vom Uebel des Kleinen zu schreiben, bis es vorbei war. Ich wünsche euch beide bald wiederzusehen und euch an mein Herz zu drücken.

Wenn ich Dir etwas schreib, das Dich betrüben konnte, so mußt Du mir verzeihen. Deine Liebe ist mir so kostbar, daß ich sehr unglücklich sein würde, sie zu verlieren, Du mußt mir wohl ein bißchen Eifersucht und Sorge vergeben.

Ich hoffe, Du bist nun in Herlmershausens Quartier [dem Vorderhaus auf dem Frauenplan], auf alle Fälle habe ich dem Herrn Geh. Assistenz-Rath ein Wort geschrieben. Ich hoffe, bis ich komme, soll die Treppe und der Hausplatz auch fertig werden und alles recht einladend und gemüthlich sein. Es wird eine recht gute Zeit werden, wenn wir uns wiedersehen.

In wenigen Tagen hoffe ich Dir wieder näher zu sein, und Du erhältst wieder einen Brief. Nun wirst Du ja auch wieder in die Komödie gehen und die Abende wenigstens eine kleine Lust haben.

Lebe wohl, küsse den Kleinen und sei vergnügt in Deinem Hauswesen.

Diesen Brief schreibe ich Dir aus Verdun, wo ich mich einmal wieder im Trocknen bei einem Kaminfeuer erquicke.

Venus [der Kammerdiener des Herzogs] ist sehr krank und auch in der Stadt. Das Wetter ist entsetzlich und der Koth überall abscheulich.

Gedenke mein und lebe wohl. G.«

Goethe verließ kurz darauf das herzogliche Regiment, um mit allerlei privaten Umwegen nach Weimar zu reisen. Er nutzte die Gelegenheit, so weit im Westen, am Rhein zu sein, dass er viele alte Freunde besuchte und überall einige Tage blieb. Am 15. Dezember in der Nacht kam er wieder in Weimar an und wird später in der »Campagne« schreiben: »Meine Ankunft in Weimar sollte auch nicht ohne Abenteuer bleiben; sie ereignete sich nach Mitternacht und gab Anlaß zu einer Familienscene, welche wohl in irgend einem Roman die tiefste Finsternis erhellen und erheitern würde. – Nun fand ich das von meinem Fürsten mir bestimmte, erneuerte, wohleingerichtete Haus schon meistens wohnbar, ohne daß mir die Freude ganz versagt gewesen wäre, bei dem Ausbau mit und einzuwirken. Die Meinigen entgegneten mir munter und gesund, und als es an ein Erzählen ging, constrastirte freilich der heitere ruhige Zustand in welchem sie die aus Verdun gesendeten Süßigkeiten genossen, mit demjenigen, worin wir, die sie in paradiesischen Zuständen glaubten, mit aller denkbaren Noth zu kämpfen hatten. Unser stiller häuslicher Kreis war nun um so reicher und froher abgeschlossen, indem Heinrich Meyer [der Maler] zugleich als Hausgenosse, Künstler, Kunstfreund und Mitarbeiter zu den Unsrigen gehörte, und an allem Belehrenden sowie an allem Wirksamen kräftigen Antheil nahm.«

Was Christiane auf Goethes Liebesbeteuerungen geantwortet hat? Diese Briefe gingen irgendwo verloren. Ab Mai 1793 aber, als der Herzog seinen Berater wieder bei sich im Feldlager sehen wollte, sind auch ihre Briefe erhalten. Unter der Abwesenheit des Familienvaters leidet sie noch mehr, denn im familienrechtlichen Sinn ist ihr derzeitiger Status denkbar ungünstig. Wenn Goethe im Krieg etwas zustößt, dann stehen sie und August recht- und mittellos auf der Straße. Trotzdem ist Christiane die Optimistin in dieser Verbindung – ohne allerdings in ihren Briefen ihre wahren Gefühle, ihre Sehnsucht zu verschweigen.

»Jena, den 13. Mai 1793.

Lieber, ich wünsche Dir, daß Du glücklich angekommen bist, mit den August geht es sehr gut. Der Herr Hof-Rath hat gesagt, daß mir den 17. Mai wieder nach Weimar zurückkehren könnten. Du wirst Dich sehr freuen, wenn Du wieder zurückkömmst und ihn gar nicht von Blattern verändert siehst, er hat nicht viel und sie schwären nicht tief und er ist auch recht wohl. Mir gefällt es auch in Jena, aber auf dem Lande doch noch besser. Gestern sind mir in Burgau gewesen, da hat mir die Gegend sehr wohl gefallen, die Saale und die schönen Berge und die Dörferchen. Der junge Hage hat uns auch den Wasserbau an der Saale gewiesen, nun weiß ich dann auch, was

Saaletal unterhalb der Dornburger Schlösser, 1806.

es ist, ich habe immer davon reden hören. Auf den Mittwoch wollen mir nach Lobeda und wollen den August mitnehmen, der wird sich recht freuen. Es ist sehr gut, daß Du mich nicht in Weimar gelassen, ich sehe hier immer viel Neues, aber ich wünsche mir immer nur, daß ich das alles mit Dir sehen könnte, und wir könnten so ein paar Schlampams-Stündchen halten, da wär ich recht glücklich. Ich will aber recht artig sein und mir immer denken, daß die schönen Stunden auch wiederkommen, und wir wollen sie recht genießen. Es ist mir aber sehr lieb, daß mir diese Woche wieder nach Weimar gehen, denn man ist hier doch nicht recht in seiner Ruhe. Schreibe mir nur bald und denke an das Judenkrämichen.

In unserem Hause muß man sich ein bißchen stille halten, denn es geht gar zu lose zu, der Jule dauert alle Nacht bis 12 Uhr.

Sobald ich wieder in Weimar bin, schreibe ich. Behalt mich lieb und denke an mich.

Leb wohl, Du Süßer. Deine Dich ewig liebende Christel.«

»Lager bei Marienborn, den 29. Mai 1793

Ich bin nun wieder, meine Beste, im Lager angelangt, und es sieht ein gut Theil besser aus als vor dem Jahre. Man muß nur alles Gute und Bequeme, was man zu Hause verließ, eine Zeit lang aus dem Sinne schlagen, so kann es wohl angehen. Abwechslung gibt es genug und viel zu sehen und zu hören. Der Herzog ist recht wohl. Die Armee steht um eine große Stadt, über ein paar Flüsse weg, und man schießt Tag und Nacht. Ich wollte, Du wärst bei mir, so möchte das andre hingehen. Ich war in ein Dorf recht schön einquartiert, da haben mich die Wanzen wie gewöhnlich hinausgejagt. Nun schlafe ich wieder im Zelte, angezogen, in einer Strohbucht und habe eine Decke, die uns, hoffe ich, bald wieder zusammen zudecken soll. Ich denke viel an Dich, küsse Dich und den Kleinen in Gedanken.

Du wirst nun das zweite Packet erhalten und Dich gefreut haben. In Frankfurt steht noch das Bügeleisen, die Schuhe und Pantoffeln waren noch nicht fertig. Bald gehe ich wieder hinein und pack Dir wieder ein Kästchen.

Den 31.

Heute Nacht sind wir unsanft geweckt worden. Die Franzosen attaquirten das Hauptquartier, ein Dorf, ohngefähr eine halbe Stunde von uns. Das Feuer war sehr lebhaft, sie wurden endlich zurückgetrieben.

Deiner Bitte eingedenk, bin ich erst, da es Tag war und alles vorbei, hinunter geritten. Da lagen die armen Verwundeten und Todten, und die Sonne ging hinter Mainz sehr prächtig auf.

Behalte mich lieb, ich werde mich um Deinetwillen schonen, denn Du bist mein Liebstes auf der Welt. Küsse den Kleinen. Ich hoffe, wir sehen uns bald wieder. Ich schreibe Dir von Zeit zu Zeit.

G.«

»Weimar, den 14. Juni 1793

Lieber, Du mußt schon 5 Briefe von mir haben, ich habe Dir auch einen von Jena aus geschrieben. Aber ich und Herr Meyer besorgen immer, der Ernst besorgt die Briefe nicht ordentlich, denn er ist immer sehr leichtsinnig, daß man in allem seine Noth hat. Deßwegen bestellt sie Herr Meyer immer selbst. Über alle die schönen Sachen habe ich eine große Freude, in den großen Shwal kann ich mich mit allem wickeln. Gesund bin ich und mache mir immer was zu schaffen. Heute bringe ich Deine Schränke und Sachen in Ordnung und will mich recht freuen, wenn Du wiederkömmst und Dir es recht ist. Der Saal wird gemacht, die Stube und alles ist in 14 Tagen fertig. Dann will ich alle Stuben im ganzen Hause sauber machen lassen, und so will ich es in der schönsten Ordnung erhalten, bis Du wiederkömmst und Dich darüber freust. Denn dießmal ist es mir immer, als kämst Du bald wieder. Denn ich weiß, weil Du mich lieb hast, wirst Du mich in den Umständen nicht bis auf die letzte allein lassen, denn man ängstigt sich doch immer. Denn hier ist es abscheulich, denn ehe ich Deinen vorigen Brief bekam, habe ich vor Angst Tag und Nacht nicht ruhen können, denn es hieß, es wär alles gefangen. Ich danke Dir recht von Herzen, daß Du mir von Zeit zu Zeit schreibst, denn hier sind die Lügen groß. Ich freu mich, wenn ich höre, daß Du gesund bist, habe mich nur hübsch lieb und begib Dich nicht mit Gewalt in Gefahr. Ich und der Kleine lieben Dich herzlich, der Kleine redet immer von Dir und lernt sehr fleißig sein a b c, das deutsche und lateinische. Wenn Du nur unsern Garten sehen sollst, er ist schön, daß man sich gar nicht heraus sehnet. Ach Gott, wenn die schönen Tage erst wieder kommen, wo wir zusammen drin herumgehen, alsdenn will ich mich recht freuen. Die Mamsell Rudolf ist bei mir gewesen und hat mich mit dem Kleinen nach Tiefurt geladen, aber ich bin nicht nunter gegangen, sie logirt bei der Herzogin neben ihrem Zimmer. Heute hat sie mir expreß durch einen Bedienten sagen lassen, auf den Montag nunter zu kommen, da werde ich doch wohl nunter müssen. Herr Meyer ist immer unten.

Lebe wohl und denke an Dein Christelchen, das Dich recht zärtlich liebt, und mache nicht so viel Äuglichen.«

»Bei Marienborn, den 22. Juni 1793.

Deinen Brief vom 14. erhalte ich eben. Es ist recht gut, daß man sich doch ein Wort sagen kann, wenn es gleich fatal genug ist, daß die Tage und Nächte vergehen, ohne daß man beisammen ist. Deine Briefe hab ich alle erhalten und mich ihrer gefreut, ich habe Dir auch oft geschrieben, und Du wirst meine Briefe nach und nach empfangen …

Ich bin ruhig und sicher; glaube den Leuten nicht, die alles vergrößern, vorzüglich üble Nachrichten, ich werde mich nicht muthwillig in Gefahr begeben, es lobt einen niemand darum und man hat nur den Schaden …

Behalte mich auch lieb. Denn das ist das Beste für Dich und für mich. Das Gute in der Welt ist viel schmäler gesät, als man denkt; was man hat, muß man halten.

Lebe wohl, liebes Kind. Die Zeit wird mir lang, bis ich zu Dir komme.

G.«

»Marienborn, den 3. Juli 1793.

Du bist ein recht liebes Kind, daß Du mir so viel schreibst, dagegen sollst Du auch wieder gleich von mir einen Brief haben … Tröste Dich über Deine Gurken und sorge recht schön für alles, Du machst mir recht viel Freude dadurch. Wir wollen ja aneinander festhalten, denn wir fänden es doch nicht besser. Behalte mich ja lieb, wie ich Dich …

G.«

Das sind die Liebeserklärungen und -beteuerungen, die sich Goethe und Christiane auf für damalige Verhältnisse große Entfernungen schrieben. Aber auch wenn Goethe nur nach Jena in seine Schreibstube reiste, fiel beiden die Trennung offenkundig schwer. Und es war nicht nur Christiane, die ihre Sehnsucht nach dem Geliebten zu Papier bringen musste. So auch, als Goethe am 20. Februar 1797 für längere Zeit nach Jena ging. Christiane und August begleiteten ihn bis zu dem Dorf Kötschau und kehrten dann um.

»Weimar, Dienstags Abend, den 21. Februar 1797.
Ich und Dein liebes Bübchen sind glücklich und wohl wieder zu Hause angelangt, die Ernestine und Werners kamen uns bis Umpferstedt entgegen. Heute den ganzen Tag habe ich mich mit der Reinlichkeit Deiner Zimmer beschäftigt und bin in der Komödie gewesen. Morgen werden vom ganzen Hause die Vorhänge gewaschen und den Donnerstag gebügelt, und überhaupt habe ich mir diese Woche vorgenommen, das Haus vom Boden bis runter in Ordnung zu bringen, den Sonntag mich mit dem rothen Kleid zu putzen und künftige Woche die Aufsätzchen in Ordnung zu bringen, und alsdenn das Übrige wird sich finden. Stell Dir vor, wie lieb Dich Deine beiden Hasen haben: wie Du in Kötschau von uns weg warst, gingen mir raus und sahen auf dem Berg Deine Kutsche fahren, da fingen mir alle beide eins an zu heulen und sagten beide, es wär uns so wunderlich …

Mittewoche, den 22.
Hier schicke ich Dir, was Du verlangst, die Uhr, das Buch und 6 Bouteillen Wein. Es folgt auch das Geld; ich habe 10 Stück Laubthaler raus genommen, weil der Tapezierer vor Pferdehaare, Leinwand, Garn, Nägel und Macherlohn vor die Stühle und das Kanapée 14 bis 15 Thaler haben will. Ich habe es nachgerechnet, und sie kommen uns doch nicht so theuer wie die vorigen.

Ich wünsche Dir, daß der Herr von Schönfuß bei Dir einkehren möchte und Dir die allerbeste und förderseligste Laune zum Gedicht mitbringe.

Leb wohl und behalt lieb

Dein kleines Naturwesen«

»Jena, am 24. Februar 1797.

Es war mir neulich auch gar nicht recht, euch zu verlassen, wir waren, obgleich nicht gesprächig, doch gar wohlbehaglich beisammen. Die Botenweiber haben alles richtig überbracht. Buch, Uhr, Geld, und was sonst von Packeten und Briefen war, auch den Wein; dießmal habe ich nichts zu verlangen und sage Dir nur: daß ich wohl bin und an allerlei Dingen arbeite, in Erwartung der Laune zum Gedicht ... G.«

»Weimar, 25. Februar 1797.

Daß Dir es gut gehet, freut mich sehr, ich will recht beten, daß es bald an das Gedicht kommt, daß wir es uns alsdann können recht wohl sein lassen. Wenn Du so weg bist, sehe ich immer, wie schlecht es mir zu Muthe sein wird, wenn Du in Italien sein wirst. Vielleicht kann ich auch das weg beten. Ich denk, es geht mir, seit ich mit dem Schatz bin, alles zum Guten aus, so wird es da auch so gehen. Der gute Schatz macht mich so oft mit allerlei glücklich, daß ich doch auch einmal zu Deiner Glückseligkeit etwas beitragen muß, und das besteht in Schwarzwurzlen, die hier folgen. Das Haus wird fertig, und auf den Dienstag ist Redoute und der Ernestine ihr Geburtstag, da habe ich mir einen kleinen Spaß ausgedacht, der ist nämlich dieser: es wird morgen der Sonntagsbraten gespart und nur Fleisch gegessen, und den Mittewoch nach der Redoute wollte ich ihn feiern mit einem kleinen Mittag-Essen und dazu unsere jungen Freundinnen und Freunde von hier und die von Jena, welche sich zur Redoute von unseren Ball-Freunden einfinden, einladen. Sonst ist hier nichts Merkwürdiges. Das Bübchen läßt das liebe Väterchen grüßen. Leb wohl und mache auf dem heutigen Ball ja nicht zu viel Äuglichen. V.«

»Weimar, 12. (oder 13.) März 1797.

Lieber Schatz, ich bin sehr in Sorge, Du bist kränker, als Du mir schriebest. Man sagt mir, Du wärst sehr krank, ich bin recht in Sorge. Aber nicht wahr, Lieber, Du hättest mir es gewiß geschrieben oder mich zu Dir kommen lassen. Dem Bübchen darf ich gar nichts davon wissen lassen, sonst weint es den ganzen Tag. Warte Dich nur recht ab und bleib so lange drüben, als Du es vor nöthig hältst. Mache uns nur die Freude, daß mir Dich abholen dürfen, da fahren mir bei Zeiten aus und sind bei guter Zeit bei Dir …«

»Jena, am 14. März 1797.

… Mein Katarrh mag den Leuten schlimmer vorgekommen sein, als er war, da ich ganzer 8 Tage zu Hause blieb, jetzt befinde ich mich wieder völlig hergestellt und habe nichts verloren, da mein Gedicht sich zu Ende neigt; ich will aber, da ich einmal so weit bin, von hier nicht weggehen, bis das Ganze fertig ist und die drei ersten Gesänge nach Berlin abgeschickt sind.

Die warmen Schuhe sind leider zu klein, ich bringe sie wieder mit, und wir können sie ja wohl vertauschen. Ich will mich indessen mit den alten behelfen … G.«

In seinem Tagebuch schreibt Goethe unter dem 14. März: »Früh nach Weimar. Mittags zu Hause. Abends zu Schiller.« Der Herzog wird ihn zu sich bestellt haben. Und wenn er schon in Weimar war, konnte er auch einen kurzen Besuch auf dem Frauenplan machen, ehe er mit der Kutsche wieder nach Jena fuhr. Vielleicht hatte er bei der Gelegenheit mit Christiane ausgemacht, dass sie sich ungestört treffen wollten. Denn er notiert unter dem 17. März in seinem Tagebuch: »Früh nach Kötschau, daselbst zu Mittag gegessen, abends um 5 Uhr wieder zurück. Zu Schiller, über die Rubriken der einzelnen Gesänge.« Goethe hat sich also auf halbem Weg zwischen Jena und Weimar mit seinem Christelchen getroffen. Kurzbesuche auch in Jena macht Christiane häufiger, auch wenn sie nicht immer in den entsprechenden Briefen erwähnt werden. Diesmal sah Goethe seine Frau besonders gern, denn noch am selben Tag schreibt er aus Jena an Christiane in Weimar:

»Ich muß Dir noch, indem ich das Geld absende, einen guten Abend sagen. Es war mir gar zu angenehm, Dich einmal wiederzusehen, und ich habe jetzt wieder Lust, noch die Sachen wegzuarbeiten, die zunächst vor mir liegen, damit ich Dich recht frei und heiter wiedersehen kann. Lebe recht wohl. Grüße das Kind und behalte mich lieb.
G.«

»Weimar, 18. März 1797.

Liebster Schatz, es ist doch sehr gut, wenn man sich recht lieb hat! Es ist mir heute noch so eine angenehme Erinnerung, wenn ich mir denke, daß mir uns so vergnügt sahen und sprachen und uns lieb hatten. Nur sehr schlecht war mir zu Muthe, wie ich so allein zu Hause ankam. Dem Kinde sagt ich es, und er freute sich sehr über die Soldaten, Fragt' aber gleich: ›Wenn kömmt denn aber mein liebes Väterchen?‹ Er ist wieder etwas besser und bedankt sich schönstens. Ich habe das Schlüßlichen aufgemacht und schicke Dir hier, was Du verlangtest, und lebe nunmehro in der guten Hoffnung, Dich bald bei mir zu sehen. In unserm Garten sieht es sehr gut aus. Morgen ist kein Conzert, die Regierende Herzogin ist nicht wohl.

Leb wohl und behalte lieb Deinen Schatz. Viele Grüße vom Bübechen.«

»Weimar, Freitag, 26. Mai 1797, des Abends um 6 Uhr.
Lieber, ich habe heute Abend große Lust, Dir noch ein paar Worte zu schreiben. Vors erste, daß ich heute Deine Fenster-Vorhänge gewaschen und getrocknet habe, und alles, was noch sonsten schmutzig war, die grünen Stühle, die schwarzen ausgebessert habe, und daß ich nach aller der vielen Arbeit noch sehr lustig bin und mir alleweile meinen Schatz wünsche. Da Du nun aber nicht da bist, so muß ich mich schriftlich unterhalten. Das Bübechen ist auch sehr vergnügt, wär es aber freilich mehr, wenn das Väterchen da wäre. Aus lauter Hasigkeit möchte ich, wenn es nur einigermaßen anginge, ein Wägelichen nehmen und mit dem Bübechen zu Dir fahren, damit ich nur recht vergnügt sein könnte. Da es aber nicht geht, so will ich sehen, ob ich nicht irgend jemand finde, der mit mir im Garten herumspringt. Nun komme ich aber auch mit einer Weheklage. Der unglückselige Theater-Dichter ist in größter Noth und Betrübniß. Er bitte sehr, daß Du, Lieber, seinen bestimmten Gehalt von Ostern angehen lassen möchtest, weil er schon Vorschuß bekommen hat ... Ich bitte Dich recht sehr, daß Du Dich seiner ein bißchen annimmst, er verspricht auch, fleißig zu sein. Du wirst Deinen Hasen nicht unerhört lassen. Leb wohl.

Morgen ein Mehres.

Weimar, Sonnabend, 27. Mai 1797, früh.
Ich bin heute noch sehr hasig, aber gestern war ich gar ausgelassen. Spargel schick ich Dir heut nicht, die Frau von Stein hat sich erkundigen lassen, weil Du nicht da wärst, ob sie nicht etwas Spargel kriegen könnte. Da habe ich heute 2 Pfund hingeschickt durch das Bübechen. Er wird immer größer und schmeckt gar vortrefflich. Alleweile kommt Brecht zu mir und sagt mir, daß Gerning geschrieben hat, daß er fragen sollte, ob Sie an Meyern was mitzugeben hätten; wenn es nicht viel wäre, so wollte er es mitnehmen. Auf den

Dienstag geht Brecht fort, und auf Pfingsten wollen sie von Frankfurt fort.

Leb wohl, die Wenzel kömmt.«

»Jena, am 28. Mai 1797.

Es hat mich recht gefreut, daß Du mir auch einmal einen langen Brief geschrieben hast, und ich antworte Dir sogleich mit der Post, um Dir zu sagen: daß es mir auch ganz wohl geht, ob ich gleich, wenn ich die Wahl hätte, lieber in meinem Hause wäre, weil die Veränderung von Schillers Wohnung und das warme Wetter, bei dem man bei Tage nicht gut ausgehen kann, mir gar nicht behaglich ist …

Der Frau von Stein schicke ja von Zeit zu Zeit etwas Spargel und schicke das Kind überhaupt manchmal hin …

Herr Cotta hat sich mit lauter schönen Doppellouisd'oren gezeigt, an denen ich nur erst eine Freude haben kann, wenn ich Dir sie aufzähle, oder sie zu Deinem und des Kindes Nutzen anlege.

Sage mir, was Du lieber magst: ein Goldstück für Dich, zum Spaße, oder etwas in die Haushaltung, wie man hier mancherlei anschafft.

Lebe wohl. Liebe mich. Sobald ich nur kann, komme ich zurück. Wenn ich aufrichtig sein soll, so ist mir hier noch keinen Tag wohl geworden.

In die Veränderung von Schillers Wohnung kann ich mich nicht schicken, es ist mir alles so unbequem und hinderlich. Adieu, mein Liebes, grüße das Kind. G.«

Im Laufe der Jahre – und gewiss auch, je mehr Christiane in Weimar an Selbstvertrauen gewinnt, ihre »Haushalts-Firma« sicher leitet und die Bosheiten der Weimarer Gesellschaft ein wenig besser hinnehmen kann – bittet Goethe immer häufiger um einen kurzen

Besuch der Familie in Jena. Goethe war zum Beispiel am 19. Februar 1799 in Weimar, um mit der herzoglichen Verwaltung Geschäftliches zu besprechen und hatte – wie in seinem Tagebuch vermerkt – einen Spaziergang mit »Demois. Vulpius« gemacht. Trotzdem liest man in seinem Brief vom 20. Februar 1799:

»Da meine Arbeiten, auf die ich dießmal rechnen konnte, so ziemlich vollbracht sind, so könntest Du allenfalls auch schon den nächsten Sonntag, den 24. Dieses, herüber kommen. Ich schreibe Dir dieses vorläufig, damit Du Deine Einrichtung machen kannst. Ich wünsche, daß Du den Freitag eine vergnügte Redoute haben mögest, Sonnabend wohl ausschläfst, eine hübsche Komödie sähest und Sonntag leidliches Wetter hast. Die Frau Postverwaltern wird Dich mit Vergnügen aufnehmen. Lebe wohl, grüße das Kind; den Freitag schreibe ich mehr.

Mein Verlangen, Dich und das liebe Kind wiederzusehen, ist gar zu groß, daß ich Dich eher, als ich wollte, berufen muß. Lebe wohl und behalte mich recht lieb. G.«

Wenn Goethe hier von *wünschen* und *berufen* spricht, dann ist das jedoch keineswegs als Befehl zu verstehen. Es ist die formelle Sprache der Zeit, die er vor allem dann häufig schreibt, wenn er diktiert. Goethe hat seiner Frau nie befohlen, sondern in der ein oder anderen Form um etwas gebeten. Ein einziges Mal nur ist sein Wunsch ein Wille, der einem Befehl gleich kommt: Als Christiane von der Beerdigung der Frau Aja in Frankfurt nach Heidelberg weiterreist, um Sohn August in seinem Studentendomizil zu besuchen. Da befiehlt Goethe, dass der Sohn endlich die Mannheimer Freunde besuche. Für diese strengen Worte entschuldigt er sich auch bei seiner Frau, bittet danach sie, mit dem Sohn diesen Besuch unbedingt zu machen.

Christiane und August kamen also am 24. Februar nach Jena, fuhren am nächsten Tag nach Winzerla zum Mittagessen. Am 28. Februar reisen der Schatz und das Väterchen mit »den Meinigen« nach Weimar zurück. Aber es ist nicht immer nur Goethe, der nach Jena fährt. Zuweilen lässt Christiane ihren Mann auch daheim in Weimar und reist allein mit ihren Freundinnen nach Jena, um sich auf einem Ball zu vergnügen. Und wenn im August das Vogelschießen auf dem gesellschaftlichen Terminkalender steht, dann hält Christiane nichts zu Hause. Im August 1799 jedoch begleitet sie obendrein auch das Ensemble des Weimarer Theaters zum jährlichen Gastspiel in Rudolstadt. Goethe scheint seine Freude an der Unternehmungslust seines Naturwesens zu haben, denn er schreibt ihr am 23. August aus Weimar:

»Ich danke Dir, mein liebes Kind, daß Du mir zweimal geschrieben und Nachricht von Deinem Wohlbefinden und Deiner Zufriedenheit gegeben hast; ich wünsche nichts mehr, als daß alles sich dergestalt schicke und füge, damit Deine Reise auch sich als eine Lustreise endige. Mir ist es diese Zeit ganz gut gegangen, und ob ich gleich nicht so viel gethan habe, als ich wünschte, so ist doch meine Zeit nicht unnütz verstrichen. Ich habe mehr Besuch, und es kommen verschiedene Personen, die der Garten anlockt, die ich lange nicht gesehen habe.

Den August habe ich gestern mit nach Tiefurt genommen, wo er sich bei der Frau Grobin gar gut aufgeführt hat, indeß ich bei der Herzogin war. Ein paar Stück Kirschkuchen, die ich ihm hinbrachte, haben ihm sehr gut geschmeckt. Heute Abend habe ich eine Gesellschaft guter Freundinnen bei mir und hoffe, daß die Köchin ihre Sache leidlich machen wird.

Lebe recht wohl und vergnüge Dich aufs beste. G.«

Im Herbst desselben Jahres zieht sich Goethe nach Jena zurück, um Voltaires »Mahomet« ins Deutsche zu übersetzen und für eine Aufführung in Weimar einzurichten. Obwohl er fast täglich schreibt oder Schachteln mit Obst für Christiane und den Sohn nach Weimar schickt, hat er am 3. Oktober 1799 eindeutig das Gefühl, dass er seinem Hausschatz nun wieder einmal eine besondere Freude machen muß:

»Da ich so lange von Dir weg bleibe, so muß ich auch ein Blatt von meiner eignen Hand schicken und Dir sagen, daß ich Dich von Herzen liebe und immer an Dich und an das gute Kind denke. Die ersten vierzehn Tage habe ich fleißig zugebracht, aber es waren nur einzelne Sachen, die nicht viel auf sich hatten. Zuletzt machte ich mich an eine Arbeit, die mir zu gelingen anfing. Du hast mich wohl sagen hören, daß Durchlaucht der Herzog ein französisches Trauerspiel übersetzt wünschte, ich konnte immer nicht damit zurecht kommen. Endlich habe ich dem Stück die rechte Seite abgewonnen, und die Arbeit geht von Statten. Wenn ich mein Mögliches thue, so bin ich bis den 12. fertig. Und will den 13. abgehen. Bis ich das Stück ins Reine bringe und es spielen lasse, hab ich doch in den trüben Wintertagen etwas Interessantes vor mir, und dann wollen wir uns zusammensetzen und es ansehen.

Daneben hab ich noch manchen Vortheil und Genuß durch Schillers Umgang und andrer, so daß ich meine Zeit gut anwende und für die Folge manchen Nutzen sehe. Das wird Dich freuen zu hören, weil es gut ist und mir für die nächste Zeit Gutes verspricht.

Ich bin übrigens recht wohl und lebe sehr einfach. Auch bin ich viel spazieren gegangen, diese acht Tage, in denen ich das Pferd mußte stehen lassen. Es ist wieder ganz geheilt. Der Stallmeister hat seine Cur recht gut gemacht. Ich werde ihm dafür ein halb Dutzend Bouteillen Wein verehren.

Die Trabitius [Goethes Köchin in Jena] bleicht schon an Deiner Baumwolle im Hofe und hat sie doppelt mit Roth unterbunden, weil sie feiner ist als die übrigen Stränge, um sie ja nicht zu verwechseln. In wenig Zeit bin ich wieder bei Dir, und dann wollen wir manche gute Stunde zusammen zubringen.

Was die Menschen überhaupt betrifft, so thu ihnen nur so viel Gefälligkeiten, als Du kannst, ohne Dank von ihnen zu erwarten. Im Einzelnen hat man alsdann manchen Verdruß, im Ganzen bleibt immer ein gutes Verhältnis.

Lebe recht wohl. Behalte mich lieb, wie mein Herz immer an Dir und an dem Kinde hängt. Wenn man mit sich selbst einig und mit seinen Nächsten, das ist auf der Welt das Beste. G.«

»Weimar, den 6. October 1799.

Dein Brief, mein Lieber, hat mich sehr gefreut. Wir wollen wie immer uns nur recht lieb haben. Ich habe Dich lieb und bin fleißig und thue meine Schuldigkeit. Gefällig bin ich nur gegen alle Menschen zu viel, ich glaube nur, ich bin zu gut, und die Menschen mißbrauchen meine Güte. Das habe ich von neuem bei der Marien und Gille erlebt. Ich könnte an ihrer Statt gute Freundinnen genug haben, aber ich werde immer mißtrauischer gen alle Menschen, weil sie nur immer aus Interesse mit mir umgehen. Ich werde es freilich nicht anders machen. Ich will mich also darüber wegsetzen und meinen Weg vor mich gehen, meine Haushaltung gut versehen und meinen Schatz lieb haben, und meine Freude an dem Buben sehen, und dann mannichmal eine steife Kaffee-Visite machen. Ich bin letzt bei Kammer-Secretär Scheiben gewesen und bei Gerichts-Sekretär Rentschens. Da kann ich Dir aber versichern, daß in solcher Gesellschaft beinahe kein vernünftiges Wort gesprochen wird und so gelogen wird, daß man erschrickt; wovon ich Dir allerlei zu erzählen habe. Denn ich glaube, wenn Du wiederkommst, kommt auch meine frohe Laune wieder. Ich freu mich schon voraus auf das

Stück, ob ich es gleich nicht kenne. Und wenn Du vergnügt bist, das ist mir lieber als alles. Du schreibst mir, daß Du den 13. kommen willst, das ist gerade auf den Zwiebeljahrmarkt; da wär es besser, Du kämst einen Tag früher oder später. Doch wenn Du diesen Tag kommen willst, sollt Du mir lieb sein, ich habe es nur zu Deiner Nachricht geschrieben. Heute Nachmittag gehe ich zu der Kammerdiener Kämpfern und auf den Abend in die Komödie. Mit meinem Obst bin ich sehr zufrieden, daß ich es behalten habe; es wird mir vor diesen Winter großen Nutzen bringen. Auf künftige Woche werde ich Muß kochen. Hier sind gar keine Nüsse mit Schalen zu haben; könntest Du mir Mittewoch etwas mitschicken, so geschäh mir ein großer Gefalle, ich muß grüne Schalen ins Muß haben. Ich freu mich diesen Winter auf die Komödie, wenn wir auf der Bank zusammen sitzen werden, und überhaupt auch auf die Winterabende, wenn wir zu Hause miteinander schwätzen. Leb wohl und vergnügt und behalte mich so lieb wie ich Dich. Ich danke Dir herzlich vor Deinen Brief. C. V.«

Schon am 5. August 1798 hatte Goethe seinem lieben Kind tröstend aus Jena geschrieben: »Betrübe Dich nicht über das, was außer Dir vorgeht! Die Menschen sind nicht anders gegen einander, im Großen wie im Kleinen. Denke, daß ich Dich liebe, und daß ich keine andre Sorge habe, als Dir eine unabhängige Existenz zu verschaffen; es wird mir ja das auch wie so manches Andre gelingen. Thue nur jeden Tag das Nöthige, weiter bleibt uns in guten und bösen Zeiten nichts übrig. Sorge für das gute Kind und denke, daß uns nichts fehlen kann, solange wir beisammen sind.«

Und besonders perfide versuchte man Christiane schon im November 1798 zu verletzen. Am 2. schrieb sie nach Jena über die Weimaraner: »Aber sie können einen gar nicht in Ruhe lassen. Vorgestern in der Komödie kommt Meisel und fragt mich ohne Umstände, ob es wahr wär, daß Du heurathst, Du schafftest Dir ja schon Kutsche und Pferde an. Ich wurde den Augenblick so böse, daß ich ihm eine recht malicieuse Antwort gab, und ich bin überzeugt, der fragt mich nicht wieder. Weil ich aber immer daran denke, so habe ich heute Nacht davon geträumt. Das war ein schlimmer Traum, den muß ich Dir, wenn Du kommst erzählen. Ich habe dabei so geweint und laut geschrien, daß mich Ernestine aufgeweckt hat, und da war mein ganzes Kopfkissen naß. Ich bin sehr froh, daß es nur ein Traum war …«

Was und wie das Ehepaar Johann Wolfgang von Goethe und Christiane Vulpius gesprochen haben, kann man sich aus den vielen Briefen, die sie sich schrieben, zusammenreimen. Dort liest man jedoch auch, dass – beispielsweise im Jahre 1800 – Goethe und Christiane in Weimar auf der Redoute (den Ball bei Hofe) tanzten, gemeinsam im Schlitten durch die Stadt und in die nähere Umgebung fuhren. Aber der einundfünfzigjährige Goethe wagte sich, ob in Weimar oder in Jena, noch ebenso mit Schlittschuhen aufs Eis wie seine fünfunddreißigjährige Gemahlin. Goethe vermerkt das meist im Tagebuch. Oft sind es Familienausflüge, doch Christiane scheut sich auch nicht, das gesellschaftliche Ereignis unter den sportlichen Wintervergnügungen allein mit ihrer jeweiligen Gesellschafterin zu genießen.

»Weimar, 13. December 1800.

Ich kann Dir heute weiter nichts schreiben, als daß ich mich recht wohl befinde und mich mit dem Weihnachten beschäftige und alleweile ein bißchen auf das Eis gehen will. Ich sehe mit Verlangen dem Montag entgegen, daß ich das Kistchen auspacken kann. Leb wohl und behalte lieb Deinen Hasen.«

Wohl noch ein wenig mehr Freude hatte allerdings Christiane besonders am Tanzen. Und in den Berichten von solchen Veranstaltungen kitzelt sie mit Lust die Eifersucht ihres Herzallerliebsten. Sie beschreibt alles ganz genau, gibt jedoch auch ehrlich zu, wenn sie sich wieder einmal beim Drehen auf dem Parkett übernommen hat.

»Weimar, 29. November 1803.

Es sind Kastanien von der Mutter und Märkische Rübchen von Herrn Sander angekommen, wo ich Dir von beiden was überschicke, wie auch Wein. Die Redoute war sehr brillant und voll. Die Herren von Erfurt waren auch hier, haben sich aber sehr artig benommen. Ich habe auch mit dem jungen Wartensleben getanzet, und mit dem Herrn Wolff ist auch sehr viel getanzet worden; kurz, es war sehr schön, und ich bin ganz leicht und wohl. Bin aber sehr spät aufgestanden und schreibe deßhalb so wenig.

Leb wohl und gedenke mein. C. V.«

»Weimar, 30. November 1803.

Es geht mir auch ganz leidlich hier. Nach der Redoute befand ich mich wieder recht leicht und wohl und bin es auch noch; bin aber auch ein sehr starkes Meerweibchen. Ich besorge meine kleine Wirthschaft, gehe aus und habe Besuch. Und so vergeht die Zeit … Auch ich habe es doch lieber, wenn der gute Schatz zu Hause ist; da geht mir alles besser von Statten. Das Wetter ist schändlich, und es ist recht schön von Dir, daß Du mir die Pferde hier gelassen hast. Es ist auch alles wieder gut geheilt. Empfehlen läßt sich die kleine Brand, die große Silie

Und Dein ganz kleines Schätzchen.«

Alles eitel Sonnenschein in dieser Ehe? Goethe hatte das, was er aus Frankfurt von seiner Mutter gewohnt ist. Christiane aber musste schon eine besondere Frau sein, viel Klugheit und Herzensbildung haben, um auch die Launen des eigensinnigen wie eigenwilligen Dichters mit einem Lächeln zu tragen. Immer mag selbst ihr das nicht gelungen sein. Aber sie schwieg und lächelte. Ihre wirklichen Sorgen hat sie selten jemandem so klar gestanden wie Nikolaus Meyer in Bremen, dem langjährigen Freund der Goethes in Weimar. Am 21. April 1803 – Goethe ist in Jena – schreibt sie ihm mit der Bitte um strengstes Stillschweigen auch Goethe gegenüber: »Ich lebe ganz still und sehe fast keinen Menschen. Das Theater ist noch einzig und allein meine Freude. Ich lebe aber wegen des Geheimraths sehr in Sorge; er ist manchmal ganz Hypochonder, und ich stehe viel aus; weil es aber Krankheit, so thue ich Alles gern, habe aber so gar niemand, dem ich mich vertrauen kann und mag. Schreiben Sie mir aber auf dieses nichts, denn man muß ihm ja nicht sagen, daß er krank ist; ich glaube aber, er wird wieder einmal recht krank.«

Und während Goethe nach seiner Vorstellung von »Anarchie«, seiner Definition von Freiheit lebte, hat Christiane nicht immer in ihrer achtundzwanzigjährigen Ehe mit dem Dichterfürsten so sehr die Kontenance wahren können, dass sie nicht auch eifersüchtig reagierte. Weniger sicherlich auf konkurrierende Frauen als auf Goethes riesigen Bekannten- und Freundeskreis, dem sie sich selbst dann unterordnen musste, wenn ihr »Liebstes auf der Welt« viel weniger in Weimar war – seine Gesundheit immer länger in den Kurbädern pflegte.

Augusts Hauslehrer und später der Schreiber Goethes, Friedrich Wilhelm Riemer, vermerkt am 14. Mai 1810 in seinem Tagebuch: »Zu Knebel, wo Goethe und seine Frau. Eifersüchtiges Weinen derselben. Deßhalb bald nach Hause. Nachher zusammen, doch Sie ohne Antheil.« Eheliche Auseinandersetzungen, die auch am nächsten Tag noch nicht behoben waren, denn unter dem 15. Mai liest man bei Riemer: »Mittags die Geh. Räthin zu Tische. Verdrießlichkeiten aus Eifersucht. Apaisiert hernach.«

Goethes Charme und Liebenswürdigkeit war es auch diesmal gelungen, sein Privatleben ins Gleichgewicht – den Familienfrieden wieder ins Lot zu bringen.

Die Pfuiteufelchen

Weimar war schockiert, als ruchbar wurde, dass Goethe sich mit Christiane eingelassen hatte. Die Tochter eines armen Hofbeamten, das war für die feinen Damen unerträglich. Christiane wurde zur »Hure« gestempelt. Und Goethe konnte man den Fauxpas nur mit Mühe verzeihen. Aber dass er sich mit diesem Weibsbild auch noch öffentlich in den Straßen Weimars zeigte?! Charlotte von Stein war ganz besonders gekränkt, da sie mit Recht annehmen konnte, dass Goethe auch Kinder bekommen würde – und was würde dann aus ihrem Sohn Fritz, den Goethe doch zu seinem Erben machen wollte? Nicht nur sie lehnte Goethes Handeln kategorisch ab und konnte ihn doch nicht ganz schneiden, weil er der engste Vertraute des Herzogs war. Aber hinter seinem Rücken zerriß man sich die Mäuler.

Es ist viel darüber spekuliert worden, ob Goethe nach seiner Rückkehr aus Italien das Verhältnis mit Charlotte von Stein noch einmal anfangen wollte. Und doch, es scheint so, als habe man ihn auch da missverstanden. Die Tatsache, dass er sich bemühte, in dem kleinen Weimar mit Jedermann einen höflichen Umgang zu pflegen, allen Streit vermied – in diesem Sinne schrieb er ja auch oft an Christiane –, schließt wohl kaum aus, dass der idealisierte Dichterfürst genau wusste, was er tat.

Der Schlüssel ist vielleicht in den »Römischen Elegien« zu finden; Charlotte von Stein war sicher die einzige, die sie auch in

Bezug auf Goethes Wünsche und Freuden verstand – und deshalb mit Grausen ablehnte.

Uns ergetzen die Freuden des echten, nacketen Amors
Und des geschaukelten Betts lieblicher, knarrender Ton.

Oftmals hab ich auch schon in ihren Armen gedichtet
Und des Hexameters Maß leise mit fingernder Hand
Ihr auf den Rücken gezählt. Sie atmet in lieblichem Schlummer
Und es durchglühet ihr Hauch mir bis ins Tiefste die Brust.

Wenn Charlotte von Stein Verse dieser Art in den »Römischen Elegien« las, dann waren Wünsche zu erkennen, die sie Goethe nicht erfüllt hatte. Wenn der Dichter ihr eifrig den größten und schönsten Spargel aus seinem Garten geschickt hatte, auch gelegentlich zu ihr kam, um das Gemüse gemeinsam zu essen, so war sie dennoch nicht bereit gewesen, Goethes Sehnsucht und Bedürfnis nach körperlicher Liebe zu erfüllen. Die hatte der fast Vierzigjährige in Italien kennen gelernt – und es nun hier auch bei Christiane gefunden. Sie mag alles als die »niederen Triebe« eines Genies von sich geschoben haben, aber es änderte nichts daran, dass sie ihn verloren hatte. Den Spargel wird ihr künftig August im Auftrag von Goethe oder Christiane bringen.

Von Frau von Stein, Goethes zu prüder Angebeteter, jetzt, 1788, zu erwarten, dass sie Christiane wenigstens als die Frau in Goethes Haus akzeptierte, das konnte wirklich niemand von ihr verlangen. Es erklärt allerdings, warum sie besonders bösartig wurde, als man ihr zuflüsterte, dass Goethe Vater wurde.

Herzog Karl August, der selbst außereheliche Kinder hatte, wird es seinem Freund und Berater nicht allzu schwer gemacht haben, die

Weimarischen Gesetze gegen ledige Mütter unbeachtet zu lassen. Auch die Herzogin-Witwe Anna Amalia scheint Goethes Privatleben toleriert zu haben, selbst wenn die Fama behauptet, Goethe habe ihretwegen 1789–1792 in der Marien Straße wohnen müssen, weil sie Christiane und den Säugling August nicht täglich habe sehen wollen. Und so kam ohne großes Aufsehen am 25. Dezember 1789 Goethes und Christianes erstes Kind auf die Welt. Es bekam bei der Taufe die Namen Julius August Walter; der Herzog selbst übernahm die Patenschaft. Und kaum dass August laufen konnte, spazierte Goethe mit seiner kleinen Familie ungeniert durch die Straßen.

Zwei Jahre später, am 14. Oktober 1791, wird Christiane wieder Mutter. Das Kind stirbt noch am selben Tag, ehe es getauft werden kann und wird namenlos begraben. Ein Schicksal, das Goethe und Christiane von nun an immer hinnehmen müssen, ohne zu wissen, warum. Die Medizin ist noch weit davon entfernt, einen Rhesusfaktor im Blut erkennen und behandeln zu können. Sowohl Goethe als auch Christiane hatten diese Blutgruppe, Christiane jedoch war negativ. Das erste Kind ist in solchen Fällen immer lebensfähig. Danach jedoch entwickeln sich bei der Frau, wenn sie negativ ist, Abwehrstoffe, die zwar Schwangerschaften und Geburten möglich machen, die Kinder überleben allerdings nicht länger als ein paar Tage oder Wochen. Die heutige Medizin kann das verhindern, Goethe und Christiane aber mussten noch den schnellen Tod ihrer Kinder verkraften.

Für den Herbst 1793 hat sich im Hause Goethe wieder eine Krabskrälligkeit angesagt. Besorgt bittet der Kindsvater am 3. Juli 1793 aus dem Feldlager Marienborn:

»Nimm Dich auch hübsch in Acht, daß Du Dir und dem Ankommenden nicht schadest, küsse den Kleinen und behalte mich recht lieb.«

Anfang Oktober schreibt Christiane an Goethe in Jena:
»Ich danke herzlich vor das Überschickte. Daß Dirs gut gehet, freut mich, ich befinde mich auch noch leidlich wohl. Wenn aber die Post rüber geht oder den Mittwoch und wolltest so gut sein und mir nur schreiben, wie die Krabskrälligkeit heißen soll, denn einen Taufnamen muß es doch haben. Ich glaube, es wird so lange warten. Adieu, mein Lieber, behalte mich lieb, keine Briefe sind nicht da.

In aller Eile.«

Christiane mahnt den Schatz, denn natürlich ist sie ängstlich, fürchtet, dass auch dieses Kind sterben könnte – ohne getauft zu sein. Goethe hatte sich indessen schon im September mit seinem Freund Herder, dem Theologen und Pfarrer in Weimar, beraten, wie man es denn wohl mit der Taufe halten sollte. Aufsehen wollte er nicht erregen, mit Rücksicht auf Christiane auch nicht die Klatschbasen der Gesellschaft mit Stoff füttern. Herder riet zur Haustaufe.

Am 21. November 1793 wird Christiane von ihrem dritten Kind entbunden. Laut Kirchenbuch kam es um 6 Uhr früh auf die Welt und wurde um »5 Uhr abends im Hause« auf den Namen Caroline getauft. Am 4. Dezember stirbt das Kind. Goethes Mutter schreibt dem Sohn am 19. Dezember: »Dem kleinen Mädelein seine Rolle war kurtz. Gott! Erhalt dich und was noch übrig ist.«

Mehr Glück erhoffen die Eltern 1795, und Frau Aja schreibt schon am 24. September freudig aus Frankfurt:

»Lieber Sohn!
Hier kommt der Judenkram – wünsche damit viel Vergnügen! Auch gratulire zum künftigen neuen Weltbürger – nur ärgert mich daß

ich mein Enckelein nicht darf ins Anzeigblättgen setzen laßen – und ein öffendlich Freudenfest anstellen – doch da unter diesem Mond nicht Vollkommenes anzutrefen ist, so tröste ich mich damit, daß mein Häschelhans vergnügt und glücklicher als in einer fatalen Ehe ist – Küße mir deinen Bettschatz und den kleinen Augst – und sage letzterem – daß das Christkindlein Ihm schöne Sachen von der Großmutter bringen soll.«

Am 25. Oktober schickt Goethe einen Brief an Schiller in Jena: »Heute komme ich nicht, mein Lieber, aber ich hoffe bald. Jeden Tag erwarte ich einen neuen Weltbürger in meinem Hause, den ich doch gern freundlich empfangen möchte.« Und am 28. Oktober erfährt Schiller von dem werdenden Vater: »Das Schwiegertöchterchen säumt noch.« Gemeint ist eine künftige Frau für Schillers kleinen Sohn!

Am 30. Oktober wird am Frauenplan wieder ein Sohn geboren und am 31. Oktober, »abends 1/2 6 Uhr« auf den Namen Carl getauft. Goethe beeilt sich, das freudige Ereignis nach Jena mitzuteilen: »Statt eines artigen Mädchens ist endlich ein zarter Knabe angekommen, und so läge denn eine von meinen Sorgen in der Wiege. Nun wäre es an Ihnen, zu Bildung der Schwägerschaft und zu Vermehrung der dichtrischen Familie für ein Mädchen zu sorgen. Ich komme nun bald.«

Am 5. November fährt Goethe nach Jena und schreibt am 9. an Christiane:

»Ich bin hier recht vergnügt und fleißig, wenn ich nur auch wüßte, daß Du und der Kleine recht wohl bist. Laß mir doch so bald als möglich ein Wort schreiben. Vielleicht bleibe ich bis zu Ende der Woche hier, denn im stillen Schloß läßt sichs recht gut denken und arbeiten. Abends bin ich bei Schillern, und da wird bis tief in die Nacht geschwätzt. Ich wünsche Dich recht wohl zu wissen, und daß der Kleine brav trinkt, ißt und zunimmt. Lebe recht wohl und behalte mich lieb. G.«

»Weimar, den 10. November 1795.
Es thut mir leid, daß ich Dir nicht schreiben kann, daß wir beide wohl sind. Ich bin recht wohl, so daß ich außer Bette sein kann. Aber das Kleine ist seit 2 Tagen sehr matt und schläft den ganzen Tag. Und wenn es essen und trinken soll, so muß man es aufwecken. Und da ißt es auch. Der Doktor und die Liebern trösten zwar gut, aber ich läugne es nicht, ich bin sehr ängstlich dabei. Ich wollte Dir, mein Lieber, erst nichts schreiben, aber es ist doch besser, Du weißt es, und deßhalb schicke ich Dir einen Boten, daß ich auch gleich ein Wort von Dir höre und etwas getröstet werde. Durchlaucht Herzog hat heute schon 2mal geschicket, ob Du noch nicht zurück wärst. Der Gustel läßt Dich schönstens grüßen und freut sich, Dich bald wiederzusehen. Sei so gut und schreibe mir ein Wort zu meinem Trost. Lebe wohl, zu Ende der Woche erwarte ich Dich. Behalte mich lieb.«

Dieser Brief von seinem »lieben Kind« war Besorgnis erregend und Goethe kehrte sofort nach Weimar zurück. Schon am 16. November starb auch Carl. Goethes Brief an Charlotte Schiller am 17. November beginnt: »Der arme Kleine hat uns gestern schon wieder verlassen, und wir müssen nun suchen durch Leben und Bewegung diese Lücke wieder auszufüllen.« Goethe bleibt diesmal bis zum Beginn des neuen Jahres in Weimar bei Christiane.

Noch einmal spiegelt sich eine Schwangerschaft Christianes in der Korrespondenz der Eheleute. 1802, am 20. Mai, schüttet die inzwischen Siebenunddreißigjährige dem Freund Nikolaus Meyer ihr Herz aus:

»Seit 4 Wochen befinde ich mich so übel, daß mir alle Lust zum Leben vergeht,... Der Geheimde Rath war in Jena und jetzo ist er wieder in Lauchstädt. Der gute Mann betrübt sich wegen meiner Gesundheit, ich gebrauche immer Dr. Stark, entweder wird es besser, oder man geht sachte zur Ruh, was doch am besten ist ... Ich kann mir jetzo recht gut vorstellen, wie Ihnen zu Muthe war, als Sie krank waren: nun geht es mir ebenso, alles ist mir verhaßt, und doch fehlt mir eigentlich nichts, ich habe alles, was ich nur wünsche, es geht aber nichts auf dieser Welt über Gesundheit und frohen Muth; wenn man das nicht hat, so ist das ganze Leben nichts ... wenn Sie schreiben, erwähnen Sie nichts von meiner Krankheit, denn ich weiß nicht, ob es recht sein könnte, daß ich davon geschrieben habe.«

Mehr als vor den bisherigen Geburten leidet Christiane unter geschwollenen Beinen. Das Laufen fällt der so unermüdlich von hier nach dort eilenden Frau schwer. Am 18. Dezember kommt die ersehnte Tochter auf die Welt, Kathinka. Es muss eine schwere Geburt gewesen sein, denn das Kirchenbuch vermerkt unter diesem Datum, dass das Kind »wegen zugestoßener Schwäche von der Wehmutter [der Hebamme], Frau Gottschalgin, benothtaufet« worden ist.

»Ich erfahre soeben zufällig«, schreibt Schiller an diesem Tage an Goethe, »daß man Ihnen zu einem angenehmen Ereignis im Hause Glück zu wünschen hat. Ich wünsche es von Ihnen bestätigt zu hören... Empfehlen Sie mich der Kleinen recht freundschaftlich und versichern sie meines besten Antheils.« Goethe schickt dem Freund sogleich ein Billett: »Herzlich danke ich für den freundschaftlichen Antheil. Ein ganz kleines Mädchen ist bei uns angekommen. Bis jetzt geht alles gut. Die Kleine wird sich Ihres Andenkens recht erfreuen.«

Schon am nächsten Tag aber meldet der leidgeprüfte Vater Johann Wolfgang von Goethe Freund Schiller: »Bei uns geht es nicht gut, wie Sie mir vielleicht gestern in der Oper anmerkten. Der neue Gast wird wohl schwerlich lange verweilen, und die Mutter, so gefaßt sie sonst ist, leidet an Körper und Gemüth. Sie empfiehlt sich Ihnen bestens und fühlt den Werth Ihres Antheils.« Noch am selben Tag, am 19. Dezember 1802, stirbt auch Kathinka.

Die fünf Kinder Goethes mit Christiane trugen alle den Nachnamen Vulpius; die gestorbenen wurden im Grab der Familie Vulpius beigesetzt. Obwohl Goethe, der Einzelgänger und Familienmensch nach Bedarf, gern und viel von Weimar weg war, so kam er doch immer zu Christiane, wenn ihre Niederkunft zu erwarten war, verließ sie auch danach nicht sofort wieder. Es gibt also keinen Zweifel, dass er seine Gewissensehe sehr ernst nahm. Und je lauter die so genannte feine Gesellschaft lästerte, desto mehr zog sich Goethe zurück, mied offizielle Verpflichtungen, so gut er konnte.

Der Verlust von vier Kindern aber steigerte auch die Sorge um August. Es sind keine Phrasen, wenn er sich bei Christiane ständig nach dessen Wohlergehen erkundigt. August ist nicht nur sein einziges Kind, sondern auch sein Erbe. Ob er nun Goethe oder Vulpius heißt, scheint dem Vater wenig Kopfzerbrechen bereitet zu haben. Auch August hat offenbar nie darüber nachgedacht, denn seine Briefchen an den Vater sind alle mit »August Goethe« unterzeichnet; Christiane, die kluge Mutter, hat es ihm nicht anders beigebracht. Erst im Juni 1801 kommt Goethe auf den Gedanken, August zu legitimieren. Es mag rein passtechnische Gründe gehabt haben, denn er wollte August auf die Reise nach Bad Pyrmont und Göttingen mitnehmen, um Gesellschaft zu haben. Außerhalb des Staatsgebiets von Herzog Karl August brauchte man jedoch in der damaligen Kleinstaaterei Deutschlands einen Pass. Und da der Vater stolz auf seinen schönen kleinen Sohn und selbst eitel war, mochte er an der Grenze nicht die Peinlichkeit eines anderen Namens ertragen müssen.

Der Spott in Weimar und die Häme über eine vermeintliche häusliche Situation sind nicht zu überhören, wenn Caroline Schlegel am 11. Juni 1801 an ihren Mann schreibt:

»Goethe ist vorige Woche abgereiset, nachdem er seinen Sohn vorher hat legitimieren lassen, und nur diesen und seinen Geist [Goethes Sekretär] hat er mitgenommen. Die Weimaraner behaupten, Goethens Finanzen wären in einem sehr schlechten Zustande, und zwar durch die Vulpius, die ihre Unordentlichkeit und ganze Sippschaft mit ihnen nähret. Sie hat am Tage nach Goethes Abreise ihren Leuten in Goethes besten Zimmern ein Fest gegeben, dessen Evan Evoë in der ganzen Gegend umher erschollen ist. O das Unkraut, die Weiber!«

Und Friedrich von Schiller informiert am 17. Juni 1801 den gemeinsamen Verleger Cotta über den kurenden Freund:

»Goethe ist zu Pyrmont und nur mit der Wiedererlangung seiner Gesundheit beschäftigt; von ihm dürfen Sie für den Kalender diesmal nichts erwarten, denn er ist seit lange ganz unproduktiv, und es ist nur zu wünschen, daß er nicht ganz alle seine poetische Tätigkeit verlieren möge.«

So verstand Schiller offenbar Goethes Brief, der unter dem Datum vom 11. Juni 1801 an ihn geschrieben worden war:

»Mein Reisegefährte August, der Karln [Schillers Sohn] schönstens grüßen läßt, ist auch Schuld an meinem mindern Fleiß, indem er mich zerstreut und manche Betrachtung ableitet; doch ist er sehr glücklich, er gewinnt in manchem Sinne, und auch mein Verhältnis gegen die Menschen wird durch ihn gelinder und heiterer, als es vielleicht außerdem hätte sein können.«

Trotz der Legitimation von August blieb Goethe das Problem, dass er mit der Mutter des Kindes nicht verheiratet war. Ein Jahr später nämlich sollte August konfirmiert werden. Hier musste wieder einmal Herder helfen. Nur der Freund aus Studententagen konnte das in diesem provinziellen Weimar mit der nötigen Delikatesse zu Wege bringen, ohne dass die Eltern wie der Sohn in eine unangenehme Situation gebracht würden. August ging brav in den Unterricht. Am 1. Mai 1802 berichtet er nach Jena:

»Lieber Vater!
Wir gingen am Donnerstage zu dem Herrn Präsident Herder. Da er aber in der Kirche die Confirmanden examinierte, gingen wir hinüber und hörten etwas zu. Um 11 Uhr erwarteten wir ihn, bis er kam. Weil er mich nicht kannte, fragte er mich nach meinem Namen. Auf seiner Stube sagte ihm Herr Eisert [Augusts Hauslehrer], was er bisher in den Religionsstunden mit uns getrieben habe. Nun fragte er mich und Ernsten nach unsern Alter. Mich fand er alt genug, aber Ernst [Schillers zweiter Sohn] war ihm zu jung. Da er aber hörte, daß ich mich nicht gern allein confirmiren lassen möchte, so sagt er, daß wir beide in die Vorbereitungsstunden kommen sollten, wenn er es uns sagen ließe. Leben Sie wohl.

A. Goethe.«

In Goethes Tagebuch ist unter dem 13. Juni 1802 zu lesen: »Wurde Augustchen konfirmiert. Mittags zu Tische: Herr Consistorial-Rath Günther, Herr Professor Kästner und Frau, Herr Eisert.« Am nächsten Tag schreibt Goethe an Herder: »Mit herzlichem Danke empfinde ich die Neigung, mit der Du das gestrige Geschäft vollbracht hast, empfehle Dir den Knaben auch für die Zukunft und lege die Note bei.« Bei dem letzten Zusammensein von Goethe mit Herder, kurz vor dessen Tod, konnte der Theologe seine altbekannte Lust am Spott, unter der Goethe schon in Straßburg zu leiden hatte, nicht unterdrücken. Auf Goethes harmlose Frage, ob dem Freund denn die »Natürliche Tochter« nicht gefalle, antwortete er: »O doch! – am Ende ist mir aber doch Dein natürlicher Sohn lieber als Deine Natürliche Tochter.«

Sehr diplomatisch nutzte Goethe schon früh den natürlichen Sohn, um die ablehnenden Damen, die bei Hofe oder in dessen Umfeld ihr Wesen trieben für seine Art zu leben einzunehmen – oder doch zumindest zum Schweigen zu bringen. Manchmal hatten Goethe und Christiane damit auch Erfolg.

Charlotte von Stein an ihren Sohn Fritz – 12. April 1796

»Sein kleiner August kommt jetzt oft als Spielkamerad vom kleinen Schiller zu mir. Es scheint ein gutes Kind. Ich schenkte ihm einige Spielereien, die ihn sehr freuten, und nach drei verschiedenen Pausen, wo er sich vermutlich einzeln die Geschenke in seinem Köpfchen rekapitulierte, sagte er allemal ein recht ausgesprochenes: ›Ich bedanke mich.‹ Ich kann manchmal in ihm die vornehmere Natur des Vaters und die gemeinere der Mutter unterscheiden. Einmal gab ich ihm ein neu Stück Geld; er drückte es an seinen Mund vor Freuden und küßte es, welches ich sonst am Vater auch gesehen habe. Ich gab ihm noch ein zweites dazu, und da ruft er aus: ›Alle Wetter!‹ Vor einigen Tagen schickte mir Goethe durch den Kleinen ein dick Paket Kochberger Akten, oder waren's Kamerakten (das muß ich erst nachsehen), die Du bei ihm hattest liegen lassen, und schrieb mir ein recht papiernes Billett dazu. …«

Auch im Januar 1801, als Goethe sehr krank war, kam der jetzt zwölfjährige August bei Charlotte von Stein vorbei. Er soll bei ihr sehr geweint haben, berichtet sie am 14. Januar an ihren Sohn Fritz und folgert daraus: »Der arme Junge dauert mich, er war entsetzlich betrübt, aber er ist schon gewohnt, sein Leiden zu vertrinken, neulich hat er in einem Klub von der Klasse seiner Mutter siebzehn Gläser Champagner-Wein getrunken, und ich hatte alle Mühe, ihn bei mir vom Wein abzuhalten.«

Friedrich Heinrich Jacobi an Karl Friedrich Zelter – 3. Juli 1805
»... Seine äußerliche Lage, wie er sie hat werden lassen, wie das Schicksal sie gemacht hat, im einzelnen und im ganzen Zusammenhange, ist so, daß er unmöglich darin glücklich sein kann. Daß er heraus muß, fühlt er selbst. Aber in welche neue nun hinein? Hier ist so vieles zu schlichten und guter Rat teuer. – Wegen seiner Kränklichkeit müßte er reisen, entferntere Bäder besuchen, zum Beispiel Karlsbad; und wegen eben dieser Kränklichkeit kann er nicht reisen ohne eine Umgebung, die ihn unaufhörlich in Verlegenheit setzt. – In Weimar selbst, welch ein verwünschtes Verhältnis des Sohnes zwischen diesem Vater und dieser Mutter. Die Mademoiselle hilft sich, und nennt den Sohn August; aber wie soll der Sohn die Mademoiselle anreden? – Die ganze Haushaltung, wie sie jetzt besteht, ist ungereimt, und muß jedem weh tun, diesem so, jenem anders. Darüber sind alle eins, daß Goethe diese gemeine Natur nicht heiraten kann; aber (setzen sie hinzu) mit welchem Rechte nötigt er uns dann, ihr zu begegnen und mit ihr umzugehen, als wäre sie unserer wert, da er sie doch seiner selbst nicht wert hält? – Schauen Sie hinein in diesen ärgerlichen Wirrwarr, und denken Sie sich immer den 14- oder 15-jährigen Sohn dazwischen; und einen Sekretär Vulpius, den man zwar in Goethes Hause antrifft, von dem aber August doch weiß, es ist sein Onkel usw. usw. Am Ende wird denn Goethe doch noch die Mutter seines Sohnes ehe-

lichen müssen, und ich wünschte nur, es wäre schon geschehen. Jetzt ist er mit seiner Hausfreundin in Lauchstädt; wenigstens war es sein Vorsatz, den Tag nach meiner Abreise (den 2.) dahin abzureisen. Die Ärzte hoffen jetzt wieder, da der alle vier Wochen wiederkehrende Paroxysmus nun schon dreimal immer schwächer gewesen. Von der Beschaffenheit seines Übels, nämlich wie es sich äußert, wird Doktor Voß Sie unterrichtet haben, oder kann Sie noch davon unterrichten, besser als ich es vermag. Ganz schmerzenfrei in der linken Seite ist er nie.«

Eichendorff: Tagebuch – 3. August 1805, Bad Lauchstädt
»Bald nach unserer Ankunft in Lauchstädt begaben wir uns ins Theater, welches klein, aber geschmackvoll gebaut ist, und wo eben Götz von Berlichingen von Goethe gegeben wurde ... Seine Exzellenz der Geheime Rat von Goethe saß selbst mit seiner Demoiselle Vulpius in der Loge und blickte so herab auf das Entzücken, welches das Kind seines Geistes rings verbreitete.«

Charlotte von Stein an ihren Sohn Fritz – 10. August 1806
»... Wir haben hier einen neuen Schuldirektor, welcher seine Schüler die alten Dichter gleich in deutsche Verse übersetzen läßt; dieses wird den jungen Leuten schwer, und August Goethe nahm das Wort und sagte ihm, er würde es nicht tun; denn sein Vater habe ihm verboten, Verse zu machen. Bei der unpoetischen Mademoiselle Vulpius und ihrer Dependenz mag ihm das wohl natürlich eingefallen sein.«

Das Ehepaar Goethe wusste um diese Verleumdungen. Es wurde damals nicht weniger getratscht als heute. Beide schwiegen, auch wenn es Christiane manchmal schwer fiel, das Gerede zu ertragen. Es ist dann ihr liebster Schatz, der sie in seinen Briefen tröstet. An eine offizielle Ehe mit Christiane dachte er auch da noch nicht. Er fühlte sich verheiratet und handelte schließlich auch entsprechend. Wie nämlich hätten die Weimarer Lästerer wohl reagiert, wenn sie gewusst hätten, was Goethe 1797 in aller Stille getan hatte? Ihre guten Ratschläge wären wie Seifenblasen geplatzt.

Der immer etwas kränkelnde Goethe ging allmählich auf die fünfzig zu. Ein Alter, in dem Männer damals damit rechnen mussten, nicht mehr lange zu leben. Als Jurist war ihm natürlich klar, dass seine Bindungsangst und sein Freiheitsdrang, die sich hinter der Gewissensehe versteckten, im Falle seines Todes für Frau und Kind fatale Folgen haben würden; die Treueschwüre waren ebenso wertlos wie die nun schon fast zehnjährige Treue, die man sich gehalten hatte. Er war juristisch nicht verheiratet und alles, was er bisher erworben hatte, würde seine Mutter in Frankfurt erben.

Goethe schrieb an seine Mutter und bat sie, auf ihre Erbansprüche zu Gunsten von Christiane und August zu verzichten. Ihrem Brief vom 17. Juni 1797 an den Sohn legt sie die entsprechende Urkunde bei:

»Da ich mich entschlossen habe, meinem Sohne, dem Herzogl: Sachsen Weimarl: Geheimen Rath, Herrn Johann Wolfgang von Goethe, auch dadurch einen Beweiß meiner sorgfältigen Theilnehmung an seiner häuslichen Verfassung und meiner mütterlichen Liebe zu geben, daß ich mit ihm einig worden bin, ihn auf den Fall, wenn er, des großen Unterschiedes der Jahre unerachtet, vor mir versterben sollte, über die Folgen dieser Möglichkeit in Ansehung seines Nachlasses völlig zu beruhigen: So erkläre ich hierdurch mit freyer Überlegung, daß, wenn ich auch gegen den Lauf der Natur meinen obgenannten Sohn überleben sollte, ich dennoch sein Vermögen an Immobilien, Mobilien, Activen und worin es irgend nur bestehen möchte, ganz zu seiner eigenen Disposition überlassen, und jede Anordnung, die er unter den Lebenden oder auf den Todesfall darüber treffen möchte, es sey auf eine rechtsförmliche Weise, oder ohne alle Feierlichkeit der Rechte, vollkommen anerkennen und als gültig bestehen lassen will, ohne mich irgend einiger Schwächung oder Vernichtung seiner gemachten Dispositionen abzielenden Rechtsmittel zu bedienen. Zu dem Ende entsage ich, wohlbedächtig, dem in den gesetzten geordneten Pflichttheil und überhaupt allem Beerbungsrecht, das mir auf den Nachlaß meines Sohnes bey Überlebung desselben zustehen möchte; ich begebe mich auch aller Exzeptionen, die etwa zur Entkräftung dieser meiner freywilligen Anerklärung und Entsagung ersonnen werden könnten, besonders der Verletzung der Überredung und der Wiedereinsetzung in den vorigen Stand, und wünsche übrigens meinem Sohne die längste und zufriedenste Lebenszeit. Zur Beglaubigung dieser Renunciation habe ich meinem Sohne gegenwärtige Urkunde ausgestellt und solche eigenhändig unterschrieben. So geschehen Frankfurth am Main den 17. Junii 1797

Catharina Elisabetha Goethe, Wittib.
Johann Ludwig Hetzler Sen. als Zeuge
Jakob Stock Sen. als Zeuge«

Am 1. Juli schreibt Frau Aja dann ihrem Häschelhanß:
»Lieber Sohn!
Ich hatte selbst eine wahre Freude daß ich die Acte so geschwind befördern konnte – du kanst sie einmahl deinen Enckeln vorweißen damit sie sehen wie du vor sie gesorgt hast – zu etwas weiterem dient sie nicht – darauf gebe ich dir mein Wort …«

Nun hat Johann Wolfgang von Goethe freie Hand für sein eigenes Testament, für das Herzog Karl August Testamentsvollstrecker sein soll. Am 22. Juni 1797 teilt Goethe dem Herzog mit, dass seine Mutter auf seine »sämmtliche Erbschaft renunciirt« hat und bittet, der Herzog wolle verfügen, »Daß nach meinem erfolgenden Ableben keine Obsignation Statt habe, vielmehr meine Erben ohne dieselbe und ohne weitere gerichtliche Inventur zu dem Besitz meines Nachlasses gelangen«. Der Herzog genehmigt die Bitte. Goethes Testament wurde am 27. Juli durch eine Deputation bei ihm abgeholt. Goethes letzter Wille:

»Nachdem meine geliebte Mutter, Frau Katharina Elisabetha Goethe, Wittib zu Frankfurt am Main, als meine einzige Noterbin durch ein unterm 17. Juni dieses Jahres ausgestelltes, im Original hier beiliegendes Instrument auf meine sämtliche Erbschaft renunziiert, so habe ich, Johann Wolfgang von Goethe, Sachsen-Weimarischer Geheimer Rat, meinen letzten Willen hiermit aufzusetzen nicht versäumen wollen.

Ich setze nämlich den mit meiner Freundin und vieljährigen Hausgenossin, Christianen Vulpius, erzeugten Sohn August zu meinem Universalerben titulo institutionis honorabili hiermit ein; seiner erstgedachten Mutter hingegen vermache ich den Nießbrauch alles dessen, was ich in hiesigen Landen zu Zeit meines Todes besitze, dergestalt, daß sie zeitlebens in dem ungestörten Besitz desselben bleibe und davon die Einkünfte erhebe, ohne usufruktuarische Kaution zu bestellen, doch unter der Bedingung, daß sie auf die Erziehung unsres Sohnes mütterlich das Nötige verwende.

1. Es bleibt ihr also überlassen, in meinem Hause auf dem Frauenplan sich und ihrem Sohne ein Quartier vorzubehalten und das übrige zu vermieten;
2. wegen Benutzung des Gartens am Sterne nach ihrer Überzeugung zu handeln;
3. das sich vorfindende bare Geld nach den Umständen zu gebrauchen und zu nutzen;
4. auch allenfalls von meinem Mobiliarvermögen, als Büchern,

Kunst- und Naturaliensammlungen einiges zu veräußern und zu verwenden.

Da jedoch bei den zwei letzten Punkten die Mitwirkung, Einstimmung und Direktion des Herrn Vormunds meines Sohnes unentbehrlich ist, so bestelle ich zu einem solchen Herrn Christian Gottlob Voigt, Herzoglich Sachsen-Weimarischen Geheimen Rat, mit dem Ersuchen: seine für mich hegende Freundschaft auf meine Nachlassenschaft zu übertragen und auch das Geschäft eines Exekutors dieses Testaments gefällig zu übernehmen.

Sollte ferner meine Frau Mutter mit Tode abgehen, welche mein väterliches, mir schon zugefallenes Vermögen noch gegenwärtig besitzt und genießt, so ersuche ich gedachten Herrn Vormund, dasselbe in Obsorge zu nehmen, das Geld nach Ermessen zu nutzen, auch drei Vierteile der jährigen Einkünfte zum Besten meines Sohnes zu verwenden, den letzen vierten Teil aber dessen Mutter zu ihrer freien Disposition abzugeben, wobei ihr jedoch der obengeordnete Nießbrauch ungeschmälert verbleibt.

Auf gleiche Weise wird der Herr Vormund das aus einer vollständigen Ausgabe meiner Werke allenfalls zu erlösende Kapital an sich nehmen und mit den Einkünften wie vorgesagt verfahren.

Sollte diesem meinem letzten Willen an der sonst nach der Schärfe der Rechte erforderlichen Solennität etwas abgehen, so will ich jedoch, daß selbiger als ein Kodizill Fideikommiß, *donatio mortis causa* oder als eine andre Disposition, wie dieselbe zu Recht am kräftigsten und beständigsten geordnet werden soll oder mag, gültig und kräftig sei und auf keine Weise dawider gehandelt werde. Wie ich mir denn auch vorbehalte, allenfalls durch Kodizille dieser allgemeinen Verordnung noch einzelne Dispositionen hinzuzufügen.

Zu dessen mehrerer Urkund und Begläubigung habe ich dieses mein Testament und letzten Willen eigenhändig geschrieben, unterschrieben und mit meinem Petschaft besiegelt.

Weimar, den 24. Juli 1797«

Drei Jahre später fügt Goethe seinem Testament ein Kodizill hinzu:

»Nachdem ich den mit meiner Freundin und vieljährigen Hausgenossin Christianen Vulpius erzeugten Sohn August in einem unter dem 24. Juli 1797 vollzogenen und alsbald bei Fürstlicher Regierung niedergelegten Testament zu meinem Universalerben eingesetzt; seit der Zeit aber das Freigut zu Oberroßla käuflich an mich gebracht, welches durch Serenissimi Gnade nachher in ein rechtes Erblehn verwandelt und mir die Fakultät, darüber *inter vivos et mortis causa* zu disponieren, zugestanden worden; als habe ich durch gegenwärtiges Kodizill die Erbeinsetzung meines Testaments dahin erklären und erstrecken wollen, daß gedachtes erkauftes Lehngut unter meinen Nachlaß, worin ich meinen Erben eingesetzt habe, mitgerechnet, mithin derselbe auch in dieses Gut als Universalerbe sukzediren solle.

Was die darauf haftenden Schulden betrifft, so können solche durch die nach meiner verehrten Mutter, Gott gebe, spätem Ableben [frei werdenden Gelder] abgetragen, inzwischen aber die überschießenden Revenuen zur Erziehung meines Sohnes verwendet werden, worüber dessen Herrn Vormunds geneigte Sorgfalt erbitte.

Weimar, den 4. Juli 1800«

Nach dem Tod seines Sohnes August schreibt Goethe im Januar 1831 ein neues Testament. Erben sind seine drei, zu diesem Zeitpunkt minderjährigen Enkelkinder, vertreten durch jeweils einen Vormund. Nun aber, nachdem er niemanden mehr in der Familie sieht, der sich wissend um seine Arbeit kümmern würde, legt er in fünfzehn Paragraphen und sieben Kodizillen genau fest, was seine Erben zu tun haben. Seiner Schwiegertochter Ottilie von Pogwisch räumt er lebenslanges Wohn- und Nutzrecht am Frauenplan ein und sorgt für ihren Unterhalt.

»*Hase in Eile*«

»Weimar, 10. Juni 1797.

Lieber,
soeben schicket mir die Frau Vice-Präsidentin diesen Brief und läßt mir sagen, daß ich aber gleich einen Expressen zu Dir mit diesem Brief schicken müßte. Da es nun aber schon 8 Uhr ist, wirst Du diesen Brief wohl etwas spät bekommen; es ist mir aber ausdrücklich gesagt worden, es müsse sein. Leb wohl und schicke mir auch ein paar Worte durch diesen Boten, daß ich weiß, ob Du es richtig erhalten hast.

Hase in Eile.«

Der Hase hätte dieses Billett auch mit »Agentur Christiana Vulpius« zeichnen können. Denn schon im Jahr nach Beginn ihrer Gewissensehe mit Goethe nahm Christiane die Organisation von Haushalt und Dienerschaft in die Hand. Goethes bisheriger Haushaltschef, Philipp Seidel, hatte ostentativ das Haus seines Herrn verlassen, als die neue Frau im Leben Goethes sich fest etabliert hatte. Die so langjährige Verbundenheit allerdings hindert Seidel am totalen Rückzug. Er wird in den ersten Jahren immer noch Goethes private Haushalts- und Finanzangelegenheiten wie bisher geschickt erledigen. Seidel überprüft in Goethes Abwesenheit die Kassenführung und die vielen Rechnungen, die für Lebensmittel, Wein, Garten oder Bauarbeiten am Haus anfielen. Er entlohnt auch Handwerker, Tagelöhner, Näherinnen – und selbst von Christiane lässt er sich jeden Pfennig bis hin zu Ausgaben für Zwirn oder Stecknadeln genau gegenzeichnen, wie zum Beispiel am 22. Juni 1790:

»Einhundert vier Thaler zu meinem Vierteljahres Geld habe ich von dem Herrn Rentamtmeister Seidel richtig erhalten, worüber gebührend quitire.«

Einen Finanzvorstand wird die »Beamten- und Dichterkanzlei Goethe« jedoch offensichtlich immer haben, denn Christiane schreibt oft an ihren Liebsten, dass er ihr doch eine Zahlungsanweisung schicken möge, weil ihr Haushaltsgeld fürs Quartal aus diesen oder jenen Gründen nicht ausreichen konnte. Über Geldverschwendung klagt Goethe jedoch nie. Er hat den Überblick und sehr schnell gemerkt, dass Christiane hervorragend wirtschaften kann. Ohne dass er es vielleicht selbst bemerkt, nimmt der Häschelhanß immer mehr die Züge seines Vaters an, hat bei Christiane die Talente seiner Mutter entdeckt.

Warum mir aber in neuster Welt
Anarchie gar so wohl gefällt? –
Ein jeder lebt nach seinem Sinn,
Das ist nun also auch mein Gewinn.
Ich laß einem jeden sein Bestreben,
Um auch nach meinem Sinne zu leben.

Eine Maxime. Christiane mag zunächst im Gartenhaus an der Ilm gelebt haben, ihren Mann zuweilen am Frauenplan besucht haben. Darauf lässt vielleicht Goethes Tagebuch – erst von 1796 an diktiert er es Tag für Tag – vom Januar 1791 schließen. Unter dem 3. Januar heißt es: »Spazieren mit V.« und unter dem 16.: »Ab. Zu Hause war August.« Spätestens 1792 aber spiegelt sich in den Briefen, dass sie im Gartenhaus am Frauenplan wohnte und bereitete den gemeinsamen Umzug ins Vorderhaus vor, das nun Goethe ganz gehörte. Der Familienvater erkundigt sich intensiv nach dem Fortgang der Bau- und Malerarbeiten. Aber auch sonst berichtet Christiane ausführlich über ihre tägliche Arbeit, teilt ihrem Liebsten mit, wo etwas fehlt – zum Beispiel im Weinkeller, der traditionsgemäß Sache des Vaters ist – oder auch, wie man den Besitz am Frauenplan arrondieren könnte.

»Weimar, 17. Juni 1793.

Tausendmal des Tages denke ich bei dem kalten und stürmischen, nassen Wetter an Dich, mein Lieber, was Du wohl dabei leiden mußt [Goethe ist wieder im Kriegslager], ich bin deßwegen sehr in Sorgen, denn bei uns ist es erschröcklich kalt, man muß einheizen. Heute scheint sich etwas zu ändern. Das böse Wetter hat mich auch zurückgehalten von Tiefurt. Im Hause werden die Tüncher bis morgen fertig und der Saal wird sehr schön. Im Hause gibt es immer zu thun, heut und gestern sind die Öfen in Ordnung gebracht worden. In Gärten und auf dem Lande ist alles gepflanzt und zurechte. Aber diese Woche habe ich auch eine große Betrübniß gehabt, ich hatt die Gurken so schöne gewartet und gegossen. Schicket der Hofgärtner vom Belvedere die Pflanzen vom Spargel, und die müssen gar tief mit einem Graben gepflanzet werden, und da gingen die Gurken beinahe zu Grunde, so daß ich habe frische legen müssen, ich weiß aber nicht, ob etwas daraus wird. Du sagtest es dem Gärtner gleich, aber der wollte es besser wissen. Der Hofgärtner hat sie selbst pflanzen lassen. Das muß unser Gärtner übelgenommen haben, denn er hat sich nicht wieder sehen lassen. Ich wollte Dich auch wegen des Bauverwalters wegen des Weines erinnern und Dir auch melden, daß das kleine Häuschen neben uns itzo verkauft wird, es ist aber noch Zeit, wenn Du dem Bauverwalter etwa Commission geben willst. Hier folgt auch ein Brief, den er mir gegeben hat, an Dich zu bestellen. Auch der Geheime Kammer-

Rath Gülicke hat mich bitten lassen, das Schreiben so bald als möglich an Dich zu schicken. Hier folget beides.

Ich und der Kleine befinden uns ganz wohl, der Kleine spricht sehr viel von Dir und fragt mich immer: ›Wenn kömmt denn das Väterchen wieder?‹ und erfährt er, daß ein Brief von Dir da ist, spricht er allemal: ›Hat mir der Vater keinen Kuß geschrieben?‹ Das Pfuiteufelchen hat sich gemeldet, und es wird wohl seinen Besuch im October machen. Da bist Du doch wohl wieder da. Ach ja, da läßt Du mich nicht allein! Habe mich nur lieb und denke an mich, ich habe Dich ja jeden Augenblick im Sinn und denke nur immer, wie ich im Haushalt alles in Ordnung bringen will, um Dir mit etwas Freude zu machen, weil Du mich so glücklich machst. Leb wohl, behalte mich lieb und denke an mich, ich und der Kleine küssen Dich tausendmal. Schreibe mir bald wieder.

Du schriebst mir in einem Briefe, es wäre Zwirn dabei, aber ich habe keinen bekommen.«

»Weimar, den 19. Juli 1793.

Daß Du mir so oft schreibest, beruhigt mich noch in dieser Zeit, denn man wird über alles das, was man hört, gar nicht froh. Die gute Frau Räthin hat auch schon alles besorgt, und das schöne Tafelzeug hat mich recht gefreut, und ich denke mir schon, wenn ich Dir einmal ein Essen zubereithe, wie ich es aufdecken lassen will. Und das Bette wird genäht. Heute habe ich zum ersten Mal aus dem Garten Kirschkuchen gebacken, und aus dem Garten im Hause habe ich schon einmal Kohlrabi und 2 mal Artischocken gegessen. Mit dem Gärtner geht auch alles gut, ich habe alles wieder in Ordnung gebracht; mit Leuten, die gut sind, muß man nur vernünftig reden, so geht es alles gut. Denn es war nur ein Hetzer unter die Menschen gekommen, wie es oft geschieht, der Gärtner Reichert konnte doch, da er selbst kam, beinah nichts tadeln, und so geht es wieder gut.

Komm nur bald wieder, mein Lieber, im Hause soll Dir es gewiß gefallen. Der Kleine läßt Dich schön grüßen und wünscht auch sehnlich, daß Du möchtest wiederkommen. Ich werde aber nicht ruhig, denn, wie man hört, so soll es itzo im Lager gar gefährlich sein, und wie kann ich froh sein, wenn Du in Gefahr bist. Es ist doch recht über, daß, wenn man glücklich ist, auch immer Betrübniß haben muß. Leb wohl und behalt mich nur echt lieb, und verzeih mir meinen kramseligen Brief.«

»Weimar, 24. Februar 1796.

Hier folget wieder Bier; keine leeren Flaschen habe ich nicht bekommen, sehen Sie darauf, daß sie Geist ordentlich überschickt. Der Köchin will ich heute durch die Boten-Frau sagen lassen, daß ich sie nicht brauchen könnte; mit der Bedingung ist es geschehen.

Ich habe aber zu Hause eine schöne Entdeckung gemacht. Weil ich allemal, wenn Sie verreisen, den Hausschlüssel zu mir nehme, so sehe ich ihn vorgestern Abend an der Wand hängen, und da fiel mir, ich weiß nicht wie, ein: der sieht aus wie dein Capital! ich hin und probirt, so schloß er meine Thür und Kammer, hinten bei mir meine Wäschekammer und alles! Nunmehr weiß ich, wie mir meine Betttücher und alles, was mir gefehlt hat, genommen worden ist. Der hat auch, ehe ich das Vorlege-Schloß vorlegte, meinen Weinkeller geschlossen. Es muß der eigentliche Hausschlüssel gar nicht sein. Es ist ein ordinärer Hauptschlüssel, ich will ihn also verschließen und heute den Schlosser einen ordinären Hausschlüssel machen lassen, denn den kann ich nicht wieder zum Hausschlüssel hergeben. Das ist wieder ein neuer Beweis, daß man in einem Haus nicht genug auf alles Acht geben kann. Ich bin itzo noch immer mit der Wäsche beschäftigt und befinde mich leidlich. Und das Bübchen ist wieder recht wohl, grüßt das Väterchen schönstens, und danken von Herzen vor das Überschickte. Es freut sich das Mütterchen und das Bübchen auf das Abholen [aus Jena]. Ich dächte,

Christiane und August, um 1792/93.

mir machten es wieder wie das vorige Mal. Denn, weil die Werner nicht mit kann, mag ich auch nicht gern allein bei den Leuten bleiben. Du wirst uns schon schreiben, wann mir kommen sollen.

Leb wohl und vergnügt und behalt uns sehr lieb.«

Christiane hat die Augen überall. Sie kontrolliert das Haus, die Gärten und vergisst dabei nie, dass es ihr höchstes Vergnügen ist, die Geliebte dessen zu sein, der bis vor ein paar Jahren der begehrteste Junggeselle von Weimar war. Man gönnte es ihr nie – und mokierte sich über Goethe, dass er auch noch Christianes Schwester Ernestine und die Tante Juliana in seinem weitläufigen Haus aufgenommen hatte. Für Goethe aber war es selbstverständlich, dass die Familie seiner Frau ebenso seine ist. Auch ohne Trauschein. Außerdem war auf die eigene Verwandtschaft mehr Verlass als auf das Personal; Christiane aber hatte an der Schwester Hilfe und konnte von der Tante noch viele Hausfrauen-Tricks lernen.

Charlotte von Schiller sah das natürlich ganz anders, als sie am 13. Januar 1806 an Charlotte von Stein schrieb:

»Goethe hat Trauer im Haus. Die Schwester der Vulpius ist gestorben; der arme Mann hat so geweint! Dies schmerzt mich, daß seine Tränen um solche Gegenstände fließen müssen. – Ich hoffe, Goethe bleibt diesen Winter wohl; er war einigemal krank, doch ist es jetzt vorüber. – Seine Mittwochs-Gesellschaften sind sehr interessant. Ich wollte, Sie hätten es hören können. Ich habe manches aufgeschrieben. Seine Farbenlehre wird jetzt gedruckt.«

Der Hochmut Charlotte von Schillers ist bemerkenswert. Sie hatte es offenbar gut verdrängt, dass sie, die Baronesse Lengefeld, den armen, brotlosen Dichter Friedrich Schiller geheiratet hatte. Schmalhans war Küchenmeister bei den Schillers. Goethe war es, der Schiller nicht nur zum Adelsprädikat verhalf, sondern auch sonst in dessen ersten Jenaer Jahren nach Kräften unterstützte. Auch Christiane beschwerte sich nicht, wenn Schiller in Weimar bei Goethes übernachten wollte – oder Charlotte Schiller ihren ältesten Sohn Karl mal wieder ein paar Tage los sein mochte. Kleinigkeiten, die sich gerne vergessen lassen.

»Weimar, den 5. April 1799.

Ich freu mich sehr, daß ich Dich künftigen Mittewoch widersehe, und bis dahin sollen sowohl Deine Zimmer, als auch des Herrn Hofraths seines in Ordnung sein.

Mit Roßla wollen mir es sein lassen, bis Du hierher kommst. Da wirst Du doch wohl einen Tag abbrechen können, daß wir zusammen nunterfahren können.

Mit dem Herrn von Hendrich steht der Herr von Schardt in Handel; und ich denke, was der gibt, kannst Du ohne Bedenken etwas mehr geben, denn der wirft nichts weg.

Heute ist ein Eimer Wein [71,71 Liter] von dem Herrn Zapff angekommen. Ich glaubte, Du hättest ein Ohm [143,42 Liter] bestellt, weil es besser auf Bouteillen [ca. 0,7 Liter] wird und auch itzo besser zu transportieren ist. Ich dächte, Du ließest noch einen Eimer kommen; wenn es möglich ist, will ich ihn abziehen, ehe Du kömmst. Mir ist, als wärst Du schon lange weg. Wenn es über 14 Tage ist, nachher kann ich vor Sehnsucht immer nicht anders denken, als es wäre schon lange Zeit, daß Du weg bist. Leb wohl, ich bin heute mit Wäsche beschäftigt. V.«

»Weimar, den 6. April 1799.

Lieber, was ich mich und das Kind freuen auf das gute Väterchen, kannst Du Dir nicht vorstellen, und wir streiten uns des Morgens im Bette, wer Dich zuerst grüßen will. Wenn Dir es möglich ist, so schreibe mir noch ein Briefchen, ob Schiller gleich mit Dir kommt, und ob ich ein Abend-Essen zurecht machen soll. Es geht doch wohl bis Mittwoch jemand herüber, und Du kannst mir ja auch noch ein Wort durch die Botenweiber schicken. Heute gehe ich in die ›Zauberflöte‹ zum 30. Mal. Mit meinen Gärten geht es auch ziemlich vorwärts; der Garten am Hause ist ganz in Ordnung. Und wenn es schönes Wetter ist, wirst Du wohl nicht viel herauskommen. Leb wohl, bis ich Dich wiedersehe, ich erwarte Dich mit großer Liebe und Sehnsucht. C.«

»Weimar, 20. November 1799.

Lieber, ich glaube nun nicht, daß Du diese Woche kömmst. Die Optik hat mich gar nicht gefreut; der Gustel hat auch gleich gesagt: ›Nu kömmt das Väterchen noch nicht.‹ Ich bin in meiner Art fleißig, und Du wirst Dich recht über den alten Garten freuen, wenn Du wiederkommst. Die Kinder vertragen sich sehr gut zusammen, und Karl [Schillers ältester Sohn] läßt keine Spur von Eigensinn merken. Wenn das Kind ordentlich behandelt wird, ist es das beste Kind von der Welt. Er hat sich so an mich gewöhnt, daß er überall mit mir herumgeht und mich nur seine gute Damela nennt; und nach und nach soll er auch mit zu Herrn Eisert gehen,

Goethes Reisewagen

man muß nur sachte mit ihm zu Werke gehen. Er hat Furcht vor mir, er kniet auf keinen Stuhl mehr, er holt sich eine Hitsche oder so etwas, wenn er zum Fenster naus sehn will. Wenn Geist Kartoffeln kriegen kann, so soll er sie nur in einen Sack thun und, wenn Sie rüberfahren, auf den Wagen vorne binden. Es ist auch noch ein Nößelfläschchen [1 Nösel = 0,5 Liter] mit nüber gekommen, schicken Sie mir es mit, es gehört in den Keller. So habe ich weiter keine Betrübniß, nur mein armes Pferd dauert mich sehr. Das Bein ist sehr schlimm geworden, und das arme Thier muß sehr viel leiden. Aber mit dem Kutscher bin ich recht zufrieden, was der sich Mühe mit dem Pferde gibt; und er selbst ist nicht froh und arbeitet den ganzen Tag, was er kann.

Ich wünsche Dir, daß Dir es gut geht und wieder vergnügt bei uns kommst. Indeß leb wohl, behalte mich lieb. C. V.«

Nach langer Planung hatte Goethe im Frühsommer 1799 eine Kutsche und eigene Pferde angeschafft; die Fourage jedoch wurde aus dem herzoglichen Haushalt geliefert. Das Ehepaar fuhr damit gemeinsam in Weimar spazieren, gelegentlich nahm Goethe die

Equipage mit nach Jena und schickte sie nach einiger Zeit zurück. Wenn er jedoch nach Karlsbad reiste, nahm er meist eine Mietkutsche, um vor Ort nicht den Unterhalt für Kutscher und Pferde bezahlen zu müssen, ohne beides wirklich zu nutzen. Christiane hatte die Kutsche jedoch oft in Bad Lauchstädt. Zu Hause allerdings konnte Christiane das Gefährt zwar nach Lust und Laune – oder nach Zeit – nutzen, musste sich aber jetzt mit den Pferden um ein weiteres Gebiet in dem ohnehin schon großen Haushalt kümmern.

Alle vier Wochen war am Frauenplan Waschtag, genauer gesagt Waschtage. Bettwäsche, Tischwäsche, Leibwäsche, Hemden, Kleider, Schürzen. Christianes Menage war groß genug, um Wäscherinnen und Büglerinnen einige Tage zu beschäftigen. Mindestens vier Mal im Jahr stand der totale Hausputz auf dem Kalender. Das bedeutete nicht nur das gründliche Scheuern der Holzfußböden in allen Räumen. Der Apotheker mischte für seine Klientel scharfe Reinigungslösungen und Schutzöle, damit das Ungeziefer sich nirgends heimisch fühlen konnte. Besonders genau suchte Christiane nach den Wanzen, vor denen ihr Schatz sich offensichtlich am meisten fürchtete. Ganz zu schweigen davon, dass im Haus immer irgendetwas zu renovieren war. Als gute Herrschaft musste Christiane zwar nicht selbst die Scheuerbürste schwingen, aber ihre dienstbaren Geister ständig kontrollieren. Mit »diebischen Elstern« hatte sie ja schon genug Erfahrung gemacht. Trotzdem nahm sie sich noch die Zeit, ihrem Liebsten fast täglich einen Brief zu schreiben, um ihm das Neueste aus dem Haus und aus Weimar zu berichten, ihm aus der Ferne zu raten – ihn auch zu bedauern, wenn ihm als Dichter nichts einfiel.

»Weimar, 27. Februar 1796.

Mit meiner Wäsche bin ich nunmehro in Ordnung, nun will ich künftige Woche scheuern und reine machen lassen, wenn es nicht so erbärmlich kalt ist. Es scheint, als wenn es noch wieder werden wollte, wir können beinahe hier auf dem Schlitten fahren. Und gestern konnten mir die Zimmer zur Gesellschaft gar nicht erheizen. Heute will ich mit Bübchen in das ›Käppchen‹ gehen. Es ist recht wohl und läßt sein Väterchen schönstens grüßen. Der Köchin wollte ich kein Miethgeld geben, sie ließ mir aber keine Ruhe und kam den andern Morgen wieder und sagte zu mir: wenn der Herr Geheimbde Raht von ihr, wenn sie nüber käme, nicht das beste Lob hörten, wollte sie mir es gleich wiederschicken; mit der Beding gab ich es ihr, und so schien sie mir ganz leidlich, ich hätte nicht gedacht, daß es so mit ihr stünd, ich will mich aber um die paar Groschen nicht herumstreiten. Es ist wieder eine Lehr vor mich, vorsichtiger zu sein. Es war der Redoutentag, da ist man überhaupt etwas leichtsinnig. Da wirst Du mir auch verzeihen. Daß Du so lange drüben bleiben willst, ist mir nicht ganz recht, denn seit Du weg bist, bin ich nicht recht freudig. Ich weiß gar nicht, ich bin dasmal so verdrüßlich, als wärst Du noch so weit von hier. Ich bin noch gar nicht aus dem Hause gekommen als in die Komödie. Du wirst mir schon schreiben, wenn mir Dich abholen sollen. Daß es mit dem Roman nicht gehen will, ist ja curios; doch villeicht gehet es noch, man muß nicht gleich verzagen. Bei uns wird sehr fleißig gesponnen, ich habe wieder etwas Flachs gekauft, aber es ist nicht viel damit zu profitieren. Sollte in Jena nicht ein Pröbchen zu machen sein?

Hören Sie doch ein bißchen an der Trabitiusen, die spinnt doch gewiß auch.

Leb wohl und denke an Christiana V.«

»Weimar, 16. October 1798.

Lieber, diesen Jahrmarkt ist es bei mir von Müllern, Pachtern und Pfarrleuten nicht leer geworden. Und die Freunde dazu, dieß alles hat mir den Kopf ganz warm gemacht, daß ich schon mehr als einmal gewünscht habe, die Ferien möchten vorbei sein. Mir ist es nicht recht, daß Du nicht besser Wetter hast zur Weinlese. Hier folgt der Wein. Mündlich habe ich Dir viel zu erzählen. Daß der Johler mit dem Nacht-Stuhl diese Woche ganz fertig wird, glaube ich nicht; Du wirst wohl bis Montag weg bleiben müssen. Auf den Sonnabend will ich Dir schreiben, wie weit es ist. Leb wohl und behalt mich recht lieb, und mache nicht zu viel Äuglichen.«

»Weimar, 19. October 1798.

Lieber Schatz,
in Deinem Zimmer ist alles fertig, nur der Tünch ist noch nicht ganz trocken; aber bis Montag wird alles gut sein. Du kannst Montag so frühe ausfahren, als Du willst, soll alles in der besten Ordnung sein. Diese Woche habe ich recht fleißig sein müssen, die viele Wäsche in Ordnung zu bringen, alles wieder von vorn gezählt; aber es trifft alles, und dieses macht mich froh. Wegen des Hauses kannst Du außer Sorge sein, ich werde doch nicht itzo anfangen, liederlich zu sein. Ich bin diese Woche einmal ausgewesen, das war in Tiefurt und in der Komödie; außerdem war ich die ganze Zeit zu Hause. Ich freue mich, wenn Du wieder bei mir bist; ich habe Dir allerlei zu erzählen. Leb wohl, Lieber, und behalte mich lieb.«

Es war ein Kind, das wollte nie
Zur Kirche sich bequemen,
Und sonntags fand es stets ein Wie,
Den Weg ins Feld zu nehmen.

Die Mutter sprach: Die Glocke tönt,
Und so ist dir's befohlen,
Und hast du dich nicht hingewöhnt,
Sie kommt und wird dich holen.

Das Kind es denkt: Die Glocke hängt
Da droben auf dem Stuhle.
Schon hat's den Weg ins Feld gelenkt,
Als lief' es aus der Schule.

Die Glocke Glocke tönt nicht mehr,
Die Mutter hat gefackelt.
Doch welch ein Schrecken! Hinterher
Die Glocke kommt gewackelt.

Sie wackelt schnell, man glaubt es kaum;
Das arme Kind im Schrecken,
Es läuft, es kommt als wie im Traum:
Die Glocke wird es decken.

Doch nimmt es richtig seinen Husch,
Und mit gewandter Schnelle
Eilt es durch Anger, Feld und Busch
Zur Kirche, zur Kapelle.

Und jeden Sonn- und Feiertag
Gedenkt es an den Schaden,
Läßt durch den ersten Glockenschlag,
Nicht in Person sich laden.

»Die wandelnde Glocke« – Goethe könnte das Gedicht für seinen Gustel geschrieben haben. Denn vermutlich häufiger als es in den noch existenten Briefen zu belegen ist, kümmert sich der Geheimrat auch um den Sohn. Er schickt aus Jena nicht nur Päckchen mit Obst oder Gemüse, sondern beschäftigt sich auch mit August. Das einzige Kind hat also durchaus nicht nur die Mutter um sich und einen Vater in weiter Ferne. Schon den sechsjährigen August nimmt Goethe – Christiane ist wieder schwanger – mit auf Dienstreise ins Bergwerk nach Ilmenau.

»Ilmenau, den 2. September 1795.

Nun, mein Liebchen, werde ich bald wieder bei Dir sein. Sonntag früh gehe ich von hier ab. Es ist mir und dem Kleinen recht wohl gegangen. Wir haben gutes Wetter und mitunter recht schönes gehabt, heut ist ein herrlicher Tag. Der Kleine ist gar zu artig und freut sich über die vielen Sachen und Arbeiten, die er sieht, er behält alles recht gut und fragt gar vernünftig. Er hält sich mit allen Leuten. Ich habe ihm einen Berghabit machen lassen, und morgen, da die Bergleute einen Aufzug haben, soll er mitgehen. Das macht ihm großen Spaß, aber in die Kirche will er nicht mit hinein. Er bringt Dir eine Tasse mit, die man ihm geschenkt hat, und füttert sich überhaupt aufs beste. Des Morgens um 5 Uhr sind wir wach, Abends aber gehts auch bald zu Bette. Lebe wohl, ich hoffe Dich wohl und das Haus in guter Ordnung zu finden. Ich bringe einen Wildpretsbraten mit und will nächste Woche Gäste darauf bitten. Lebe wohl und liebe uns. G.«

Im Goethe-Haus am Frauenplan ist man weder kleinlich noch geizig. Aber es wird trotzdem umsichtig und sparsam gewirtschaftet. Wenn Christiane Lebensmittel und Wein nach Jena schickt, dann fordert sie zur Not auch mehrmals die leeren Flaschen zurück. Sie braucht sie schließlich wieder, um die nächste Partie Wein oder Bier abzufüllen. Vor allem der Wein liegt nicht lange im Keller, denn Goethe ist es gewohnt, täglich mindestens eine Flasche Wein zu trinken. Zu Hause, im Frankfurter Hirschgraben, hat er das schon früh als Bestandteil eines Essens kennen gelernt; Frau Aja speist noch im hohen Alter täglich drei Gänge zu Mittag und trinkt eine Flasche Wein. Wenn die Weimarer Giftzungen Christiane einen unmäßigen Weingenuß vorwerfen, dann wollen sie ihr in

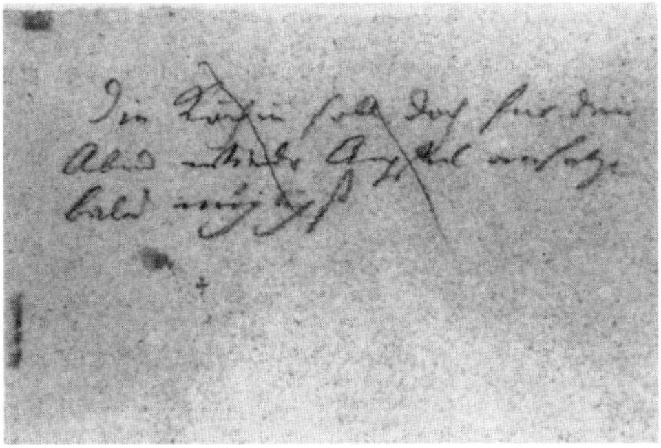

Goethe bestellt Apfelkompott

ihrem eigenen Haus lediglich nicht das zugestehen, was auch der Hausherr tut. Wein und zuweilen auch Champagner sind für Goethe so selbstverständlich, dass er seinem Hausschatz selbst aus großer Entfernung den Keller auffüllt.

Goethes aufwändigen Lebensstil wirtschaftlich zu organisieren bedeutete in der Küche dagegen, auch eine geschickte Resteverwertung zu betreiben, um die vielen Gäste zu bewirten, die fast täglich kamen. Wenn Goethe einen Wildbraten aus Ilmenau mitbringt, muss Christiane für den Rest sorgen. Sie betreibt Vorratswirtschaft mit den Produkten aus den Gärten – Obst wird in Alkohol und Zucker eingelegt, getrocknet, zu Kompott verarbeitet; Gemüse macht Christiane in Essig und Salz haltbar, Äpfel, Kartoffeln, die verschiedenen Krautarten lagern im kühlen Keller, Rüben und Schwarzwurzeln bleiben in Sand fast den ganzen Winter frisch.

Wenn es um häusliche Gastlichkeit geht, dann sind sich der Mensch und Dichter Goethe einig. In »Wilhelm Meisters Lehrjahren« und in »Offene Tafel« liest man:

»Und wo sollen, wo können unsere nächsten Zwecke liegen, als innerhalb des Hauses? Alle immer wiederkehrenden, unentbehrlichen Bedürfnisse, wo erwarten, wo fordern wir sie, als da, wo wir aufstehn und uns niederlegen, wo Küche und Keller und jede Art von Vorrat für uns und die Unsrigen immer bereit sein soll?«

Viele Gäste wünsch ich heut
Mir zu meinem Tische!
Speisen sind genug bereit,
Vögel, Wild und Fische.
Eingeladen sind sie ja,
Habens angenommen – –

Doch ich sehe niemand gehen,
Sehe niemand rennen!
Suppe kocht und siedet ein,
Braten will verbrennen.
Ach, wir habens, fürcht' ich nun,
Zu genau genommen!

Hänschen, lauf und säume nicht,
Ruf mir neue Gäste!
Jeder komme, wie er ist,
Das ist wohl das beste!
Schon ists in der Stadt bekannt,
Wohl ists aufgenommen.
Hänschen, mach die Türen auf:
Sieh nur, wie sie kommen!

Viele Lebensmittel aber müssen auch hier der Jahreszeit entsprechend dazu gekauft werden. Zwar bessert Christiane ihr vierteljährliches Haushaltsgeld in manchen Jahren etwas auf, indem sie Spargel oder leicht verderbliches Obst verkauft, wenn weder in Weimar noch in Jena alles verbraucht werden kann:

»Weimar, 3. Mai 1800.
... es betrübt mich der schöne Spargel, den ich alle Tage, da Du nicht da bist, daß ich ihn verkaufen muß ...«

Aber immer reicht das Geld halt doch nicht. Es scheint ihr höchst unangenehm, den Gatten um einen Nachtrag zum Budget zu bitten, weil sie fürchtet, er könne ihr Verschwendung vorwerfen.

»Weimar, 25. März 1797.
Es folgen 4 Bouteillen Wein. Wenn ich nicht gewiß geglaubt hätte, Du würdest heute kommen, so hätt ich Dir am Mittewoche geschrieben, daß ich kein Geld mehr habe, und so gehet es mir nun sehr schlecht, ich bin in größter Noth, denn ich gebe der Köchin alleweile meinen letzten kleinen Thaler. Ich habe auf das Buch Einen Carolin* ausgelehnt, ich wär also noch künftige Woche ausgekommen, und alsdann ist das Vierteljahr um. Und man hat doch immer auch was in Vorrath, ohne das man doch nicht sein kann. Wenn ich das alles rechne, komme ich doch gewiß ordentlich aus. Denn bei itziger Zeit ist es würklich Kunst; denn, wenn Du nicht da bist, es sind unser doch immer 6 zu Tische, und ich habe es die Zeit, daß Du nicht da warst, sehr eingetheilt, so daß die Köchin immer nicht mit mir zufrieden ist. Freilich weil der Bube krank war, habe ich wieder manche paar Groschen mehr ausgeben und ihm auch wieder etwas Apartes kochen müssen. Er ist aber wieder wohl und geht wieder aus. Von dem Carolin, den Du mir schicktest, habe ich das Komödie-Abonnement bezahlen müssen und Starke den Thaler. 2 Paar Strümpfe vor Dich, habe Holz lassen machen, dem Kutscher Trinkgeld, und wenn ich nur nicht den Dukaten von Dir schon angewandt hätte, so hätte ich doch noch was. Die Weiber, die sich etwas scheu machen, thun doch nicht

* Der Karolin war eine Goldmünze, deren Wert etwa 5 Talern entsprach

ganz übel, um im Nothfall was zu haben. Sei so gut und schicke mir durch einen Expressen oder durch die Post was. Ich muß auch deßhalb Antwort haben: der Rath Kraus will künftigen Montag das große Bild von Meyern haben, soll ich es hingeben oder soll ich sagen, ich könnte nicht dazu? Der Herzog will es in das Römische Haus haben. Antworte mir ja bald. Leb wohl und behalt mich nur lieb.«

»Jena, den 26. März 1797.

Hier schicke ich Dir, mein liebes Kind, etwas Geld, damit Du diese Woche versorgt seist. Wie gerne käme ich gleich heute zu Dir, denn ich habe eigentlich hier nichts mehr zu thun. Nur möchte ich abwarten, bis Schiller mit einem Stück seiner Arbeit fertig ist, das er mir vorlesen will. Alles Andre könnt ich recht wohl drüben, in der Nachbarschaft meiner lieben Kinder thun. Ich sehne recht, euch wiederzusehen, und komme vergnügt zurück, da mir alles nach Wunsch gelungen ist. Lebe recht wohl und behalte mich lieb.

G.«

In ihren Briefen berichtet Christiane Vulpius sehr oft über die Gärten, in denen sie etwas angepflanzt hat. Sie erzählt, was wächst und was wieder einmal die Schnecken gefressen haben. Darüber kann sie sich temperamentvoll aufregen. Sie gibt aber nie auf, sondern pflanzt neu. Wenn sie von »dem Garten« oder dem »Garten im Haus« spricht, dann meint sie den Garten hinter dem Haus in der Stadt, den Hausgarten. Dort findet sich obendrein noch ein geheimer Ein- und Ausgang, den Goethe gelegentlich benutzt, wenn er nur kurz aus Jena nach Weimar kommt und von Fremden unerkannt bei Christiane und August vorbeischauen will.

Das bewirtschaftete Land mit den Obstbäumen an der Ilm wird grundsätzlich der »alte« oder »untere« Garten genannt. Für Christiane alt, weil sie dort im Gartenhaus Goethe zum ersten Mal ge-

Christiane Vulpius im Profil, 1788.

troffen hat. Wenn aber vom Krautland die Rede ist, dann meint sie ihr eigenes Grundstück nördlich des Lottenbachs, das ihr Vormund – der Raths-Bau-Kämmerer Johann Ehrhard Stichling – am 23. März 1796 für 60 Reichsthaler gekauft hatte. Goethe vermachte das Land in seinem letzten Testament seinem Diener Johann Friedrich Krause. Auch wenn dieses Krautland Christianes Vormund kaufte, besprochen wurde die Aktion doch mit ihrem Schatz.

»Weimar, 17. Februar 1796.
Mein Wunsch ist, mein Lieber, daß Dich dieser Brief recht wohl und vergnügt antreffe. Wir beide illuminiren sehr stark – und wenn das so fortgehet, werden mir das Buch in Deiner Abwesenheit beinahe fertig bringen. Müller hat das Krautland angesehen, es ist sehr nah von unserm Garten aus, ungefähr so lang wie Treuters Garten und über die Hälfte breit. Es hat sehr wenig Abgaben, und der Besitzer

bietet es 60 Thaler. 55 Thaler sind ihm schon geboten, er will aber nicht anders als 60 Thaler. Müller sagt, es wärs werth. Mittag um 2 Uhr will ich hingehen und es ansehen. Nun schreiben Sie mir Ihre Meinung. Bloß [ein Mitarbeiter des Theaters] bittet um Nachricht, wo er das Geld bekomme für die 12 Mann Statisten und 4 Jungen zu löhnen. Ob er es auslegen soll oder an wen er das Zettelchen machen soll. Leben Sie recht wohl und behalten mich lieb.«

»Jena, den 19. Februar 1796.

Ich habe Dir gestern gleich wegen des Krautlandes geschrieben. Wie gesagt, wenn es Dir gefällt so kaufe es, denn diese Fleckchen werden täglich theurer werden. Liegt es denn am Bache oder wo? Beschreibe mir es doch genauer.

Mit dem Essen geht es mir wieder recht schlecht, schicke mir einige Flaschen oberweimarisches Bier.

Das beikommende Packet schickst Du an Graf Dumanoir, wie die Adresse ausweist. Lebe recht wohl und behalte mich lieb. G.

Sage Deinem Bruder, daß ich das für Böttcher bald schicken werde.

Du bist doch die Abende, besonders wenn Du in die Komödie gehst, hübsch besorgt, daß das Haus nicht allein steht? Nimm den eingesiegelten Schlüssel hervor in Dein Schreibpult. G.

Bloß meldet sich wegen seines Aufwandes bei der Fräulein von Göchhausen.«

»Weimar, 20. Februar 1796.

Alleweile komm ich wegen des übelen Wetters ganz müde vom Krautland zurück und bin mit der Lage sehr zufrieden, es liegt ganz an der Lotte, nicht weit von Knebels Garten, mir gefällt es sehr. Müller will es handeln. Und wenn Du wiederkömmst, wollen mir zusammen hin gehen. Es wird Dir gewiß gefallen. Du bist doch wohl? Daß es mit dem Essen schlecht geht, thut mir sehr leid.

Wenn ich Dir nur kochen könnte! Das arme Bübchen ist sehr krank gewesen, aber heute ist er doch wieder außer Bette, er hatte sich sehr stark verkältet. Er hat mir nicht Ruhe gelassen, ich sollte es dem Väterchen schreiben. Du brauchst Dir aber keine Sorgen zu machen, denn er ist heute wieder ganz munter und will wieder illuminiren. Er freut sich, das Väterchen abzuholen. Wegen des Hauses kannst Du ohne Sorge sein. Das Schlüsselchen habe ich, sobald Du weg warst, zu mir genommen.

Itzo bin ich fleißig und bringe wieder alles in Ordnung und freue mich, Dich bald wieder zu sehen, denn ohne Schatz will mir es in dem Hause gar nicht gefallen. Willst doch so gut sein und wegen der Köchin mit der Trabitius reden. Ich habe mit ihr ausgemacht: wenn sie ein gutes Lob hätte, wollte ich sie nehmen; wenn das nicht wär, so muß ich mich nach einer anderen umsehen.

Leb wohl und behalt uns beide lieb.«

Für die Arbeit in allen diesen Gärten hat Christiane natürlich einen Gärtner. Ihre Sorge ist es nur zu häufig, die Eifersüchteleien zwischen dem Hofgärtner und den Gärtnern, die schon lange für Goethes arbeiten, so zu schlichten, dass keiner verletzt oder beleidigt ist. Streit sucht auch sie zu vermeiden – um trotzdem die preisgünstigere Lösung zu bekommen. Am 15. März 1797 schreibt sie deshalb an Goethe in Jena:

»... Wenn Du Schwarzwurzeln kriegen kannst, so nimm sie ja.

Nun etwas vom alten Garten. Ich dächte, mir geben Wächtern wieder den Garten, denn voriges Jahr haben mir eingebüßt, und er käm doch wieder in Ordnung, und es ist doch beinahe die Hälfte, was der Gärtner bekommt, und man bekömmt es dann miteinander alles so zugleich in Stand. Schreib mir Deine Meinung darüber. Itzo will ich mit dem Kind ein bißchen spazieren gehen. Leb wohl und behalt mich lieb.

Adieu, bester Schatz.«

Die Gärten sind, so lange sie lebt, Christianes ganzer Stolz. Ausführlich berichtet sie Goethe darüber in ihren Briefen. Und nur zu oft hat man den Eindruck, als bedauere er es wirklich, dass er gerade jetzt nicht in seinem Haus ist. So schreibt Goethe am 28. August 1792 aus dem Lager bei Longwy:

»... Küsse den Kleinen, an den ich oft denke.
Auch an alles, was um Dich ist, an unsre gepflanzten Kohlrüben und so weiter; lebe wohl, mein Liebstes. G.«

Die Gärten sind es auch immer wieder, mit deren Schönheit Christiane den Liebsten nach Hause zu locken versucht, wenn er wieder einmal zu lange von Weimar weg ist.

»Weimar, 1. Mai 1802.
August und ich, wir hofften heute früh sehr auf ein Wort von Dir, und da wir gar nichts hörten, so betrübten wir uns sehr. Ich bin recht fleißig im alten Garten und freu mich sehr über die Baumblüthe; denn wenn es so bleibt, als es aussieht, so kriegen wir dieß Jahr Obst, daß wir nicht wissen, wohin damit. Das macht mich schon recht glücklich, und ich mach schon Rechnung wie das Milch-Mädchen. Auf den Mittewoch werde ich doch hören, wenn Du kömmst? Komm ja die nächste Woche, damit Du noch etwas von der Baumblüthe zu sehen kriegst; im obern Garten ist es ganz prächtig. Leb wohl. Ich freu mich schon, Dich bald wiederzusehen.«

Im Laufe der Jahre übernimmt Christiane Vulpius auch die Buchführung für Goethes kompliziertes Haushaltsgefüge. Einnahmen und Ausgaben schreibt sie genau auf, erinnert ihren Mann an Rechnungen, die er bezahlen muss. Beträge, die nicht aus ihrem vierteljährlichen Etat bezahlt werden, schreibt sie auf ein entsprechendes Blatt, lässt es von Goethe unterschreiben, um das Geld dann bei der Schlosskasse abzuholen. Doch so oft das Ehepaar auch getrennt war, Goethe war nie so weit von zu Hause entfernt, um nicht seinen Teil zum gemeinsamen Haushalt beitragen zu können und wollen. Er schickt vieles, bestellt auch manches. Und wenn er in Weimar ist, leitet er Christianes Wünsche an Freunde in der Ferne weiter. So bittet er am 22. September 1794 Heinrich Meyer, den »Kunschtmeyer«, in Dresden:

»Was die niedern Bedürfnisse betrifft, bitte ich zur Grütze noch von jeder Nudel-Sorte ein Pfund packen zu lassen, auch einige Zettel der Fabrik-Adresse und Behandlung der Nudeln …«

Aus Jena hatte dagegen Christiane Flachs zum Spinnen bestellt und bedankt sich am 2. März 1796:

»…Daß Du mir was vom Flachs geschickt hast, freut mich sehr, ich danke Dir auch herzlich dafür; wenn Du 1 Thaler 12 Groschen gegeben hast, so ist gewiß noch zu profitiren. Ich will mich gleich darüber machen und ihn zurecht machen, damit mir sehen, wie er sich hält …«

Und am 5. März 1796: »Daß Du noch mehr Flachs hast, freut mich sehr. Denn es wird sehr viel gesponnen, und wenn Du wiederkömmst, sollst Du den großen Vorrath von Garn zu sehen bekommen …«

»Jena, am 5. März 1797.

Ich habe von Hamburg die Nachricht, daß 6 Spickgänse an mich unterweges sind. Es wird eine mit dem Porto keinen halben Thaler kosten, und dafür kann man sie brauchen; hebe sie sorgfältig auf, wenn sie ankommen. Man fragt auch an, was ich etwa sonst noch wünsche? Da die Jahrszeit schon so gelind ist, möchte nicht wohl räthlich sein, etwas Anders als etwa geräucherte Zungen kommen zu lassen; sage mir Deine Meinung darüber und schreibe mir gleich, wenn die Gänse ankommen. Du hast doch eine einzelne neulich in einer Schachtel erhalten?

Ich kann mir denken, wie Du über das Feuer erschrocken bist, und bedaure Dich herzlich; doch kann es, bei unsern guten Anstalten, nicht schaden, wenn manchmal ein kleines Unglück geschieht, damit nur die Aufmerksamkeit nicht einschläft. Ich will aber doch, sobald ich hinüberkomme, die Treppe an Deiner Seite hinaufwärts machen lassen und Hornyen, auf einen solchen Fall, die Sorge für das Museum [Goethes Mineraliensammlung] übertragen; dadurch wärest Du schon einer großen Sorge überhoben.

Mit dem Gedichte geht es gut, wie es aber mit meinem Kommen oder Deinem Abholen werden kann, läßt sich noch nicht sagen. In der nächsten Woche erwarte ich einige Besuche, vielleicht auch den Herzog. Lebe Du indessen recht wohl mit dem Kleinen. G.«

»Weimar, 8. März 1797.

Ich habe letzt eine geräucherte Gans erhalten. Die 6 kannst Du brauchen vor diesen Preis; sobald sie ankommen, will ich Dir schreiben. Ich dächte, wegen der Jahrzeit ließ' sich immer noch was von Zungen und Rindfleisch transportieren, besonders wenn Du noch einige solche Spick-Aale kriegen könntest. Daß Du Dich auch wieder nach uns sehnest, freut mich, weil es mir ebenso geht. Mir ist alles gar nicht recht; man sagt sogar, ich habe sehr übeln Humor. Ich sehe nicht ein, wie ich es ein halbes Jahr aushalten soll. Und der Kleine fragt mich den ganzen Tag: ›Holen mir denn das Väterchen noch nicht bald ab?‹ Ich will dich auch wegen des nüberkommens nicht quälen, und wenn ich es nur 2 Stunden vorher erführ, daß mir Dich holen sollten, so will ich bereit sein. Sollte es Dir aber gemüthlicher sein, einmal, wenn Du fertig bist, allein rüber zu uns zu kommen, so wirst Du Dein Haus immer in der besten Ordnung finden. Du mußt Dich wegen uns in nichts irre machen lassen. Denn mir waren schon einmal schuld, daß das Gedicht nicht fertig wurde. Und besonders bitte ich Dich, doch nicht ehr herüber zu gehen, bis Dein Katarrh völlig vorbei ist.

Ich freu mich recht, wieder bei Dir zu sein. Man sollte, wenn man zusammen ist, immer fröhlich und lustig sein; ich habe mir es auch fest vorgenommen, wenn ich bei Dir bin, immer froh zu sein …

Ich komme auch noch mit einer Bitte bei Dir an: es steht mit meiner Seife schlecht, und hier ist sie wieder theurer geworden. Ich dächte, wenn das Gedicht fertig wär, bekäme ich einen halben Stein.

Leb wohl. Ich will wünschen, daß, wenn mein Brief ankömmt, der Katarrh vorbei ist. Das Kind läßt Dich vielmals grüßen; wir leben in der Hoffnung, bald bei Dir zu sein.«

Seife bestellt Christiane fast regelmäßig bei ihrem Liebsten in Jena, auch Waschwasser – ein offenbar besonderes Hautpflege-Wasser, zu dessen Zubereitung »Märzenschnee« verwendet wurde; ver-

Goethes Hausgarten am Frauenplan, um 1830.

mutlich ist damit die Schafgarbe gemeint, deren Gallussäure auch reinigende Wirkung hat. Aber auch sonst scheinen die Einkaufsmöglichkeiten für Besonderes in Jena besser gewesen zu sein. Am 20. März 1798 bittet Christiane: »...Geist [Goethes Sekretär] soll mir für 2 Groschen Safflor [Färberdistel] auf den Freitag rüberschicken. Ich will mir etwas roth färben und kann hier keinen bekommen. Er kriegt es in Würzläden oder in der Apotheke.«

Ein Überraschungspaket mit einer Rehkeule schickte Goethe am 27. März 1798 und Christiane antwortet gleich am nächsten Tag fröhlich auf den dazugehörenden Brief:

»In Eile will ich Dir nur schreiben, daß Du mir mit dem Rehekeulichen eine rechte Freude gemacht hast. Mir haben seit Montag gewaschen und getrocknet und heute bügeln mir, und die Stähle glühen, da kann ich Dir nicht mehr schreiben.

Leb wohl und behalte Deinen Haus-Schatz lieb.«

Weimar und Jena ist eine Entfernung, in der uns die Briefe Goethes und Christianes wie Telefonate erscheinen; für den Empfänger sind Briefe allerdings nicht ganz so enervierend wie manches Gespräch am Telefon. Und es gehört nicht viel Phantasie dazu, sich vorzustellen oder auszumalen, wie in beiden Städten gearbeitet wird – und genossen. Der Bettschatz hat trotz allem auch noch genug Zeit, zum Naturwesen auch seine jugendliche Schönheit für ihren Mann zu pflegen, um sie recht lange zu erhalten.

»Weimar, den 30. Mai 1798.

Das Wetter scheint besser zu werden, und Du wirst Deinen Pyrmonter [mineralhaltiges Kurwasser] besser trinken können, und mit der Arbeit wird es auch schon gehen. Mit Deiner Arbeit ist es schön: was Du einmal gemacht hast, bleibt ewig; aber mit uns armen Schembhunden ist es ganz anders. Ich hatte den Hausgarten sehr in Ordnung, gepflanzt und alles. In Einer Nacht haben mir die Schnecken beinahe alles aufgefressen, meine schönen Gurken sind fast alle weg, und ich muß wieder von vorne anfangen. Es ist noch ein Trost, daß es mir nicht alleine so geht; Treuters und alle, die Gärten haben, klagen. Es soll eine besondere Art Schnecken sein, die alles aufzehren. Es kommt gewiß von dem vielen Regen. Doch was hilft es? Ich will es wieder machen; man hat ja nichts ohne Mühe. Es soll mir meinen guten Humor nicht verderben. Es sind viele Bekannte von Jena hier, da habe ich mir vorgenommen, morgen Abend bei mich einzuladen. Die Mamsells Ruhne logiren bei Treuters, und sie haben mich immer auch zu sich geladen, wenn ich in Jena war. Und auf den Freitag sind mir bei Treuters. Frühe bin ich immer sehr fleißig. Lieber wär mir es freilich, ich wär bei Dir. Da es aber nicht sein kann, so sehe, wie ich Tag für Tag immer etwas Nützliches thue, und wenn ich fertig bin, gehe ich aus, bin lustig, so gut als es gehen will, und freu mich schon wieder in Gedanken auf die Zeit, wo mir zusammen schwätzen. Neues gibt es gar nichts hier, als daß man sehr viel von der Neuzeit und dem Römischen Haus spricht. Der Wein von dem Herrn von Wolzogen soll die Bouteille 8 Groschen und etliche Pfennige kosten; er müßte aber diese Woche Antwort haben, ob Du welchen haben willst oder nicht. Leb wohl und behalte Deinen Schatz lieb. Das Kind grüßt vielmal, und auf den Sonnabend solltest Du wieder ein Briefchen von ihm haben.

August hat doch noch geschrieben.«

»Lieber Vater!
Sie kommen doch bald wieder nach Weimar? ich sehne mich recht sehr nach Ihnen, besonders des Abends, weil ich gewöhnlich um diese Zeit bei Ihnen bin. – Gestern habe ich in dem Hausgarten einen sehr schönen Schmetterling gefangen; es ist vermuthlich der

Fenchelvogel oder der kleine Schwalbenschwanz, denn er hat gelbe Flügel, welche an ihren Seiten schwarz eingefaßt sind. Der kleine Rühl hat den großen Schwalbenschwanz mit der Hand gefangen, wodurch er aber sehr beschädigt worden ist, denn es waren ihm die beiden Schwänze und ein Flügel ausgerissen, ich habe ihn zuletzt unversehens zertreten. Götze hat mir ein Denkmal in unsern Garten errichtet; er machte an dem großen Birnbaume einen Felsen, den er aus sechs Steinen zusammensetzte, so künstlich, daß er aus der Erde gewachsen zu sein scheint. Vor dem Felsen steht ein Sandstein, der wie ein Rechteck aussieht und glatt zusammengehauen ist. Auf der obern Seite desselben hat er gar artig mit einem Nagel meinen Namen eingegraben. Leben Sie wohl und behalten Sie mich lieb. August Goethe.«

»Jena, am 30. Mai 1798.

Wertheste Demoiselle!
Auf einen Brief, den der Herr Geheimde Rath soeben von dem Herrn Geheimde Rath Voigt von Weimar erhalten hat, findet er sich genöthigt, nach Weimar, wenigstens auf einen oder ein paar Tage, zurückzukehren, und wir werden also morgen ohngefähr gegen 9 Uhr (als den 31. Mai) bei Ihnen wieder ankommen. Ich bringe Ihnen die schmutzige Wäsche und auch zugleich Seife mit, indem ich den Herrn Geheimen Rath noch dran erinnert habe. – Der Herzog geht, wie ich vom Herrn Geheimde Rath gehört habe, den Freitag nach Eisenach ab, und deßwegen wird er wohl den Herrn Geheimen Rath noch einmal sprechen wollen. Er empfiehlt sich Ihnen, sowie Augustchen bestens und hofft, alles in dem Wohlsein anzutreffen. Dieses ist auch der Wunsch Ihres

Dienstwilligen
L. Geist.!

»Weimar, den 8. Juni 1798.

Liebster, bester Schatz, die Karten sind gleich den Tag bei Rühlemann gekommen. Heute kann ich Dir keinen Spargel schicken, weil ich ihn morgen selbst brauche; aber was ich vom Montag bis Mittewoch steche, sollst Du auf den Mittewoch haben. Keine Äpfel habe ich nicht mehr, sie haben sich nicht mehr gehalten.

Die Badewanne will der Bauverwalter besorgen. Wir sind hier so ziemlich in Ordnung und sind lustig und froh. Die bewußten Sachen sind gut verhandelt, und die Ernestine hat sich bei der Gamby einen großen Hut gekauft, der ihr sehr gut steht, und ich und mein Bruder haben auch noch allerlei von unserer Garderobe verkauft. Es war vorgestern eine ordentliche kleine Auction bei uns. Das hat uns recht Freud gemacht, aus so altem Kram Geld zu lösen, genug, es ist auch vor die Ernestine ein halbseidenes Kleidchen im Handel, mir müssen sie doch etwas herausputzen. Es ist überhaupt zwischen uns 3 Geschwister eine große Einigkeit, welches mir ordentlich als eine seltsame Erscheinung vorkommt. Daß Du Lützow [Ernestines Bräutigam] auch vor einen guten Menschen hältst, hat Ernestine sehr zufrieden gemacht. Wenn Du, mein Bester, wieder bei uns in Weimar bist, wollen mir Dir, mein Guter, vor alles Gute den besten Dank sagen. Leb wohl und denke zuweilen an Deinen Schatz, der Dich von ganzem Herzen liebt und schätzt. Leb nochmals wohl. Mein Bruder sagt mir soeben, ich sollte Dir zu dem blau Packet gratuliren.

Adieu, Lieber.«

»Jena, am 11. Juni 1798.

Du erhältst hier verschiednes, was ich sogleich zu bestellen und alsdann die Botenfrau abzufertigen bitte:

1. Einen Zettel auf 8 Flaschen und 2 Nößel, die Du in der Kellerei holen lässest.
2. Einen Brief an Gores, auf welchen Du Antwort erhalten wirst.

Dieses beides nebst dem Spargel, so viel Du stechen kannst, übergibst Du der Botenfrau, welche gegen Abend bei Zeiten wieder da sein mag.

Die Papiere, die Herrn von Knebel betreffen, besorgst Du auch bald möglichst.

Weiter weiß ich für dießmal nichts zu sagen, als daß es mir wohlgeht, und daß mir der Pyrmonter nebst der Bewegung recht gut bekommen. Ich wünsche von Euch gleichfalls zu hören, daß ihr wohl und vergnügt seid.

Das Packet an den Hofkammerrath bedarf keiner Antwort.

Lebe recht wohl und grüße den Kleinen, der auf den Sonnabend wieder etwas Obst erhalten soll. G.

Das Eingesiegelte an das Geheime Conseil wird auf die Geheime Canzlei geschickt.«

»Weimar, 12. Juni 1798.

Hier, mein Bester, schicke ich Dir alles, was Du verlangst. Und mir befinden uns alle zusammen recht wohl und vergnügt. Ernestine ist in Ober-Weimar und hilft der Fischern nähen, und Abends gehe ich naus und hole sie ab. Im Garten ist itzo gar nichts zu machen, es fehlt so sehr an Regen. Da muß man es abwarten. Aber ich bin bei allen Sachen so heiter und vergnügt, und es kann mich itzo nicht leicht etwas von meiner guten Laune bringen; und ich freue mich recht, wenn Du wiederkömmst und mich sehen wirst, ich bin so glatt als sonst. Ich weiß auf einmal nicht, wie mir geschehn ist, ich bin wie neugeboren. Wenn mir wieder beisammen sind, will ich Dir es auch sagen, wie es zuging.* Am Sonntag sind mir sehr vergnügt gewesen. Ich hatte alles recht gut eingerichtet.

---

* Christiane hatte wahrscheinlich das »Kummerfeldsche Wasser« gebraucht, das dessen Erfinderin, die ehemalige Schauspielerin Caroline Schultze, spätere Frau Kummerfeld, seit 1796 zum Verkauf anbot. Das Wasser vertreibt, wie es die Erfinderin in der Gebrauchsanweisung schreibt, »alle im Gesicht habenden Kupfer-, Finnen- und Hitzebläschen«. Goethe hatte die Schauspielerin als Student in Leipzig auf der Bühne bewundert und ihr auch kleine Gedichte gewidmet.

Schreibe mir doch gleich heute Abend, wo ich die Eisenacher Quittung hin schicke; die eine kommt an Lucedus. Das Andere will ich auf das beste besorgen. Leb wohl und behalte mich ja recht lieb, denn ich habe auch kein Tüpfelchen mehr. Adieu, lieber Schatz.«

»Jena, am 12. Juni 1798.

Hier kommen wieder gute Erdbeeren für das Kind. Inliegendes schickst Du auf die Geheime Canzlei.

Die Stiefel sind mir heute überbracht worden.

Das Gedicht auf die Beckern ist fertig; ich bin sehr froh, daß nur etwas wieder einmal im Gange ist, nachdem ich so lange Zeit pausirt habe.

Im Anfang künftiger Woche schreibe ich, wenn mir allenfalls wegen Roßla etwas einfällt; ihr richtet euch auf alle Fälle auf euer Johannisfest ein.

Ich weiß noch nicht ganz gewiß, ob ich grad von hier hinüber gehe, oder ob ich über Weimar komme. Lebe recht wohl und grüße den Kleinen schönstens.

Der Eisenacher Kammerbote bringt wahrscheinlich nebst andern die Pension für Herrn v. Knebel auch nach Weimar. Du mußt also die Quittung so lange aufheben, bis er sich meldet; allenfalls befragst Du Dich bei Treutern, der Dir wohl darüber Auskunft geben kann. Ich gratulire zu dem glatten Gesicht und wünsche vergnügt zu leben.

Mir geht es recht wohl, und wenn ich noch ein paar Gedichte für den Almanach vor Johanni fertig habe, so gehen wir bald nachher zusammen herüber.

Gores und die französische Gesellschaft kommen erst Donnerstags zu mir.

Nochmals ein Lebewohl und Gruß an den Kleinen. G.«

»Weimar, 13. Juni 1798.

Heute ist meine Beschäftigung Wäsche zu waschen und zu trocknen, und Betten liegen im Garten, werden geklopft. Ich trinke alle Morgen Selzer Wasser, und das bekommt mir sehr wohl. Du wirst Dich gewiß über mich freun, wenn mir zusammenkommen. Auf die Zeit, die ich in Jena zubringen werde, freu ich mich außerordentlich. Darum mußt Du mich nicht bringen! Mir ist es alles recht, wenn Du erst wieder zu mir kommen willst oder gleich nach Rossel gehest. Wegen des Geldes wär mir es lieber, Du kämst den Dienstag oder Mittewoch, da könnten mir doch unser Geldgeschäfte erst vor der Übergabe abthun. Denn Geld brauche ich sehr notwendig, weil ich auf das Buch ausgelegt habe. Ich glaube, es wär besser, Du kämst erst rüber, und nachher gingen mir bald zusammen hinüber. Mir müssen doch noch vorher allerhand zusammen sprechen. Nun kommt aber auch eine große Bitte: ich, Ernestine und die bei Werners, wir wollten gerne den Sonntag nach Erfurt fahren, und Lützow und der Burgemeister wollen reiten. Ob Du mir es erlauben wolltest? Schreibe mir den Sonnabend Antwort. Die Tante und mein Bruder wollen das Haus bewachen. Leb wohl und denke an mich und behalte mich lieb. Das liebe Kind wird Dir selbst schreiben.«

Zum Quartals-Ende wird Christiane Vulpius im Laufe der Ehejahre immer deutlicher zum Buchhaltungschef. Da sie das Gefühl zu haben scheint, dass ihr Liebster manchmal den Überblick über die Ausgaben verliert, sagt sie ihm ziemlich unmissverständlich, dass alles teurer wird. Und was hilft alles Sparen, wenn er – der Sekretär Geist ist selbstverständlich der Schuldige – nie daran denkt, die leeren Flaschen zurückzuschicken, damit man sie wieder verwenden kann. Als diplomatische Ehefrau bedauert sie ihren Mann natürlich danach so liebevoll, dass er eigentlich keine andere Möglichkeit mehr hat, als das Budget zu erhöhen.

»Weimar, 27. September 1800.
Weil Du vielleicht noch eine Weile in Jena bleibst, so schicke ich Dir die Quittung; der Kammermeister hat sie mir geschickt. Sei so gut und unterschreibe sie und schicke mir den Mittewoch die Quittung wieder mit, da will ich mein Vierteljahr-Geld davon nehmen, und was am nothwendigsten zu bezahlen ist; das andere gut verwahren, bis Du wiederkömmst. Es ist itzo das Vierteljahr, wo ich am nothwenigsten Geld brauche, um alles vor dem Winter einzurichten. Es wird aber hier alle Tage theuerer, daß man bald mit aller guten Laune zuletzt mißmuthig werden muß. Ich bin auch sehr verdrüßlich, daß bei uns so aufgeht, und richte es doch so genau ein als möglich, und es will doch nicht reichen. Wenn ich das Gemüs itzo nicht hätte, so wüßt ich nicht, wie ich auskommen wollte. Ich bin so verdrüßlich, daß mein armer Schatz so viel Geld ausgeben muß, und man wird nie recht froh dabei.

Die Karte von Jena kann niemand finden; Gustel sagt, Du hättest sie schon in Jena gehabt. Es folgen auch 4 Bouteillen Wein. Leb wohl und behalte mich nur recht lieb. Deine Liebe ist noch mein einziger Trost.

Geist muß mir folgende leere Bouteillen liefern:
12 Bouteillen von rothem Wein
2 Bouteillen von Franz-Wein
2 Nößel
6 Bouteillen Wasser.«

»Weimar, 29. September 1800.
Lieber, bester Schatz,
ich habe das Geld von der Kammer bekommen und habe davon genommen, was am nothwendigsten war; denn die Leute sind es gewöhnt, was bei uns Ordinär-Ausgaben sind, daß sie es bekommen, wenn das Vierteljahr um. Und da sind sie gleich mit den Zetteln da. Da wurde mir ganz Angst, denn ich kann niemand, der Geld

bekommt, gut abweisen. Nun ist es aber wieder gut; und gestern habe ich einen rechten Rathkauf* mit Flachs gethan, da wars gut, daß ich Geld hatte. Das muß ich Dir aber mündlich erzählen, wie es zuging, daß ich es so wohl getroffen habe. Heute will ich schon hecheln und recht fleißig sein und sehen, ob er auch so gut ist, als mir denken. Wenn es nur nicht so nasses Wetter wäre, daß ich meine Kartoffeln könnte ausmachen lassen; und an meiner ganzen Herbstarbeit hindert es mich. Indeß will ich mich mit meinem Flachs beschäftigen und recht fleißig sein, bis mein Liebster wiederkömmt. Leb wohl und behalt mich lieb. Wenn es Dir möglich, so schreib mir ein paar freundliche Worte. Der Gustel grüßt herzlich.«

»Weimar, 17. December 1803.

Besorgen will ich Dir alles pünctlich und Dir auch morgen den Wagen schicken; aber freilich hätte ich lieber gesehen, wenn Du nun wieder hier wärst. Zu lange will es nicht gehen, ich fange schon an, verdrüßlich und grämlich zu werden; die Ernestine sagte es gestern: sie wollte, Du wärst wieder hier, daß ich wieder freundlich würde. Wenn ich aber nur höre, daß es Dir gut geht, so will ich mich in alles finden. Sei aber so gut und schicke mir mit der Post oder erster Gelegenheit die Quittung von Deiner Besoldung; ich will die alte Rechnung abschließen. Und was ich noch auf das alte Buch bekomme, habe ich von dem Packet im Kasten genommen, und will mir ein neues Buch machen und von der Besoldung nehmen, was das Nöthigste ist, besonders das Geld zu dem Neuen Jahr, wo ich zu dem Packetmachen immer ein paar Nachmittage brauche. Und die Feiertage ist doch nicht viel Zeit dazu, dann ist August sein Geburtstag, wozu ich doch ein paar junge Leute bitten muß; den 2. Komödie, den 3. Redoute und so weiter. Wenn Du die Feiertage, wie es scheint, nicht kommst, so schreib mir, ob ich Dir ein

* Der Rathkauf ist ein Kauf, der gerät, das heißt, der einen Vorteil bringt.

Schüttchen schicken soll. Auch schreibe mir, ob ich dem Riemer Geld geben soll und wie viel; er hat schon etwas weg von Dir, das könnte man abziehen, denn es scheint mir, als brauchte er es. Über dieses alles schreibe mir ausführlich, wie ich alles am besten machen soll. Ich möchte Dir gern immer alles recht machen und Dich mit nichts verdrüßlich machen. Herr von Stein hat mir 2 Assignationen geschickt, wovon ich eine Dir schicken soll, und eine hab ich nach Schwansee geschickt. Ob Du aber das bis Mittewoch haben wirst, weiß ich doch nicht; ich will Dich nur darauf aufmerksam machen. Es ist auch ein Packet, wovon ich den Brief beilege, mit 300 Tahlern an Werth angekommen. Soll ich dieß liegen lassen oder es Dir schicken? Die Pastete ist bestellt; und wenn Du sonst noch etwas willst, so kannst Du mir Mittewoch noch schreiben. Heute hätte ich auch das letzte Billet vor Riemer. Auch fängt es an, mit unserm rothen Wein schlecht zu stehen; ob wir etwas verschreiben? Sonst müssen wir ihn nachher gleich trinken.

Leb recht wohl und denke an Deinen Schatz.

Wegen des Geldes schreibe mir ja bald! Es kommt das Weihnachtswesen und alles zusammen, und das möchte ich alles gern in Ordnung haben, ehe Du wiederkömmst. Dann könnten wir wieder recht vergnügt zusammen sein.«

In späteren Jahren, als August schon zum Studieren nach Heidelberg gezogen ist, entlastet Goethe die Weimarer Haushaltskasse von Jena aus mit Naturalien – um nun seinerseits beim jährlichen Anbau der Gärten und des Krautlandes beim Sparen zu helfen. Da das Jenaer Schloss, im Gegensatz zu Weimar, nur sehr selten vom Herzog genutzt wird, sind in der Studentenstadt offensichtlich die Preise wesentlich günstiger. Und weil Goethe nicht nur rein theoretisch etwas von Gärten und Pflanzenanbau versteht – wie beispielsweise in den »Wahlverwandtschaften« –, schreibt das Familienoberhaupt seiner Frau auch die Gebrauchsanweisung.

»Jena, den 26. April 1807.
Herr Legations-Rath Bertuch nimmt diese Schachtel mit; Du findest darin, mein liebes Kind, was die hiesigen Mistbeete vermögen. Einige sehr kleine Sellerie-Pflanzen werden Dich überzeugen, daß diese Art unter acht Tagen noch nicht brauchbar ist.

Mit geht es ganz gut. Ich habe schon etwas gearbeitet, worüber ich mich freue, weil dießmal die Pause gar zu lang war. Werner hat geschrieben und grüßt schönstens Dich und Riemer namentlich, auch Madame Schopenhauer. Sein Brief ist, wie Du denken kannst, geistreich und heiter.

Die Briefe von Frankfurt haben Dir gewiß viel Freude gemacht. Schicke mir sie wieder. Hier ein Blatt von Bettinen [Bettina von Arnim, geborene Brentano]. Die gute Mutter hätte ich sehen mögen. Es thut mir in der Seele wohl.

Mit dem Boten schreibe ich mehr und bitte um einiges. Adieu indeß! G.«

Der Brief seiner Mutter, der Goethe so viel Freude macht, ist der Bericht von Augusts Besuch in Frankfurt auf dem Weg nach Heidelberg. Jetzt konnte sie endlich den »Werthgeschätzten Herrn Enckel« in der Frankfurter Gesellschaft so präsentieren, wie sie es sich so lange gewünscht hatte. Es ist bemerkenswert, dass Frau Aja diesmal an Christiane schrieb.

»Freytags d 22ten Aprill 1808.
Liebe Tochter!
Heute Morgens um 5 uhr ist unser Lieber Augst nach Heidelberg abgereißt – in Gesellschaft eines gar lieben jungen Mannes der dort Medicin studirt nahmens Padavant von hir. Gott Seegne seine Reiße und seine studien – hir hat Er sich sehr beliebt gemacht – durch seine Lieblichkeit – anständiges Betragen – mit einem Wort durch sein äußerliches und innerliches – auch kame Er gerade zu

einer Zeit wo manches zu sehen war das mann villeicht nie wieder sieht – z.E. das Fest das unsere Bürgerliche Offizire dem Primas gaben das war – das so geschmack voll, so schön und prächtig – und sucht seines gleichen – Bethmann verschaffte Ihm ein Billiet – Bey unserm Fürsten hat Er nebst mir gespeißt – der Fürst tranck meines Sohnes Gesundheit und war gantz allerliebst – Ein großes Vergnügen war das Schauspiel da war Er alle Abend – Schlossers – Brentano – Gerning – Lononhardi erzeichten Ihm viele Freundschaft – das angenehmste Hauß mangelte Ihm freylich – der gute Schöff Stock lag an einem Gallenfieber sehr kranck darnieder, ist aber auf der Beßerung – So eben kommt ein Brief von Weimar der nun liegen bleiben muß doch so eben fält mir ein daß er nicht liegen bleiben soll ich schicke ihn Ihm heute nach und adreßire ihn an Voß. Aber über den Lieben Gast ist das welsche Korn [Mais-Samen] beynahe vergeßen worden – doch soll es die künftige Woche erscheinen. Jetzt Liebe Tochter leben Sie wohl! Grüßen meinen Sohn mündlich oder schrieftlich von Ihrer

Treuen
Mutter Goethe.«

»Jena, den 26. April 1808.

Heute früh hab ich Dir schon geschrieben, meine Liebe, und hole nur weniges nach. Mich freut, an August zu denken; sein erster Eintritt in die Welt ist so glücklich und so günstig, daß man wohl hoffen kann, es werde so auch vorwärts gehen. Ich habe einiges gearbeitet. Meyer ist mir ein sehr lieber und werther Gesellschafter. Auf einem besonderen Blättchen lege ich bei, was ich geschickt wünsche. Zugleich auch mein Schlüssel. Sende mir alles Angekommene. Die Schachtel, vermuth ich, enthält Veilchen, die hier im großen Überflusse sind; auch ist alles hier weiter. Schicke nur auch die Schachteln zurück, ich will noch Pflanzen aufzutreiben suchen. Lebe wohl und vergnügt und liebe mich. G.«

»Jena, den 29. April 1808.
Hierbei kommt wieder eine Schachtel Pflanzen; wenn Du noch mehr willst, darfst du es nur schreiben, meine Liebe; der Sellerie kommt später. Leider begünstigt mich das Wetter nicht. Wir sitzen meist zu Hause und gehen Abends bei den Freunden herum, wo meist etwas vorgelesen wird. An meiner ›Pandora‹ habe ich etwas gearbeitet und will sehen, obs möglich ist, eh ich weggehe, den Wienern eine Sendung auszufertigen, woran mir in mehr als Einem Sinne viel gelegen ist. Werner hat geschrieben und grüßt vielmal, der Brief ist ein völliger Abdruck seines wunderlichen Wesens.

So gern ich einen Hecht geschickt hätte, habe ich doch nicht dazu gelangen können. Es ist noch zu kalt, darum steigt keiner, auch ist das Wasser sehr groß und die Flöße geht stark, alles Hindernisse der Fischerei. Doch hat man mir so bald nur möglich einen zugesagt.

Ich will noch einige Tage zusehen, wie es mit meiner Arbeit geht. Auf alle Fälle nehme ich hier einen Wagen und komme ohne weitre Anmeldung. Meyers Nähe macht mir viel Vergnügen, er ist gar so tüchtig, einsichtsvoll und brav.

Augusten will ich von hier aus schreiben. Ich habe Zeit genug dazu. Ich wünsche, daß er bald einige Freunde finde, an die er sich anschließt; in Frankfurt war er mitten im Getümmel einsam. Lebe wohl, mein gutes Herz! Ich freue mich auf Deinen wohlbepflanzten Garten. Wegen der Fuhre nach Karlsbad habe ich Abrede genommen.
G.«

Der Terminkalender im Hause Goethe war sichtbar voll gepackt mit Arbeit, gesellschaftlichen Verpflichtungen, den ständigen Umzügen von Weimar nach Jena und den Reisen, teils im Auftrag des Herzogs – oder zur Kur. Ein strenges Protokoll für Johann Wolfgang von Goethe wie auch für Christiane. Wer würde es da dem Geheimrat noch zutrauen, dass er sich darüber hinaus noch von einem Modetrend hinreißen lassen könnte?

Quasi in den letzten Tagen des 18. Jahrhunderts entdeckten Literaten zumal in Weimar das Leben auf dem Bauernhof, hielten es für das Ideal einer Lebensweise, die ihre geistigen Arbeiten beflügeln würde. Der schwäbische Jurist, Verwaltungsmann, Dichter, Übersetzer und Philosoph Christoph Martin Wieland (1733–1813) kaufte 1798 ein Rittergut in Oßmannstedt, gut zehn Kilometer östlich von Weimar, an der Ilm. Der sparsame Wieland investierte nicht nur ein Vermögen in die Renovierung des Hauses, in dem er auch wohnen wollte, sondern glaubte, sich auch selbst als Landwirt betätigen zu müssen. Das musste, trotz der Hilfe seiner Kinder, vergebliche Mühe sein, denn das Gut ernährte die Familie nicht mit Gewinn. Die einzige Freude des Landwirts Wieland bestand in dem Park an der Ilm, dem Rondell mit Bänken. Dort konnte er spazieren gehen und denken.

In diesem Park wurde Wieland 1813 dann auch begraben, obwohl Goethe deutlich davon abgeraten hatte, weil die zu nahe Ilm mit ihrem Schmelzwasser das Grab unterspülen würde. Es blieb nicht aus, aber erst im 20. Jahrhundert wurde Wielands Grabstätte mit der Büste auf der hohen Stele unterfangen. Das Gut jedoch gehörte Wieland 1813 schon längst nicht mehr. Er hatte es 1803 verkauft und war nach Weimar zurückgezogen.

Auch Johann Wolfgang von Goethe, der Gartenexperte, verspürte 1798 die Neigung, einen Hof auf dem Land zu erwerben. In Ober-Roßla, in der Nachbarschaft Wielands, fand er das Richtige. Christiane war begeistert, denn das Ehepaar glaubte, mit den Erträgen die Weimarer Haushaltsführung preisgünstiger und vielfältiger gestalten zu können. Im Gegensatz zu Wieland jedoch hatte Goethe nie die Absicht, selbst den Spaten in die Hand zu nehmen. Er suchte gleich nach dem Kauf des Anwesens einen Pächter. Ein mühseliges Geschäft, dessen Ärger sich in den Ehe-Briefen spiegelt.

Spottend verbreitete Caroline Herder Gerüchte über Goethe und Ober-Roßla. Am 15. April 1801 schrieb sie an Karl Ludwig Knebel, den Erzieher der herzoglichen Prinzen nicht ohne Häme:

»... Goethe hat das Roßla überteuert mit 14000 Reichstalern gekauft, mit schlechtem Haus und Stallung, alles baufällig, und schlechter Gegend. Er hat darauf 6000 Reichstaler bezahlt. Jetzt soll er abermals 4000 Reichstaler abzahlen und sucht in Apolda und umliegender Gegend bei Rentbeamten und dergleichen das Geld zusammen! Mit seinem Pachter, der ihm zwei Jahre den ordentlichen Pacht nicht gegeben hat, hatte er bei dem Hofgericht einen Prozeß, den er zwar gewonnen und den Pachter hinaus geworfen hat, indessen aber Unkosten und Verdruß davon getragen. Jetzt, heißt es, will er das Gut selbst administrieren – durch die Mademoiselle Vulpius, die Nachbarschaft prophezeit aber kein Gelingen, da er und sie die Landwirtschaft nicht verstehen. Das Gerede über ihn tut uns oft sehr leid; er wird meist in zweideutigem Licht beurteilt, und wir haben zu tun, die Menschen eines andern zu überzeugen.«

Goethe hatte das Gut in Ober-Roßla im Frühjahr 1798 gekauft – um den Preis von 13 125 Reichstaler. Dann aber begann die umständliche Suche nach einem geeigneten Pächter. Obwohl die Weimarische Hofverwaltung sehr behilflich war, offenbar schon eine Vorauswahl traf, diskutierten Goethe und Christiane lange. Überlegungen, bei denen Goethe durchaus den sachlichen Rat seiner Frau hören will, auch auf ihn hört.

»Jena, am 23. März 1798.

Die beiden ersten Tage wollte es nicht recht gehen; da ich aber die Art schon weiß, wie es mir bei solchen Veränderungen zu Muthe ist, so wartete ich die üble Zeit mit ruhiger Beschäftigung ab und bin jetzt schon um vieles weiter.

Deine erste Sendung ist Mittwoch Abends wohl angekommen, und ich hoffe, daß mein hiesiger Aufenthalt wieder gute Frucht bringen soll.

Der Bauverwalter schreibt mir, daß sich abermals ein Pachter aus dem Blankenhainischen gemeldet habe, der durch den Köttendorfer empfohlen ist. Ich wollte, es zeigen sich ihrer noch mehr, damit man die Auswahl hätte.

Lebe recht wohl und vergnügt und grüße den Kleinen, ich hoffe von ihm auch ein Briefchen zu erhalten. G.«

»Weimar, den 24. März 1798.

Der Pachter Fischer ist wieder bei mir gewesen und hat mir gesagt, daß er dreimal bei dem Bauverwalter gewesen wäre wegen der Puncten, die ihm vorgelegt werden sollten. Aber er hat noch nichts von ihm erhalten. Er wollte haben, er sollte ihm die Puncte schriftlich aufsetzen, und Fischer wollte es ihm alsdenn beantworten. Ich war auch bei dem Bauverwalter; da hat er schön über Fischer losgezogen, und sagt, er hätte sich alle Mühe gegeben, daß er den Dritten bekommen hätte. Der Fischer weiß auch schon, daß der Pachter von Köttendorf einen in Vorschlag hätte; der Köttendorfer Pächter und der Bauverwalter sind sehr gute Freunde. Der Fischer meinte aber, vor dem wäre ihm nicht Angst, denn wenn Du den sähest, so möchtest ihn gewiß nicht, er wär auch nicht älter als der Hoffmann ihr Sohn und ein wahrer Bauer; und wenn er noch den Köttendorfer Pachter wollte, da könnte er auch das nicht geben, was er geboten hätte. Fischer hat auch von seiner Schwester die Anfrage an Dich, ob Du ihren Antheil auf dem Guthe stehn lassen willst. Er hat mir gesagt, daß er nächstens in Jena was zu thun hätte, da würde er selbst mit Dir darüber sprechen. Dieses alles schreibe ich Dir nur, wie ich es gehört habe. Ich wünsche, daß es Dir recht gut gehn möge, und daß Du zuweilen an mich denkest. Mir sind alle wohl und vergnügt, und meine guten Freundinnen lassen mich keinen Augenblick allein. Gestern habe ich bis Abends 11 Uhr die Stube voll Spinnerinnen gehabt und bin sehr vergnügt gewesen.

Lebe wohl und behalt mich lieb. C. V.«

»Jena, am 30. März 1798.

Mit beikommendem Billet schickst Du die zwei Flur-Karten von Ober-Roßla an den Lieutenant Vernt und besorgst die übrigen Einlagen.

Das Wetter ist mir hier gar nicht günstig und ich habe bisher zwar manches gearbeitet, nur gerade das nicht, was ich wünschte. Indessen wird doch vieles vorbereitet, und man kommt weiter, ohne es selbst zu merken. Ich will noch einige Zeit Geduld haben, zuletzt muß es sich doch geben.

Ich hoffe, Du bist wohl und geschäftig; schreibe mir, womit ich etwa dem Kleinen zu Ostern ein Vergnügen machen könnte? Frage Herr Eiserten und kauf allenfalls das Buch, was er neulich wünschte, oder was sonst Kindern für nützlich und erfreulich gehalten wird. Wenn Du ein Trinkgeld versprichst, so binden sie Dirs vor Ostern auch noch ein.

Wir müssen nun noch die ersten Tage der nächsten Woche abwarten, bis die Erklärungen der Interessenten wegen des Guts eingekommen sind; alsdann denke ich, wenn das Wetter nur einigermaßen erträglich ist, nach Roßla zu reisen und, durch eigne Ansicht, das Feld- und Hausinventarium gewissermaßen zu suppliren, denn man muß nun einige Schritte thun, um die Sache geschwind ins Klare zu setzen, weil man mit dem Entschluß des

Verpachtens nicht lange zögern kann. Lebe recht wohl. Schreibe mir, wie es geht. G.«

»Weimar, 31. März 1798.

Ich hatte mir mit meiner zu großen Beschäftigung eine Verkältung zugezogen und habe davor 2 Tage im Bette zubringen müssen; es ist aber wieder vorbei und ist mir wieder wohl. Und heut will ich wieder in die Komödie gehen.

Hier folget der Brief an die liebe Mutter; schicke mir ihn den Mittewoch wieder, und den Freitag will ich ihn fortschicken. Das Kind ist recht gut und brav; ich will morgen mit Herrn Eisert sprechen und hören, mit was man ihm Freude macht. Und Du bist unser lieber Vater, der uns immer so gerne Freude macht. Wenn der Tag der Erklärung des Guts vorbei ist, und Du hast es erfahren, daß Du es bekommst, so hielt' ich vor sehr gut, Du ließst mich zu Dir kommen; ich habe vieles mit Dir wegen Fischers mündlich zu besprechen und von dem Bauverwalter, das ich Dir nicht schreiben kann. Die Fischern kommt immer zu mir und hat mir keine Ruhe gelassen, ich bin auch in Ober-Weimar gewesen und habe ihre Wirthschaft gesehen, die mir sehr wohl gefallen hat. Besonders haben die Leute sehr schönes Gefieder-Vieh, davon kannst Du Dich selbst überzeugen, wenn Du nach Ober-Weimar gehest. An Wäsche, Betten und Silber, so viel solche Leut brauchen, fehlt es ihnen auch nicht. Der Bauverwalter hat ihn aber 5mal abgewiesen und ihm keine Puncte vorgelegt. Und wegen des andern Pachter will ich Dir auch, sobald ich Dich spreche, alles, was ich denke, sagen. Auch hat mir Treuter wieder sehr vieles wegen der Übergabe gesagt und besonders wegen eines neuen Pacht-Contracts und eines neuen Inventarium, worüber ich Dich selbst zu sprechen wünschte. Oder wenn Du es gewiß weißt, daß Du das Gut hast, so komm nach Ostern herüber, da ist im Hause alles wieder in Ordnung, und verpachte es hier und bringe die Geschichte bei Seite und gehe alsdann wieder nach Jena. Und vielleicht geht es auch alsdann besser mit Deiner Arbeit, denn bei der Pacht-Sache müssen mir noch vieles miteinander schwätzen. Oder komm zu Ostern, wie Du willst. Schreibe mir nur einen Tag vorher, damit Du alles in der größten Bequemlichkeit findest. Die Madonna, wovon Du Herrn Meyern geschrieben hast, wird Dir künftigen Montag Herr von Lützow recht wohlbehalten überschicken. Er fährt allein nüber, da habe ich ihn darum gebeten, daß er sie mitnimmt. Schreibe mir über alles Deine Meinung. Ich dächte, es wär das Beste, Du kämest bald herüber und brächtest hier alles in Ordnung, und gingst zu besserer Jahrzeit wieder nüber. Leb wohl und behalte Deinen Schatz lieb.

C. V.«

»Jena, am 2. April 1798.

Durch den rückkehrenden Boten sage ich Dir nur so viel, daß der Herzog Mittwoch hierher kommt und den Donnerstag bleibt, so daß ich also vor Freitag nicht nach Weimar könnte, wenn ich auch wollte.

Heute ist der Termin herum, und ich muß nun abwarten, was die Commission resolvirt. Sobald ich das weiß wird sich das Übrige geben. Ich glaube selbst, daß es am besten ist, wenn ich hinüber komme, damit alles besprochen und auf einmal abgethan werden kann; darüber sollst Du bald das Nähere hören.

Lebe recht wohl. Grüße das Kind und lob ihn, daß er seinen Brief an die Großmama wieder so gut geschrieben hat.

G.«

»Weimar, den 3. April 1798.

Daß Du das Gut bekömmst, ist gewiß, denn die Hoffmann macht schon alle Anstalten in ihrem andern Hause; ich habe deßwegen recht herum geschwätzt und überall etwas zu unserm Besten gehört. So was läßt sich aber nicht schreiben, dieses muß man, wie mir es heißen, selbst begieren. Des Hauses wegen kannst Du kommen, wenn du willst; es ist alles bereitet. Aber im Garten oben ist nichts gethan, das Wetter war zu schlecht; ich glaubte, ich wollte es zwingen, und weil es gestern schien, als wollte es besser werden. Aber heute ist es wieder abscheulich. Ich bin nun in den 14 Tagen nicht ausgekommen als in die Komödie. Der Gustel hat große Lust, mit dem Herrn Meyer hinüber zu fahren, dem Karl [Schiller] den Brunnen zu bringen und Dich abzuholen. Ich dächte, das ginge an. Willst Du, wenn gutes Wetter ist, daß ich auch mitkommen soll, so bin ich auch bereit; wenn aber nicht, so erwarte ich Dich auch gern zu Hause. Leb wohl und antworte mir auf den Donnerstag.«

»Weimar, 16. Juni 1798.

Das war heute Morgen eine Freude, als die Boten-Frau kam. Das Mütterchen und Bübchen schrieen alle beide zusammen: ›Was das für ein guter Vater ist! Wie der immer vor uns sorgt!‹ Ich danke Dir herzlich für alles, auch für die Freude, die ich mir machen darf, nach Erfurt zu reisen. Ich hätte gern gesehen, wenn ich Dich vor der Übergabe wiedergesehen hätte; aber so es nicht sein kann, will ich es erwarten. Fischers [der Pächter] gehen den Mittewoch oder Dienstag schon nach Rossel [Ober-Roßla] und werden alles besorgen. Wegen des Essen habe ich mit der Fischern alles besorgt; auch auf das Johannes-Fest ist alles besorgt. Meine Späße werde ich künftige Woche besorgen. Nur mußt Du mir schreiben, wie Du es mit dem Wein machen willst, ob Du ihn noch aus der Kellerei haben willst; so schicke mir einen Zettel. Den Mittewoch und den Donnerstag kann ich ihn durch Fischers Mägde nunterschicken. Der Bauverwalter hat große Lust, sich um das Essen zu bekümmern; er kommt morgen zu Dir, da kannst Du ihn selbst sagen, daß schon bei der Fischern bestellt ist. Es ist vor Bier und alles gesorgt; nur wegen des Weines ist es noch zu besorgen, und den wollen mir, dächte ich, auch der Fischern übergeben.

Nunmehro habe ich aber auch an meinen lieben Schatz eine große Bitte, daß Du Dich auf die Übergabe über nichts ärgerst; denn der Bauverwalter ist sehr gut wieder mit der Hoffmann, das weiß ich ganz gewiß. Bis dahin leb wohl und behalte mich lieb.«

»Jena, am 17. Juni 1798.

Ich schicke Dir hiermit einen Aufsatz, wie es mit Quartier und Bewirthung bei der Roßlaer Gutsübergabe gehalten werden soll, der Bauverwalter wird weiter mit Dir darüber sprechen.

Ich habe gleichfalls einen Zettel beigelegt, worauf Du meine Gäste verzeichnet siehst; wenn Dir noch jemand einfällt, so darfst Du mir es nur schreiben.

Herrn Professor Meyer, dächt ich, lädest Du auf Johannis hinaus, denn bei der Übergabe wird schlechte Lust sein.

Von Herrn von Wolzogen lässest Du noch Franzwein holen; er wird Dir etwa 30 Bouteillen schicken, thue von denen, die noch vorräthig sind, so viel dazu, daß es 50 werden, diese gibst Du sämmtlich der Fischern mit, sowie auch die 12 Nößel Dessertwein, für welche hier der Zettel an die Kellerei mitfolgt. Was den Sonnabend übrig bleibt, wird auch Sonntag zu Statten kommen. Fischers sorgen also für alles, wie das beiliegende Blatt näher ausweist, was die Bewirthung meiner Gäste betrifft, und Du berechnest Dich nachher mit ihnen.

Ich wünsche, daß Du mir mit der nächsten Post schriebst oder mir allenfalls einen Boten schicktest, wenn Du noch etwas Besonderes zu erinnern hast; sonst mag es bis den Mittwoch anstehen.

Schreibe mir auch, ob eure Erfurter Lust auch lustig abgelaufen ist.

Um übrigens vom Künftigen zu reden, so denke ich Sonnabend, den 30., wieder in Weimar zu sein; ich bleibe alsdann so lange, bis wir zusammen herüber gehen.

Lebe indessen recht wohl, grüße das Kind und halte alles in guter Ordnung. Schicke mir mit den Botenfrauen etwa noch ein halb Dutzend Flaschen Pyrmonter. G.

Bei der Übergabe verspreche ich Dir als bloßer Zuschauer zu erscheinen und mich nichts anfechten zu lassen; welches mir um so leichter werden wird, als ich Rühlemann zum Beistande habe. Lebe übrigens recht wohl. Mittewochs hörst Du noch von mir und Sonntags findest Du ein Briefchen in Roßla.

Lebe recht wohl und küsse den Kleinen.

Herrn Bauverwalter gibst Du mein stählernes Siegel, das auf meinem Schreibtische liegen wird; wenn es eingeschlossen sein sollte, so brichst Du das eingesiegelte Schlüsselchen auf.«

»Weimar, 18. Juni 1798.

Lieber Schatz,
wegen Rossel habe ich mit der Fischern alles abgeredet, und meine Hoffnung ist, es soll alles gut gehen. Unsere Fahrt ist sehr gut abgelaufen. Das aber muß ich Dir alles mündlich erzählen. Da ich nunmehr ganz glatt bin, kannst Du Dir denken, was die Leute wieder vor Äugelchen mit mir machen wollen; und mir haben uns alle sehr geputzt, und es sind uns sehr viele Ehrenbezeugungen gemacht worden, und wo Lützow ist, muß man ihm nachsagen, daß es alles auf einem sehr honetten Fuß gehen muß. Die Reise soll uns in Schlampamsstündchen unterhalten, denn ich habe Dir sehr viel zu erzählen; und Bekanntschaften gibt es nunmehro in Jena bald aus allen Welttheilen. Unser Fest soll in Rossel gut werden. Leb wohl. In Rossel treffe ich ein Briefchen von Dir, und ich freu mich sehr auf den Sonnabend über 8 Tage, Dich wieder bei mir zu sehn, und daß ich Dir sagen kann, daß ich Dich nur ganz allein liebe und mich mit Dir wieder freuen kann. Denn alle Freuden sind doch ohne den Schatz nichts. Alle andere Männer und Äuglichen kommen mir abgeschmackt vor. Leb wohl und liebe mich so wie ich Dich.

Hier folget die Quittung, sei so gut und schicke mir sie nächstens wieder mit. Das Geld habe ich; ich hab nur davon genommen, was ich vor Dich ausgelegt habe. Das andere mag stehn, bis Du kömmst. Leb wohl.

Das Kind grüßt das lieb Väterchen bestens, es freut sich auf Rossel.

Was ich den Freitag bestellt habe zu essen:

1. Erstens eine Sago-Suppe.
2. Rindfleisch mit Senf.
3. Grüne Erbsen mit jungen Hühnern.
4. Forellen oder Backfische.
5. Wildprets-Braten und Gänse.
6. Torte und Rührkuchen.«

Christanes Bruder schreibt am 19. Juni 1798 in ihrem Auftrag an Goethe in Jena:

»Ew. Excellenz soll ich, da meine Schwester eben nicht sehr geschwinde mit der Feder fortkömmt, schreiben, wie sie meint, daß es mit der Festlichkeit zu Roßla könne gehalten werden. Sonntags soll sehr früh dahin gefahren werden, von der ganzen Gesellschaft in die Kirche gegangen und, da dieselbe arm ist, der Klingelbeutel reichlich bedacht werden. Sodann, nach dem Mittag-Essen und der Kirche, werden die Dorfbewohner mit Musik vor das Gut kommen und dort den Hämmel abholen. Von hier aus soll nun der Zug nach dem Wirthshause also gehen:

1. Die Dorfmusik.
2. Die jungen Pursche; Paar und Paar.
3. Die Mädchen.
4. August und eine kleine Bäuerin, mit dem Hämmel.
5. Die Stadtfrauenzimmer; Paar und Paar.
6. Die Herren.
7. Unsere Musik.

Bei dem Wirthshause wird den Leuten der Hämmel übergeben, ein kleiner Ehrentrunk angenommen und sodann nach dem Gute zurückgezogen, wo gegen Abend (wenn die Frauenzimmer es erwarten können) der Ball anheben und dann nach Weimar zu rechter Zeit wieder zurückgefahren werden soll.«

»Jena, am 20. Juni 1798.

Es war mir sehr erfreulich zu hören, daß eure Erfurter Tour glücklich und vergnügt abgelaufen ist; die Gewitter, welche sich Abends nach jener Gegend zu sehen ließen, hatten mir einige Sorgen gemacht. Nun wünsche ich euch zu Johanni einen schönen Tag; die Einrichtung von Eurem Feste, wie sie mir der Registrator [Christianes Bruder] schreibt, ist recht gut, ich wünsche auch viel Spaß dabei.

In Roßla findest Du einen Brief, durch den Du erfährst, wie es mir Freitags und Sonnabends ergangen ist.

Was bis Sonnabends früh bei Dir einläuft, auch allenfalls ein Brief von Fräulein von Göchhausen, schickst Du mir mit den Botenweibern, daß ich es des Abends bei meiner Rückkehr finde.

Die nächste Woche will ich noch fleißig sein, ich habe eben ohngefähr noch 8 Tage zu thun und fange schon an, wieder nach Hause zu verlangen.

Die Arbeiten, die ich mir vorsetzte, sind schon glücklich vollendet. Grüße Deinen Bruder, danke ihm für die Nachricht und sag ihm, daß Professor Woltmann noch nicht wieder nach Jena zurück ist. G.

Auch gib Deinem Bruder beiliegenden Zettel.

Ich hoffe, daß Du Dein glattes Gesichtchen, so wie die Äugelchen für den Schatz aufheben wirst. G.

Hierbei liegt auch Götzens Quittung, dem Du das Quartal bald möglichst sendest.«

»Weimar, 20. Juni 1798.
Lieber, hier folgt das Pyrmonter Wasser. Und wir danken für die schönen Beere und Kirschen. Das Kind kann heute nicht schreiben, weil es was abzuführen eingenommen hat, und ich bin, weil es etwas geregnet hat, sehr im Garten beschäftigt. Der Regen fehlt sehr bei uns. Leb wohl.

Ich hoffe sehr, Dich bei mir zu sehen.«

»Ober-Roßla, den 21. Juni 1798.
Da ich keine Reitpferde bekommen konnte, so mußte ich von Jena herüber fahren, der Weg ist aber so abscheulich, daß ich ihn nicht zurückmessen mag; deßwegen will ich Sonnabends von hier auf Weimar fahren und Dich heimlich besuchen, Du mußt aber gegen niemand nichts merken lassen; ich werde eher spät als frühe kommen.

Die Jenaischen Pferde holen mich ab, der Jenaische Wagen ist hier stehen geblieben, Du hast also für weiter nichts zu sorgen. Sonntags früh fahre ich wieder nach Jena, und Du fährst nach Roßla, wir können indeß noch alles Vorgefallne besprechen, welches zu mancherlei nütze ist. Lebe recht wohl. Beim Herrn Pfarrer ist es recht hübsch. G.«

»Weimar, den 22. Juni 1798.
Lieber, ich freue mich, Dich bei mir zu sehen; komm nur bald, Du kannst ja zum Garten neinkommen. Und wenn Du dableiben willst, so kannst Du auch gleich hier bleiben; wir können deßwegen doch nach Roßla fahren. Kein Aal ist nicht zu kriegen, auch in Weimar kein Pfund anderer Fisch; aber ich bekomme 12 Pfund Forellen von unserem Gärtner. Auf das Sonntagsfest freu ich mich auch recht.

Leb wohl. Morgen sehe ich Dich; wenn Du kommst, bleibe

lieber bei mir.* Morgen früh um 4 Uhr geht der Bote nach Weimar, der den Fisch holt, da kannst Du mir ein Briefchen mitschicken.«

»Ober-Roßla, am 22. Juni 1798.

Ich will Dir nur mit wenigen Worten sagen, daß alles gut geht; ich habe mir vorgenommen, mich nicht zu ärgern, und konnte es leicht halten, denn außer den Kleinlichkeiten, die wir schon wissen, ist nichts Neues und Besonderes vorgekommen. Dagegen erhält Fischer sehr schönes Inventarium-Vieh, und es kommen noch einige Puncte vor, die, wenn sie durchgehen, zu meinem und zu seinem Nutzen sein werden.

Die Gegenwart des Herrn Landkammerrath Rühlemann ist von ganz besondrer Bedeutung.

Durch den Hofadvocat Schenk, der das Gegenwärtige besorgt, kannst Du mir wieder antworten. Doch bleibt es dabei, daß ich morgen Abend komme. Laß nur hinten den Garten auf, ich lasse Geisten durch die Stadt fahren. Leb recht wohl und grüße das Kind.

G.«

In seinem Tagebuch vermerkt Goethe unter dem 23. Juni, dass er über Oßmannstedt nach Weimar gefahren sei. Am 2. und 3. Juli musste er noch einmal nach Ober-Roßla reisen, um Gutsangelegenheiten zu klären. Auf dem Heimweg nimmt er dann seine Familie vom 6. bis 9. Juli mit nach Jena. Nach der Rückkehr hat Christiane viele Vorbereitungen für das Kirchweihfest am 18. Juli in Ober-Roßla zu treffen. Deshalb fährt sie auch schon ein paar Tage vorher dorthin.

---

* Christiane hatte am Frauenplan eigene Zimmer, die bekanntlich auch über eine Außentreppe erreichbar waren, ohne dass man dem Dienstpersonal begegnen musste.

»Ober-Rossel, den 16. Juli 1798.

Lieber, allerbester, einziggeliebter Schatz,

ich habe hier alles sauber und in der besten Ordnung gefunden, und die Schätzchen sind sehr vergnügt. Nur mit mir will es nicht recht gehen; zumal wenn ich so vor mich allein bin, da mache ich mir noch allerlei Gedanken. Ich bitte Dich nur, Lieber, nicht anders als sonst von mir zu denken und mich nur lieb zu haben. Das ist mein einziger Wunsch. Wenn es Dich morgen nicht so viel schadet, so komme ja morgen, das ganze Dorf wird sich freun. Die Leute sind alle so freundlich und gut. Die jungen Burschen hatten sich von dem Müller eine Erle geben lassen, und wie sie sie haben setzen wollen, ging sie in der Mitten vonander; so kamen sie alle ins Gut und baten mich sehr, daß ich ihnen doch eine andere geben möchte. Da habe ich ihnen eine von der Eigel geben lassen, ich habe es nicht abschlagen können; sie haben den Baum mit Musik gesetzt und werden sich selbst bedanken. Mündlich will ich Dir alles erzählen; man kann hier nicht in Ruhe schreiben, Gille und der junge Fischer ist hier. Sei nicht böse, daß ich Dir es wegen des Baumes nicht erst geschrieben habe; aber es war gestern schon spät, und sie wollten sie doch gern gestern setzen. Leb wohl, mein Lieber, Fischer und seine Frau empfehlen sich bestens.«

August fügte dem Brief der Mutter ein Zettelchen bei:

»Lieber Vater,

mir gefällt es hier sehr gut und mir fehlt weiter gar nichts, als daß das Väterchen da wäre. – Die Fischern hat sehr gute Kuchen gebacken.

Leben Sie wohl und behalten Sie mich lieb.

August Goethe.«

»Weimar, zwischen dem 7. und 9. August 1798.
Ich kann Dir, da ich heute mit bügeln muß, nur wenig schreiben. Wir sind sehr fleißig, mir schneiden alle Nacht bis 12 Uhr Bohne, und am Tage haben mir mit der Wäsche zu thun. Heute wird alles aufgehangen und morgen wird alles gezählt und die übrige Zeit die Zimmer in Ordnung gebracht. Ich denke, den Sonnabend nach Mittage nach Rossel zu gehen. Ich wollte Dich fragen, ob ich darf ein paar Bouteillen Wein von dem rothen mitnehmen, oder ob Du mir einen Zettel auf ein paar Bouteillen Wertheimer schicken willst. Von Rossel schreibe ich Dir. Behalte mich nur lieb.«

»Jena, den 10. August 1798.
Aus Deiner Antwort erfahre ich, ob Du noch nach Roßla gehst. Sorge nur, daß das Haus nicht allein stehen bleibt, und immer jemand zur Aufsicht und Wache bleibt. Meine Arbeiten gehen langsam, doch aber gehen sie; vielleicht kommt es in eingen Tagen besser.

Lebe wohl! Küsse das gute Kind, ich verlange herzlich, wieder bei euch zu sein.

Schreibe mir von Roßla nicht eher, als bis Du mir sagen kannst, wie es mit diesem und jenem steht. Ich schicke euch alsdann etwas Obst. Nimm nur rothen Wein mit, was Du brauchst.

Sonntag fährt Herr Meyer zu mir herüber mit Professor Thouret.

Lebe recht wohl. G.«

»Roßla, den 13. August 1798.
Gestern sind mir in Zottelstädt bei dem Müller Hage gewesen; mir sind aber da so tractirt worden, daß ich erstaunt bin. Der Müller hat da Steinkohlen entdeckt, wovon ich Dir ein Stück mitschicke; der Berg-Rath Voigt von Ilmenau ist itzo auch da und hat sie untersucht und findet sie wie die in Wickerstädt. Hier schicke ich Dir ein

Stückchen mit. Bei uns hier im Gute ist weiter noch nichts gemacht. Der Herr Canzler ist ein Windbeutel; ich habe ihn gestern selbst erinnert, und er versprach, heute zu kommen, aber er ist nicht gekommen. Mit der Ernte geht es recht gut, mit dem Korne sind sie fertig. Wegen der Kühe-Tröge sind sie nur in Verlegenheit; Häser meinte, wenn er nur eine Eiche hätte, da wollte er welche machen lassen. Ist denn keine Eiche im alten Garten? Wenn Du nicht kommen kannst, Lieber, so will ich den Sonnabend wieder nach Weimar. Kämst Du aber künftige Woche hierher, so will ich hier bleiben, bis Du kämst. Wenn Du könntest wegen Canzler herkommen, wäre es gut. Sonst gefällt es mir sehr gut, und ich bin hier sehr zufrieden. Wenn Du mir etwa könntest eine kleine Melone mit schicken; und wenn sie in Jena etwa wohlfeile Heringe haben, so schicke mir einen mit. Gustel und Götze sind sehr glücklich. Leb wohl und behalte mich lieb. Ich feue mich, Dich bald wiederzusehen. Adieu, Lieber.

Dem Überbringer dieses geben Sie kein Geld, es ist der kleine Knecht, lassen Sie aber etwas zu essen geben.«

Drei Tage später kommt Goethe von Jena aus für einen Tag nach Ober-Roßla. Er wird allerdings auch diesmal wohl lieber beim Pfarrer logiert haben als in seinem eigenen Gut. Die Räume im Pfarrhaus gefielen ihm besser, weil sie hell und sonnig waren, während die Zimmer im Gut ihm zu düster erschienen. Bemerkenswert ist, dass in den folgenden Jahren Goethe selbst immer nur sehr kurz in Ober-Roßla ist. Christiane dagegen schaut in regelmäßigen Abständen nach dem Rechten, verbringt – mit und ohne Sohn August – meist mehrere Tage auf dem Gut, das Goethe doch so unbedingt haben wollte. Sein kleines Naturwesen informiert ihn über die Arbeit des Pächters, über Erträge und über anfallende Reparaturen, deren Erledigung er veranlassen muss. Um dem Pächter die Möglichkeit zu geben, einiges auch selbst zu reparieren, bittet Goethe Christiane am 15. Oktober 1798, sie möge doch »auf dem Jahrmarkt einiges Werkzeug und Geräthe kaufen, was wir nach Roßla allenfalls brauchen«.

Zum Gutsbesitzerstolz aus der Ferne kamen für Goethe jedoch schon sehr bald die Sorgen. Der Pächter Fischer machte mehr und mehr Defizit. Man musste sich also von ihm trennen und einen neuen suchen, der Ober-Roßla erfolgreicher bewirtschaften würde. Von Mitte März 1801 an war Goethe mit diesen für ihn so lästigen Dingen voll in Beschlag genommen, denn in Rechtsfragen konnte er Christiane wohl kaum diese Arbeit überlassen. Sicher hätte sie auch diese Probleme auf ihre Art gelöst, aber die Konvention der Zeit verlangte nun einmal, dass hier der Haushalts-Vorstand die Zügel in die Hand nahm. Über ein Vierteljahrhundert später schreibt der alte Goethe in seinen Tag- und Jahresheften über das Frühjahr 1801:

»Der erste Pachter war auszuklagen, ein neuer einzusetzen, und man mußte die Erfahrungen für etwas rechnen, die man im Verfolg so fremdartiger Dinge nach und nach gewonnen hatte. Zu Ende März war ein ländlicher Aufenthalt schon erquicklich genug. Ökonomen und Juristen überließ man das Geschäft und ergötzte sich einstweilen in freier Luft, und weil die Conclusion *ergo bibamus** zu allen Prämissen paßt, so ward bei dieser Gelegenheit manches herkömmliche und willkürliche Fest gefeiert; es fehlte nicht an Besuchen, und die Kosten einer wohlbesetzten Tafel vermehrten das Deficit, das der alter Pachter zurückgelassen hatte. – Der neue war ein leidenschaftlicher Freund von Baumzucht; seiner Neigung gab ein angenehmer Thalgrund von dem fruchtbarsten Boden Gelegenheit zu solchen Anlagen. Die eine buschige Seite des Abhangs,

* Lasst uns trinken!

durch eine lebendige Quelle geschmückt, rief dagegen meine alte Parkspielerei zu geschlängelten Wegen und geselligen Räumen hervor; genug, es fehlte nichts als das Nützliche, und so wäre dieser kleine Besitz höchst wünschenswerth geblieben. Auch die Nachbarschaft eines bedeutenden Städtchens, kleinerer Ortschaften, durch verständige Beamte und tüchtige Pächter gesellig, gaben dem Aufenthalt besondern Reiz; die schon entschiedene Straßenführung nach Eckartsberga, welche unmittelbar hinter dem Hausgarten abgesteckt wurde, veranlaßte bereits Gedanken und Pläne, wie man ein Lusthäuschen anlegen und von dort an den belebenden Meßfuhren sich ergötzen wollte; so daß man sich auf dem Grund und Boden, der einträglich hätte werden sollen, nur neue Gelegenheiten zu vermehrten Ausgaben und verderblichen Zerstreuungen mit Behagen vorbereitete.«
Länger als einen Monat musste Goethe in diesem Jahr in Ober-Roßla bleiben. Zeitweilig war auch Christiane bei ihm, vertrat ihn, wenn der Schatz für ein paar Tage in Weimar zu tun hatte.

»Ober-Roßla, 16. April 1801.

Lieber Schatz,
die Weiden sind gesetzt, und Du wirst Dich freun. Gestern wurde ich nach Nieder-Roßla zu einem Punsch eingeladen; ich bin, weil es zu spät wurde, da geblieben und heute frühe um 7 Uhr wieder herüber gegangen. Die Pachtern hat alle ihre Kammern, die sie noch inne hat, selbst versiegelt und ist fort. Sie wird wohl nicht eher bis zum 24. wiederkommen. Gestern habe ich erfahren, daß morgen Redoute ist, und möchte gar zu gern hin; ich thue Dir also den Vorschlag: wenn Du haben willst, daß ich morgen nach Tische hier weggehen soll, so schicke mir einen Boten morgen ganz frühe, so wollt ich alles darnach einrichten. Nämlich der Kutscher müßte morgen frühe noch fahren mit dem Wagen; Nachmittage sollen 2 Tagelöhner den Zaun im Äpfelgarten machen, weil sich die

Nachbarn über den Durchgang beschweren, und der alte Tagelöhner soll im Hausgarten den Wein anbinden und die Rabatte graben. Und ich verspreche Dir, sobald ich am Sonnabend die Augen aufthue, so will ich gleich wieder runterfahren, daß der Kutscher den Sonnabend wieder fahren kann. Wenn es Dein Wille ist, so mußt Du mir aber ja den Boten morgen frühe bei Zeiten schicken und Ernestine befehlen, daß diese mir etwas anzuziehen zurecht macht, es mag sein, was es will, ich überlasse es ihrem Geschmack. Doch kommt alles darauf an, ob Du es gerne siehest. Den Boten kannst Du bei dem Bauinspektor haben. Ich bin ja bloß zwei halbe Tage von hier entfernt, und Du kannst alsdann erst den Dienstag oder Montag kommen. Ich dächte, es ging' an.

Leb wohl und sei nicht böse auf Deinen tanzlustigen Schatz. Viele Grüße an August und Ernestine.«

Goethe hat seinem eiligen Hasen auch das gewiss nicht abgeschlagen. Warum Christiane aber gegen Ende des Monats wieder nach Weimar fährt, um ihrem Mann nach Ober-Roßla zu schreiben, weiß man nicht. Es ist allerdings gut möglich, dass sie eine von vermutlich mehreren Fehlgeburten hatte. Denn Sätze wie die folgenden liest man bei ihr eigentlich nur dann, wenn sie schwanger ist. Für den Verlust eines Kindes spricht vielleicht auch die besondere Sorge, die sich Goethe im folgenden Jahr macht, wenn Christiane wieder ein Kind erwartet.

»Weimar, 27. April 1801 Abends um halb 10 Uhr.

Lieber, ich danke Dir nochmals, daß Du mich hast zu der Fahrt beredet; ich kann mich doch ein bißchen abwarten und denke bald wieder heiter und wohl zu werden. Den Herrn Gern [Schauspieler] kann ich noch nicht recht beurtheilen. Die Tänzer aber haben mir sehr gefallen, und morgen werden sie es noch besser machen. Wenn nur mein Schatz hier wär, so wär ich noch vergnügter. Schenk hat noch keinen Caution-Schein, Gute Nacht. Morgen ein Mehres.

Den Spargel laß Dir diesen Mittag machen. Es ist hier alles sehr schön, und wenn wir wieder zusammen sind, so wollen wir recht zufrieden und vergnügt sein. Hier folgt auch die Schachtel mit dem Wein. Es ist auch ein Kistchen da, das ist aber zu groß; es scheint auch Wein darin zu sein, ich weiß aber nicht, woher. Leb wohl und schicke mir ja den Freitag die Pferde, daß wir Gern zusammen hören den Sonnabend. Es ist mir itzo, als könnte ich gar nicht mehr vergnügt sein ohne Dich. Die Liebe ist sehr groß, und behalte mich nur lieb. Den Mai wollen wir hier recht zufrieden und glücklich sein.

Adieu, mein Lieber.«

Am selben Tag klagt Goethe in einem Brief an Schiller, er habe in diesen Tagen in Ober-Roßla »mit der rohen Natur und über das ekelhafteste Mein und Dein im Streite gelegen«. »Heute bin ich meinen alten Pachter erst los geworden, und nun gibt es so manches zu besorgen und zu bedenken, da der neue erst Johannis anzieht... Ich habe der Versuchung nicht widerstehen können, mir einen Spaziergang hier anzulegen, da man vorher keinen Schritt im Trocknen thun konnte bei feuchtem Wetter und keine im Schatten bei Sonnenschein. Nun hat mich das etwas weiter geführt als billig, und ich muß hier bleiben, bis die Anlage fertig ist, weil sie mir sonst zuletzt noch verpfuscht werden könnte. Leben Sie indessen wohl in einer bessern Welt.«

Goethe als Gärtner, das mochte vielleicht noch vorstellbar sein. Damit aber ist ein Gut, ein Bauernhof, nicht ohne Verluste zu führen. Landwirt allerdings hatte der Dichterfürst niemals werden wollen. Schon 1802 kommen ihm ernste Zweifel, ob es sinnvoll ist, diesen Besitz weiterhin zu halten. In seinen Tag- und Jahres-Heften erzählt er Jahrzehnte später: »Zwar hatte sich schon deutlich genug hervorgethan, daß, wer von einem so kleinen Eigenthum wirklich Vortheil ziehen will, es selbst bebauen, besorgen und als sein eigener Pachter und Verwalter den unmittelbaren Lebensunterhalt davon ziehen müsse, da sich denn eine ganz artige Existenz darauf gründen lasse, nur nicht für einen verwöhnten Weltbürger ... Auch Wielanden [in Oßmannstedt] fing dieser Naturzustand an bedenklich zu werden; einmal setzt er sehr humoristisch auseinander, welches Umschweifes es bedürfe, um der Natur nur etwas Genießbares abzugewinnen. Er wußte die Umständlichkeiten des Erzeugnisses der Futterkräuter gründlich und heiter darzustellen: erst brachte er den sorgsam gebauten Klee mühsam durch eine theuer zu ernährende Magd zusammen und ließ ihn von der Kuh verzehren, um nur zuletzt etwas Weißes zum Kaffee zu haben.«

Im Frühjahr 1802 ist Goethe noch einmal länger in Ober-Roßla, mag hier das Gedicht »Die glücklichen Gatten« geschrieben haben:

Nach diesem Frühlingsregen,
Den wir so warm erlebt,
Weibchen, o sieh den Segen,
Der unsre Flur durchwebt.
Nur in der blauen Trübe
Verliert sich fern der Blick;
Hier wandelt noch die Liebe,
Hier hauset noch das Glück.

»Ober-Roßla, am 6. April 1802.

Es geht mir hier ganz gut, indem ich schon einiges gearbeitet habe, was mir Vergnügen macht.

Was ich von Reimanns Anstalten sehe, gefällt mir recht wohl; auch hat er eine weit bessere Art als sein Bruder, indem er das, was er wünscht, nach und nach und gelegentlich anbringt.

Nun möchte ich gern diese Woche haußen bleiben und wünschte, daß Du mit August Sonnabend kämest, um mich abzuholen. Möchten Herr Hofrath Schiller und Herr Professor Meyer Sonntags herauskommen, um sich eine Motion zu machen, so wäre es recht artig, und wir führen, in zwei Wagen, Sonntag Abends wieder nach Hause.

Du müßtest aber auf alle Fälle etwas von Speisen mitbringen und auch Wein, so wie Du mir durch Überbringer dieses noch drei Bouteillen rothen Wein schicken mußt.

Wie bringen wir die botanischen Sträucher, die drinne eingeschlagen sind, herunter?

Lebe recht wohl und grüße den August. G.«

Am 16. Juli 1803 verkauft Goethe das Gut in Ober-Roßla an den bisherigen Pächter Reimann für 15 500 Reichstaler. Mit einem kleinen Gewinn, und Goethe ist glücklich, das Verhältnis zu den »Erdschollen von Roßla« gelöst zu haben. Natur als harte Arbeit hatte er sich mit dem Kauf 1798 nicht in diesem Maße gewünscht. Als alter Mann schreibt er über diese Exkursion zum Landwirtsdasein:

»War der vorige Pachter ein Lebemann und in seinem Geschäft leichtsinnig und nachlässig, so hatte der neue als bisheriger Bürger einer Landstadt eine gewisse eigene, kleinliche Gerechtigkeit, wovon die Behandlung jener bekannten Quelle ein Symbol sein mag. Der gute Mann, in seinen Gartenbegriffen einen Springbrunnen als das Höchste befindend, leitete das dort mäßig abfließende Wasser in engen Blechröhren an die niedrigste Stelle, wo es denn wieder einige Fuß in die Höhe sprang, aber statt des Wasserspiegels einen Sumpf bildete. Das idyllische Naturwesen jenes Spaziergangs war um seine Einfalt verkümmert, so wie denn auch andere ähnliche Anstalten ein gewisses erstes Gefallen nicht mehr zuließen. – Zwischen allem diesem war der häusliche Mann doch auch klar geworden, daß die Besitzung für den, der sie persönlich benutze, ganz einträglich sei, und in dem Maße, wie mir der Besitz verleidete, mußte er ihm wünschenswürdig erscheinen, und so ereignete sichs, daß ich nach sechs Jahren das Gut ihm abtrat, ohne irgend einen Verlust als der Zeit und allenfalls des Aufwandes auf ländliche Feste, deren Vergnügen man aber doch auch für etwas rechnen mußte. Konnte man ferner die klare Anschauung dieser Zustände auch nicht zu Geld anschlagen, so war doch viel gewonnen und nebenbei mancher heitere Tag im Freien gesellig zugebracht.«

»Weimar, den 20. Juli 1803.

Ob ich Dir gleich alles Gute gönne und Dir mit August eine Reise nach Dessau wohl gewünscht hätte, so ist es mir doch auch angenehm, daß Du früher zurückkommst, denn freilich fehlst Du mir an allen Enden.

Mit der Gutsübergabe ist es recht artig und glatt gegangen. Kirchner (der Kammerconsulent) hat als Notarius sein Hocuspocus recht ordentlich gemacht, am Schlusse ließ ich etwas Kaltes aufsetzen. Das Geld schaffe ich wieder fort, und durch eine Verbindung von Umständen komme ich mit den Intressen sehr leidlich weg. Wenn Du zurückkommst, wollen wir unsern Haushalt recht schön ordnen und von alten Sünden völlig reinigen.

Thue mir aber nun die Liebe und übertreib es diese letzte Zeit nicht mit tanzen und schließe Deinen Aufenthalt mit einem mäßigen Genuß. Grüße August. Ich erwarte Dich mit herzlicher Sehnsucht.

G.«

»*Meine Geschäfte*«

Mit dem Weimarischen Herzog Karl-August, dem Kunst- und Musenfreund, verband Johann Wolfgang von Goethe eine Freundschaft, die bis ins Private ging. Und selbst wenn Goethe in seinen Briefen immer vom Herzog spricht, auf die Distanz des Untergebenen geht, so besagt das nichts über den Umgang, den die beiden fast gleichaltrigen Männer miteinander pflegten, wenn sie ohne Zeugen miteinander sprachen. Die Herzogin-Mutter Anna Amalia verstand es durchaus richtig, wenn ihr Sohn, der regierende Herzog, am 15. August 1790 in einem Brief ironisch schrieb:

»Beschwerliche Soupers, böses Steinpflaster, häßliche Weiber, weitläufige Verlegung der Truppen und vieler Staub sind unsere angenehmsten Zugaben. Goethe isset und trinket stark, bloß seinetwegen stieg die Theurung in hiesiger Gegend. Er wird ehestens in Glatzer Gebirge reisen. Er empfiehlt sich zu Gnaden.«

Auch das erklärt, warum der Dichter häufig im Schloss wohnte, wenn er in Jena war. Er hatte eine Sonderstellung bei Hofe, beanspruchte die daraus entstehenden Vergünstigungen jedoch nie auch für seine Familie. Goethe wusste sehr wohl, wo er die Grenzen für seine Freiheit abstecken wollte und musste. Nur eine solche Vertrautheit kann aber auch zulassen, dass ein Herzog seinen besten Minister von den Staatsgeschäften entlastet, damit dieser sich seiner schriftstellerischen Arbeit ungehindert widmen kann.

Nach der Rückkehr von seiner ersten Italien-Reise hatte Goethe um dieses Privileg gebeten. Das war 1788, kurz bevor er Christiane Vulpius traf, sie in seinem Sinne heiratete. Schon bald jedoch erkannte Goethe, dass ihn in Weimar weniger Frau und Kind an der notwendigen Konzentration störten als sein für Gäste immer offenes Haus am Frauenplan – und noch mehr die gesellschaftlichen Verpflichtungen bei Hofe, samt den anzüglichen Bemerkungen auch seiner so genannten Freunde. Ganz zu schweigen von den Damen des Hof-Adels mit ihrem Anspruchsdenken auf seine Person.

In der nicht weit entfernten Universitätsstadt Jena fand Goethe sowohl die Ruhe zum Arbeiten als auch geistige Anregungen bei Philosophen, Naturwissenschaftlern, Medizinern – und natürlich bei Friedrich Schiller. In Weimar war es nicht allein die immer lästernde Charlotte von Stein, die für Goethe kein Verständnis hatte. Am 13. Juni 1798 schreibt sie an Charlotte Schiller:

»... Ich begreife nicht, daß sich Goethe in das Schloß von Jena stecken kann, da er hier in eignen Gärten wohnt, er müßte denn viel mit Ihnen beiden sein; denn sein hiesiges häusliches Verhältnis muß ihn ganz abpoetisieren ...«

Wie klug diese Entscheidung, sich nach Jena zurückzuziehen, für ihn und seine Familie war, erklärt sich aus dem, was man über seinen Lebensstil seit 1788 mit ungebrochener Hartnäckigkeit sagte und verbreitete. Karl-August Böttiger, Archäologe, Schüler Heynes und Gymnasial-Direktor in Weimar, schrieb im letzten Jahrzehnt des 18. Jahrhunderts:

»Goethe wollte eine gewisse Fräulein von Voß heiraten, jetzige Frau von Staff in Eisenach. Diese aber zog Staffen vor. Par dépit gegen Frau von Stein (die ihn eigentlich moralisch ausgesogen und alles das Mißtrauen eingeflößt hat, was ihm jetzt die Menschheit verleidet) griff er zur Dame Vulpia. Es ist lächerlich und tritt alle Idee des Wohlstandes mit Füßen, daß sie, indem sie ihren siebenjährigen Goethulum vor sich sitzen hat, sich öffentlich im Theater und sonst mamsellisieren läßt. Wieland drückte sich einmal so darüber aus: Das geschieht alles aus Goethischer Machtvollkommenheit. Goethe hat gewiß poetische Momente, wo er sich für den Heiligen Geist, die Vulpia für die gebenedeite Jungfrau und seinen Jungen für das Christuskind hält.«

August Ludwig Hülsen an Friedrich Schleiermacher – 13. April 1800
»In Ihrem Urteil über Goethe muß ich noch bemerken, daß das Verhältnis zwischen ihm und seiner Geliebten vielleicht reiner ist. Die christliche Einsegnung ist freilich nicht erfolgt, aber diese Negation will für das schöne Verhältnis der Geschlechter auch wahrlich nichts sagen. Ich weiß, daß Goethes Genossin keineswegs eine Magd im Hause war. Ich selbst habe beide Hand in Hand und in traulichen Gesprächen öffentlich spazieren gehen sehen, und ein schöner muntrer Knabe geleitete sie. Auch habe ich die Frau selbst gesprochen, und könnte nicht sagen, daß es ihr an Bildung fehlte. Sie hat sehr viel Einnehmendes, und ich sehe besonders mit Wohlgefallen ihre Liebe zu dem trefflichen Knaben, der mich ganz bezaubert hat. Ferner weiß ich auch, daß sie sogar bei Staatsvisiten die Honneurs im Hause macht, welches mir unter anderm die Geheimderätin von Koppenfels in Weimar erzählt hat, die auch Besuche von ihr erhielt, und sie erwiderte. Sonst will ich freilich die Heiligkeit des Geschlechtsverhältnisses bei Goethe nicht suchen. Sein Leben hat ihn nicht darauf zugeführt. Hätte Goethe keinen Freund, so müßte ich ihn beklagen, denn er wäre sehr arm. So viel weiß ich aber, daß in seinen Schriften darüber goldene Sprüche zu lesen sind, daß er äußerst bescheiden und anspruchslos ist, und sonach wohl einen Freund verdiente. Ich gestehe, daß ich Goethes

Frauenbildnis, wahrscheinlich Charlotte von Stein, 1777.

Natur immer verehrt habe, und den Künstler in ihm noch immer nicht denken kann.«

Charlotte von Stein an ihren Sohn Fritz – 7. Januar 1802
»Schreib mir ja keine leeren Briefe à la Goethe, welcher mir zwar schon lange keine mehr schreibt, wenn er abwesend ist. Gestern fuhr er mit seiner Hausmamsell auf dem Schlitten.«

Karl von Stein, der verärgert ist, weil ihn Goethe nicht empfängt, an seinen Bruder Fritz – 9./11. Januar 1802
»Dieser Tage hier waren einige mit Musik begleitete Schlittenfahrten zum großen Vergnügen meiner Frau, die gern Schlitten fährt. Niemand fährt aber mit einer triumphierenderen Miene und mit mehr Passion, scheint es, als der dicke Geheimrat Goethe

neben seiner Gattin sitzend ... fährt aber nicht selbst, sondern läßt sich fahren. Bei den großen Gesellschaftsschlittenfahrten aber gibt er den Platz seiner Füchsin an eine Dame der Gesellschaft ab. ...«

Karl von Stein an seinen Bruder Fritz – 22. März 1803
»Goethen sieht man nicht viel. Stein der [Oberforstmeister von Stein-Nordheim] geht wunderbar mit ihm um. Auf einer Redoute sagt er zu ihm: ›Schick dein Mensch nach Hause, ich habe sie besoffen gemacht.‹ Also Goethe geht und deutet der armen Vulpius an, nach Haus zu gehen, die ganz nüchtern gewesen ist.«

Johann Wolfgang von Goethe, der gefeierte Dichter, definierte sich also plötzlich nur noch durch seine Ehe, seine Frau, die aus wirtschaftlich armen Verhältnissen kommt. Doch der weise Mann ließ der Welt seinen Lauf. Nur einmal beschwerte er sich und griff zur Feder, als ihm der Klatsch zu bunt wurde: nach seiner kirchlichen Trauung. Im November 1806 erschien, durch Böttiger veranlasst, in der Allgemeinen Zeitung die Nachricht: »Goethe ließ sich unter dem Kanonendonner der Schlacht mit seiner vieljährigen Haushälterin, Dell. Vulpius, trauen, und so zog sie allein einen Treffer, während viele tausend Nieten fielen.« Diese geschmacklose wie ungenaue Meldung bezeichnet Goethe in seinem Abwehrbrief an seinen Verleger Cotta am 25. Dezember 1806 als »sehr unschicklich und unanständig«. In der ersten, noch grimmigeren Fassung ist zu lesen: »Man weiß sehr gut, daß der Friede, wie das stehende Wasser, solches Ungeziefer hervorbringt; wenn es aber im Kriege erscheint, dann ist es erst recht ekelhaft. Ich bin nicht vornehm genug, daß meine häuslichen Verhältnisse einen Zeitungsartikel verdienten; soll aber was davon erwähnt werden, so glaube ich, daß mein Vaterland mir schuldig ist, die Schritte, die ich thue, ernsthaft zu nehmen: denn ich habe ein ernstes Leben geführt und führ es noch.«

»Weimar, 12. Januar 1795.
In aller Eile schreibe ich Ihm nur ein paar Worte. Ich bin noch sehr müde von der Redoute, wo es mir recht wohl gefallen hat, aber wie ich nach Hause, da gefiel mir es nicht. – Mit der Gänseleberpastete habe ich mir alle Mühe gegeben, aber umsonst, es sind keine Gänselebern zu kriegen und keine Trüffeln. Ich wünschte, daß Sie bald wieder zurückkommen und mich recht lieb haben. Leben Sie recht lieb. Der Kleine wünschte auch sehr, daß Sie möchten kommen.«

»Weimar, 14. oder 16. Januar 1795.
Mir ist es sehr leid, wenn ich mir denke, daß Sie vielleicht in der Kälte sich nicht wohlbefinden. Ich lasse mir es so wohl als möglich in den schönen Stübchen sein. Am Sonntag haben mir Ball gehabt bis frühe um 2 Uhr. Gestern war ich in der Komödie, wo es leidlich voll war, und sehr viel Beifall erhielt; die Schauspieler spielten alle sehr gut, besonders aber die Madame Beck und Herr Malcolmi. Vor itzo ist nichts weiter vorgekommen. Ich wünsche mir, daß Sie bald wiederkommen; seien Sie doch so gütig und schreiben Sie mir ein Wort auf Sonnabend.

Morgen will ich mit der Matiegzeck auf dem Schlitten fahren, weil sie mir nicht eher Ruh gelassen hat, bis ich es ihr versprochen habe. Die ist den ganzen Tag bei mir, und wenn ein Schlitten kommt, ist sie ganz unklug. Einstweilen wird sich auf die Redoute gefreut. Das Bübchen spricht den ganzen Tag von Ihnen; alleweile muß ihm Ernestine die Hand führen, daß er Ihm einen Brief schreiben will. Der gute Junge macht mir viel Freude. Leben Sie wohl und behalten mich recht lieb. Wenn Sie nicht bei mir sind, so sehe ich recht, wie liebe ich Sie habe.

Adieu.«

Goethe in Jena, das hieß für Christiane eine oft wochenlange Trennung, und wenn der Geliebte von da aus gleich weiter reiste in eines der Kurbäder, dann konnten daraus auch Monate werden. Auch wenn es bei diesen Briefen ungewöhnlich ist, dass sie den Vater ihrer Kinder mit Sie anredet – vermutlich hat sie die Briefe diktiert oder es stand die Dienerschaft in ihrer Nähe, zu der sie von Goethe immer in der dritten Person sprach, das war die Etikette der Zeit –, so sind sie mit ihren Liebesgrüßen aus Weimar doch typisch. Christiane will aber ihren Mann nicht nur daran erinnern, dass sie auch noch da ist, sondern sie weiß ganz genau, dass sie mit solchen Worten eine Saite in ihm zum Klingen bringt, die die Sehnsucht nach dem Zuhause steigert, manchmal sogar beschleunigt. Und zwischen all den Berichten über ihr Wirken im Haus auf dem Frauenplan, ihre Vergnügungen, das Geschäftliche oder das, was Goethe bei ihr bestellt hat, möchte sie ihn natürlich auch daran erinnern, dass er nicht nur für Cottas Goldgulden schreiben möge, sondern auch ihr. Und je sicherer Christiane im Umgang mit den bekannten Anfeindungen wird, desto deutlicher schreibt sie auch ihre eigene Meinung über die Menschen in ihrem Umfeld.

»Weimar, 14. November 1798.

Hier schicke ich alles, aber zu den Westen kann ich nichts mehr bekommen. Sehe zu, ob Du in Jena welche kriegen kannst. Lieber, Guter, ich danke Dir herzlich vor den Wein. Ich bin sehr fleißig und nehme allerlei vor. Den Brief an die Mutter hatte ich Dir gestern vergessen einzupacken. Gerning ist hier und wohnt in der Nachbarschaft, ich habe ihn aber noch nicht gesprochen; am Montag war ich noch krank und konnte ihn nicht annehmen. Diese Woche will ich mit dem Aufräumen und Ordnung zubringen, künftige bügeln und dann schlachten.

Leb wohl und sei vergnügter als hier.«

Sternbrücke in Weimar, 1781.

»Weimar, 15. November 1798.
Lieber, mit meiner Gesundheit ist es wieder etwas besser, aber es ist mir doch nicht ganz so wie sonst, ich weiß selbst nicht, was mir fehlt; ich will es ein paar Tage mit ansehen, und wenn es mir nicht besser wird, mit Huschken [dem Hausarzt] sprechen. Der Herr Gerning war gestern bei mir, er wird Dich bald in Jena besuchen. Er hat der guten Mutter ihre Silhouette mitgebracht, sie ist in Lebensgröße und ist sehr getroffen und hält Deine Silhouette in der

Hand. Mir hat er ein seidenes Tuch von Florenz mitgebracht und auch etwas Kastanien. Gestern habe ich mein neues Reitkleid angehabt, wofür ich Dir nochmals herzlichen Dank sage. Die Oper ging gestern sehr gut. Der Herzog war mit einem freundlichen Gesicht in Deiner Loge. Der Bauverwalter kommt alle Tage und fragt, ob ich nichts zu befehlen habe. Der hat gewiß Lust, denke ich aber allemal, Dir wieder etwas zu Leid zu thun, und lasse mich in nichts mit ihm ein.

Leb wohl und behalt mich lieb und schreibe mir manchmal ein freundliches Wort.

Gerning speist heute bei Hof.«

»Weimar, den 19. November 1798.

Da mir Herr Gerning soeben sagen läßt, daß er morgen nach Jena geht, so will ich Dir nur sagen, daß ich und das Kind uns beide recht wohl befinden, und daß morgen bei uns großes Schlachtfest ist, und daß, wenn Du bei mir hier wärst, mir gar nichts fehlte, und daß ich mir aber feste vorgenommen habe, Dich unverhofft zu besuchen. Wenn Du einmal auf den Abend nach Hause kommen wirst, so wirst Du Dein Schätzchen finden und Dich gewiß freun. Ins Theater gehe ich allemal. Das ist noch das Einzige, was mir itzo Freude macht; und mit der Matiegzek freue ich mich auf die Redoute. Vielleicht bist Du da auch hier. Schreibe mir, wie es Dir mit Deinen Arbeiten geht. Mir ist es, als wärst Du schon sehr lange weg; wenn es Dir nicht glücken will, so komm lieber zu mir. Du mußt mir es nicht übelnehmen, ich bin Dein Hase und möchte nur immer bei Dir sein. Äugelchen könnte ich hier genug machen, aber ich finde kein Vergnügen daran. Wenn Du hier bist, mache ich eher mal welche; aber wenn Du nicht da bist, geht es gar nicht. Ich bitte Dich recht sehr, mache ja in Jena nicht zu viel; es träumt mich alle Nacht davon. Es ist aber, weil ich immer am Tage daran denke.«

»Jena, den 20. November 1798.

Ich will Dir einmal selbst schreiben, um Dir herzlicher zu sagen, daß ich Dich liebe und mich über Deine und des Kindes Gesundheit freue. Wegen des Kopfwehs, worüber August manchmal klagt, müßte man doch den Doctor gelegentlich fragen.

Meine Arbeiten fangen an zu rücken, doch langsamer als sonst. Ich bitte Dich daher, nicht unvermuthet herüber zu kommen; ich muß es wieder auf meine gewöhnliche Art halten und hier so lange in Einem Stücke arbeiten, als ich mag und kann. Alsdann wollen wir wieder vergnügt beisammen sein. Äugelchen gibts hier gar nicht, die alten sind abgestorben und Neues ist nicht nachgewachsen.

Lebe recht wohl, grüße das liebe Kind. Zur Redoutenfreude wünsche ich im Voraus Glück. Lebe wohl und liebe mich. G.«

»Weimar, 21. November 1798.

Gestern Abend war ich bei der Matiegzek, und wir saßen ganz ruhig und nähten. Auf einmal kam Herr Richter, und er hat uns bis 10 Uhr recht artig unterhalten. Aber, unter uns gesagt, er ist ein Narr; und ich kann mir nun denken, wie er bei den Damen Glück gemacht. Ich denke, ich und die Matiegzek, mir wollen noch oft unsern Spaß haben. Wenn Du wiederkömmst, sollst von Wort zu Wort unsere Unterhaltung erfahren. Die Matiegzek sagt, er spräche zu gelehrt, aber ich versteh beinahe alle Worte. Er hat mir gesagt, daß er Sonnabend nach Jena eingeladen wär bei Schütz, wo er Dich auch antreffen würde. Er hat sich bei mir beklagt, daß er sich niemals in unserm Haus finden könne; er hätte zu dem Herrn Professor gewollt, hätte sich aber nicht finden können und hätte wieder fortgehen müssen. Wenn ich es aber itzo erlaubt', so wollt er erst bei mir anfragen und mich bitten, daß ich ihn zurecht führen ließ'.

Heute gehe ich wieder in die Komödie. Es geht bei dem Theater alles gut. Der Herzog ist allemal in Deiner Loge. Hier schicke ich Dir etwas von meinem Schlachtfest. Ich bin nicht so ganz mit meinem Schwein zufrieden; ich denke aber, es soll mit dem Speckschwein besser werden. Von dem Bauverwalter seiner Gefälligkeit hast Du gar keinen Begriff; ich muß oft ihm bald ins Gesicht lachen. Und er hat es so zu machen gewußt, daß ich ihm habe wider meinen Willen eine Schlacht-Schüssel schicken müssen; und den Pferde-Mist darf ich von keinem andern Menschen nehmen. Ich ließ unsern Mist im Hofe ausfahren, und er kam dazu. Da hat er mir schöne den Text gelesen, warum ich es ihm nicht hätte sagen lassen; er versicherte mir, ich könne verlangen, was ich nur wollte, ich könne es von ihm verlangen, und wenn es sein Leben beträfe, so sollte ich es haben. Und wenn er eine von meinen Mägden sieht, so befiehlt er ein unterthäniges Compliment. Aber nur desto mehr fürchte ich mich vor ihm ...«

Christiane wächst vielleicht gerade durch die häufige Trennung ziemlich schnell in die Rolle der Hausherrin hinein. Oft musste sie einfach Entscheidungen treffen, die sie nicht vorher mit Goethe absprechen konnte. Vor allem dann, wenn er weiter weg war als in Jena. Die Postwege waren zu lang – und unsicher. Und außerhalb der Weimarer Literatur-Schickeria wurde sie auch als Ansprechpartner, als Goethes Frau akzeptiert. Über die Form der Ehe sprach man da nicht.

Die Schlüsselgewalt allein ersetzt jedoch nicht die körperliche Nähe des anderen. Und wenn das Ehepaar in den Briefen, die zwischen Weimar und Jena gewechselt wurden, fast täglich versichert, dass einer Sehnsucht nach dem anderen habe, dann war das alles andere als Brief-Rhetorik. Folglich suchten beide nach Möglichkeiten, sich zu sehen und persönlich miteinander zu sprechen. Christiane fand schnell raffinierte Wege, wie sie ihrem Schatz in diesem Punkt ein wenig auf die Sprünge helfen konnte. Man traf sich auf dem halben Weg zwischen Jena und Weimar, sie unternahm Einkaufsfahrten nach Jena, besuchte Freundinnen oder ging auf Bälle – ganz selten, dass sie bei der Gelegenheit nicht mit Goethe zusammentraf. Am liebsten war es ihr allerdings, wenn er die Koffer für die Rückreise schon gepackt hatte und sie ihn abholen durfte; dann machten sie dort oft noch Ausflüge in die Umgebung. In späteren Jahren reist Christiane auch dann nach Jena, wenn Goethe irgendwo zur Kur ist. Hofarzt Stark ist der Familienarzt für die Krankheiten, die schwerer sind.

Wenn Goethe aber seiner Frau zu schwerhörig oder starrköpfig erschien, dann spannte sie unauffällig Sohn August ein. Der schrieb dem Väterchen in kindlich unschuldigen Worten, wie sehr er ihm in Weimar fehle. Erst der Student August von Goethe wird diese List erkennen – und es seiner Mutter auch sagen. Doch es kommt auch vor, dass Goethe sich kategorisch jeglichen Besuch verbittet, um nicht in seiner Arbeit gestört zu werden. Oder – für Christiane noch schlimmer – seine feste Einladung zum Besuch rückgängig macht.

»Weimar, 20. September 1800.

Ich und Gustel sind gesund und wohl, und da wir die Pferde haben, so wollen wir morgen ein bißchen nach Roßla fahren. Meyer ist den Donnerstag Abend angekommen und läßt sich Dir vielmals empfehlen. Er will Mittewoch oder Donnerstag nach Jena; wenn Du uns da haben willst, so will ich und Gustel mitkommen. Der Wege-Commissär Brunnquell wünschet sehr, daß Du noch einmal, ehe der Herzog wiederkäme, nach Roßla kämst. So könnten wir den Donnerstag nach Roßla fahren von Jena aus und führen denn wieder zurück mit Dir nach Jena, und den Freitag führe ich wieder mit Gusteln nach Weimar. Du könntest Brunnquell den Tag schreiben, durch den Herrn Professor den Brief mitschicken. Auch sei so

Blick von der Veranda eines Gasthauses auf eine Kapelle in Schaffhausen, 1775.

gut und schreibe mir deßhalb ein paar Worte. Mündlich Mehres. Leb wohl und behalte mich lieb. Ich freu mich, Dich bald wiederzusehen.«

»Lieber Vater!
Ich danke Ihnen für die schönen Birnen und Weintrauben, welche vortrefflich schmecken. Herr Meyer kam am Donnerstage hier an und brachte mir viele Geschenke mit, 2 schöne Silbermünzen, Haare aus dem Maule des Walfisches und ein Stück von den Kiemen des säugenden Seethieres, drei kupferne französische Münzen und einen hübschen Stein; auch hat er mir einen Affen mitbringen wollen, aber er war so schwer zu transportieren. Wollen Sie nicht so gütig sein und uns die Bitte gewähren, von der meine Mutter spricht??? Leben Sie wohl und behalten Sie mich lieb. Weimar, den 20. September 1800. A. Goethe.«

»Jena, den 21. September 1800.

So gern ich euch und mir das Vergnügen machte, daß ich euch diese Woche hier sähe, so muß ich es uns doch versagen. Ich bin bisher sehr gestört worden. Donnerstag waren Mellishens, Freitag Voigts da. Heute geht der Tag mit Schiller hin, und ich habe noch wenig gethan, ob ich gleich meine Zeit möglichst zu nutzen suche. Grüße Herrn Brunnquell und sage ihm: da Durchlaucht der Herzog erst gegen die Mitte des Octobers wiederkommen, so wollten wir eine Zusammenkunft in Roßla noch aufschieben.

Wenn ich nun noch vierzehn Tage gearbeitet habe, so reite ich einmal nach Roßla, ihr kommt auch da hin, Brunnquell kann uns besuchen, und wir gehen sodann zu Pastor Günther und bringen ein paar vergnügte Tage zusammen zu.

Willst Du Meyern unsere Pferde zum Herüberfahren geben, so ist mirs ganz recht, ich behalte sie alsdann einige Tage hier.

Die beiden zugesiegelten Packete an die Herzogin und an den Herzog schicke in das Fürstenhaus. Letztes an Cämmerier Wagner, mit dem Ersuchen, es liegen zu lassen, bis der Herzog wiederkommt. Herrn Geh. Rath Voigt schicke auch ein Exemplar meiner neusten Gedichte. Du weißt ja, wo sie liegen. Laß es aber den Registrator von den übrigen absondern, damit es ein complettes Exemplar sei, weil Du Dich in den Lagen irren könntest.

Lebe recht wohl und liebe mich. Dem guten Kinde schicke ich was Süßes.

G.«

Christiane mag sich mit der Hoffnung auf die Zukunft jetzt wenig getröstet haben können. Und auch Goethe hatte wohl ein wenig ein schlechtes Gewissen, wenn er am 23. September 1800 an Schiller – er wohnte zu dieser Zeit bereits in Weimar – schreibt:

»Um mir nicht den Fluch der Ehefrauen noch mehr zuzuziehen, als er schon auf mir liegt, will ich Sie nicht zu Ihrer Herreise aufmuntern.«

»Jena, den 5. September 1809.

Es thut mir sehr leid, mein liebes Kind, daß Du Dich gerade zu einer Zeit nicht recht wohl befindest, wo ich wünschte, daß Du Dirs recht wohl machtest. Dictiere nur Carolinchen* einigermaßen ausführlich, wie es mit Deinen Übeln steht, damit ich es Starken vorlegen kann: denn so ins Allgemeine kann doch kein Arzt etwas verordnen. Es soll mir recht angenehm sein, Dich diese Woche hier zu sehen, besonders wenn ichs Mittags voraus weiß, und daß Du nicht zu früh kommst: denn die Morgen müssen jetzt sehr ernstlich angewendet werden, wenn wir mit unserer Arbeit diesen Monat fertig werden wollen.

Ich hoffe, daß das Theater in diesen drei Wochen so sachte in den Gang kommt. Im October will ich alsdann recht gern eingreifen, und es soll nicht lange währen, so wollen wir bedeutende und harmonische Vorstellungen sehen. Grüße alle und fahre fort, die Freunde und Wohlwollende zu sehen und zu erfreuen.

Die Herrschaften waren hier recht vergnügt, und ich habe durch ihre Gegenwart auch einen frohen Tag gehabt.

Siehe nur, daß Du zum Vortheil unseres Gartens, wenn die herrschaftlichen Kutscher hinüberfahren, einige Säcke mitgibst, damit es uns an dem feinen Sand nicht fehle.

Wegen Bohnen, Birnen, Erdäpfeln u.s.w. mache es mit den Boten-Weibern ab, so erhälst Du alles sicher und so gut, als wenn ich es erst hier anschaffte und fortschickte.

Vor allen Dingen bemerke mir den Tag, wenn Du herüberkommst.

G.«

* Caroline Ulrich war die Gesellschaftsdame von Christiane von Goethe und heiratete später Goethes Sekretär Riemer.

»Jena, den 8. September 1809.

Wie ich aus Deinen Briefen sehe und auch sonst vermuthen kann, so ist eigentlich jetzt zwischen uns nicht mündlich zu verabreden, und ob ich Dich gleich ganz gerne wiedersähe und spräche, so sind wir doch mit unsern Arbeiten in einer so gedrängten Lage, daß es mir lieber ist, Du kommst jetzt nicht herüber: denn wir müssen jede Stunde zusammennehmen, und ich sehe noch kaum, wie wir fertig werden wollen. Herr Geh. Hofrath Stark wird Dich besuchen, sobald er hinüberkommt, und sich um Deine Zustände erkundigen. Beim Theater grüße die Gutgesinnten und fahret nur so fort wie bisher. Jeder Einzelne hat Vortheil davon, wenn er etwas um des Ganzen willen thut, sollte es ihm auch nicht ganz angenehm sein.

Sprich manchmal mit Witzeln, der seine Sache noch immer sehr gut macht, und schreibe mir von jeder Vorstellung, wie sie abläuft.

Die Feigen, die Du mir schicktest, waren zum Theil noch nicht völlig reif. Laß sie immer noch einen oder ein paar Botentage hängen, bis sie recht braun werden.

In zwei Briefen von Frau von Schiller und Wernern bist Du schönstens gegrüßt. Der letzte hat von Tübingen geschrieben und ist zu Frau von Staël nach Coppet gegangen.

Knebel ist schon wieder allein, denn seine Frau ist abermals nach Weimar gegangen. Er ist aber nur desto lustiger, wenn er selbst den Wirth macht.

Lebe recht wohl und bereite vor Michaelis so gut, als Du kannst, noch manches Gute für künftigen Winter vor. Ich befinde mich ganz leidlich, muß aber auf eine pedantische Weise meine Diät und andre Lebensverordnung halten, und ich muß suchen, auch in Weimar auf alle Weise dabei zu bleiben. G.

Wenn Du uns etwas Gutes erzeigen wolltest, so würdest Du uns eine geräucherte Zunge, aber schon abgekocht, herüberschicken. An solchen Dingen fehlt es uns, besonders Abends, und wenn etwa ein guter Freund kommt.

Ferner erdenke Dir etwas und schenke es Rinaldo* in meinem Namen, als wenn ich es geschickt hätte, damit der gute Junge auch von dieser Seite eine Art von Freude hat. Nächstens mehr.«

Christianes Begeisterung über solche Antworten auf ihre Briefe wird nicht gerade groß gewesen sein. Das lässt sie Goethe zuweilen durchaus spüren, indem sie ihre Liebeserklärungen in verbale Tränen verpackt. Da Tränen so ziemlich jeden Mann weich machen, konnte sie sicher sein, dass sich an Goethes Entscheidung zwar nichts ändern würde, aber sie bekam Gaumenfreuden aus Jena und konnte viel freier ihre Wünsche für Schönheitswässerchen und Seife äußern. Sie war eben eine Frau und auch in der Hinsicht jenes Naturkind, das instinktiv spürt, wann Streiten und Zetern zu nichts führt. Goethe aber mussten Christianes Reaktionen in seiner Überzeugung bestärken, dass der Seelenadel dieser Frau viel kostbarer war als der Titel mancher Weimarer Mutter, die ihre Tochter gerne an ihn verkuppelt hätte. Diese himmelten zwar den Dichter an, wären aber so wenig wie Charlotte von Stein bereit gewesen, sich seiner dichterischen und wissenschaftlichen Arbeit und den Hofverpflichtungen unterzuordnen – gar hinzunehmen, dass er oft monatelang zur Kur oder auf Bildungsreisen war.

»Jena, den 3. April 1795.

Es geht mir, mein liebes Kind, hier recht gut, ich bin fleißig und mache meine Sache weg. Beim schönen Wetter gehe ich spazieren, beim unfreundlichen bleibe ich zu Hause. Der Biskuit-Kuchen wird Sonnabends anlangen und ich wünsche, daß Du ihn vergnügt verzehren mögest. Ich habe Dich recht lieb und werde Dir etwas mit-

* Rinaldo ist der älteste Sohn von Christianes Bruder August Vulpius, dem »Registrator«, wie Goethe oft sagt.

bringen. Grüße den Kleinen. Wenn ich länger ausbleibe, so komm einmal herüber und bringe ihn mit. Lebe recht wohl. G.

Schicke mir doch sechs Bouteillen Wein und eine gute Salvelatwurst, denn was das Essen betrifft, lebe ich schlecht und theuer.«

»Jena, den 9. April 1795.

Da ich an Geh. Rath Voigt einen Boten schicke, so muß ich Dir sagen: daß es mir wohlgeht und daß ich beim übeln und schönen Wetter spaziere und arbeite. Was machst denn Du und der Kleine? Wie ist euer Osterfest abgelaufen?

Ich bleibe noch einige Zeit hier; wenn Du einmal auf einige Tage herüber kommen willst so soll mir es lieb sein. Dem Kleinen wird es viel Freude machen. Besser wäre es, ihr wartetet noch eine Woche, weil es alsdann schon grüner und anmuthiger ist. Lebe recht wohl und liebe mich.

Die Chocolade fangt an zu fehlen. Schicke mir doch welche, auch Sonnabend wieder Wein. Goethe.«

»Weimar, 9. April 1795.

Daß Du Dich wohlbefindest, ist mir sehr lieb. Das Bübchen hat sich außerordentlich gefreut; daß er zu Dir kommen soll, freut ihn noch mehr. Er sagt: ›Wenn er doch nur da wär und sähe, wie es so schön im Garten wird.‹ Unser Osterfest ist sehr vergnügt abgelaufen. Die Schätzchen sind alle sehr vergnügt gewesen; weil es schlechtes Wetter war, so wußten mir nicht recht, was mir anfangen sollten. Da wurden 2 Violinen herbeigeschickt und die Damen spielten das Clavier und sangen, endlich kamen noch 2 und ein Baß, und es wurde in meinem zukünftigen Zimmer getanzet, und so blieben sie bis 2 Uhr. Ich kochte Thee, und dann schieden sie, wovon ich Dir mündlich manches zu erzählen habe. Chocolade folget, 2 Pfund, der Wein soll auch besorget werden.

Mit dem nüberkommen weiß ich nicht gewiß, weil ich wieder 3 Tage sehr krank gewesen bin. Itzo bin ich wieder besser; wenn es nur so bleibt, so will ich auf den Sonnabend schreiben, wenn mir künftige Woche denken zu kommen. Leb wohl und behalt mich nur recht lieb; ich wünsche mir immer schon, Du wärst wieder da. Da Du aber so lange drüben bleibst, so wäre es wohl billig, daß Du mir was Seife mitbrächtest. Doch ich meine nur so. Adieu, mein Lieber, denke so viel an mich wie ich an Dich. Viel Dank vom Bübchen und viel Grüße.

Die Chocolade ist theuer, das Pfund 1 Thaler 12 Groschen.«

»Jena, den 10. April 1795.

Hiermit, mein Liebchen, schicke ich Dir fünf leere Bouteillen und sogar die Stöpsel dazu, damit Du siehst, daß ich ein gutes Beispiel in der Haushaltung nachzuahmen weiß. Es freut mich, wenn ihr euch lustig gemacht habt, ich dachte schon, das Wetter hätte euch den Spaß verdorben.

Sonntag Abends kommt Meyer hinüber und bleibt die Nacht. Er wird Dich an den Mangold erinnern. Das Säckchen liegt in meiner Bibliothek, und Du wirst wohlthun, wenn Du ihn bald in die Erde schaffst.

Richte Dich ein, wenn Du herüberkommst, daß Du einige Tage bleiben kannst. Grüße mir das Bübchen. Ich wünsche zu hören, daß Deine Uebel leidlich sind, wenn sie nicht sich bald gar entfernen. Lebe recht wohl. G.«

Goethe sprach in Jena mit Schiller über seine literarischen Werke, aber auch mit manchem Professor der damals auch im naturwissenschaftlichen Bereich berühmten Universität. Zudem korrespondierte er mit vielen anderen Wissenschaftlern. Unter Zeitdruck war Goethe immer, um seine Abhandlungen oder Gedichte für die literarischen Zeitschriften wie den »Mercure« fertig zu stellen, die

Schiller vierteljährlich herausgab. Hinzu kamen Theaterstücke – oft Bearbeitungen und Übersetzungen –, die am Weimarer Hoftheater gebraucht wurden und auch das, was Goethe Romane nannte (»Wilhelm Meister«, »Wahlverwandtschaften«, »Dichtung und Wahrheit«), und die Farbenlehre.

Natürlich schrieb Goethe in seinen Briefen kein tägliches Arbeitsprotokoll, er informierte nur über den Fortgang. Gerade aber bei seinen eigenen Schriften kann man davon ausgehen, dass er abgeschlossene Teile zu Christiane schickte. Sie durfte, ja sie sollte es lesen. Einzige Bedingung: Kein Fremder durfte etwas davon erfahren. Es ist durchaus möglich, dass Christiane im Gespräch dann mehr zu dem Gelesenen sagte, als dass es ihr gefalle. Das nämlich wollte Goethe nicht ausschließlich von ihr hören.

Der Schriftsteller Goethe vertraute auf den »hellen, ganz natürlichen Verstand«, den Elisa von der Recke an Christiane hervorgehoben hatte. In ihr sah Goethe gewiss auch das Abbild seines Lesers, für den er letztlich schrieb – sollten seine Bücher verkauft werden. Und so uneitel war der Dichterfürst nun wirklich nicht, dass er für irgendeine kleine adlige Elite rund um den Weimarer Kreis schreiben wollte. Auch Knebels Frau vermerkte einmal nach Christianes Tod:

»... Sie hatte sehr viel natürlichen, hellen Verstand. Goethe hat uns oft gesagt, daß, wenn er mit einer Sache in seinem Geiste beschäftigt wäre, sich die Ideen zu stark bei ihm drängten, er dann manchmal zu weit käme und sich selbst nicht mehr zurecht finden könne, wie er dann zu ihr ginge, ihr einfach die Sache vorlege und oft erstaunen müßte, wie sie mit ihrem einfachen, natürlichen Scharfblicke immer gleich das Richtige herauszufinden wisse, und er ihr in dieser Beziehung schon manches verdanke.«

Goethe konnte sich also in allen Fragen des gesunden Menschenverstands auf seine Frau verlassen. Auch deshalb war ihm ihr Einfluss auf die Mitglieder des Weimarer Hoftheaters von so großem Wert und er ließ sich von Christiane immer ausführlich über die Aufführungen berichten. Mit ihrem diplomatischen Geschick wurden allerdings auch am Theater übliche Streitereien über kleine Eitelkeiten leichter beigelegt, als wenn der Theaterdirektor Goethe selbst hätte zu Gericht sitzen müssen.

Und – anders als die Freifrauen und Baronessen in Weimar für möglich hielten – konnte auch Goethe nicht tagaus, tagein im totalen Lebensernst leben. In Christiane fand er den schwer zu trübenden Frohsinn und die Frohnatur, mit der ihm schon seine Mutter über manches hinweggeholfen hatte. Es war ihm geradezu ein Bedürfnis, sich von »der Betrachtung strenger Lust« in kindlicher, ja kindischer Fröhlichkeit zu erholen. »Ich wollte«, schrieb Goethe 1780 an Charlotte von Stein, »Sie könnten an Platituden so eine Freude haben wie ich.« Diesem gesellig heiteren Vergnügen, auch den Gesellschaftsspielen, die am Frauenplan oft am Abend gespielt wurden, verdankte Goethe sein häusliches Behagen. Eine Welt, die Charlotte von Stein unausstehlich, weil bürgerlich erscheinen musste. Oder beneidete sie, die ihren Mann auch oftmals lange Zeit nicht sah, Christiane Vulpius um diese Gabe, mit Fröhlichkeit und Interesse für die Arbeit des Partners die Grundlagen für eine harmonische Ehe zu schaffen? Charlotte von Stein konnte es nicht vermeiden, zuweilen das Goethesche Eheglück mit ansehen zu müssen, denn in dessen Tagebüchern finden sich Hinweise, dass Christiane in Jena war und mit Goethe gemeinsam auch bei Schillers zu Gast war – wo man auch Frau von Stein, eine Freundin Charlotte Schillers, antraf.

»Jena, den 8. Januar 1796.
Ich muß Dir sagen, meine Liebe, daß es mir ganz wohl geht. In acht Tagen hoffe ich mit dem siebenten Buche [›Wilhelm Meisters Lehrjahre‹] zu Stande zu sein, und dann werde ich vergnügt zurückkehren. Alle Morgen gehe ich spazieren und die Abende war ich bei Schillern. Nun bin ich auf drei Abende in die Stadt geladen, und damit geht die Zeit so hin. Das Wetter begünstigt mich sehr, und in allem befinde ich mich leidlich. Die Götzen kocht nicht übel, nur, weil sie im Ofen kocht, sind die Sachen wohl einmal rauchrigt. Vor einigen Tagen hatte ich Gäste, die mir meinen Keller ziemlich aufräumten. Dagegen hat Herr von Milkau mir wieder englisch Bier zukommen lassen. Lebe recht wohl. Der Preßkopf und das Leberwürstchen dauert noch. Von Wein schicke mir etwas Werthheimer, aber kein Bier. Lebe wohl, grüße Gusteln und behalte mich lieb. G.«

»Jena, den 12. Januar 1796.
Du besorgst, mein liebes Kind, die inliegenden Packete nach den Aufschriften.

Mir geht es recht wohl und ich werde wohl mein siebentes Buch zu Ende bringen.

Wenn Du auf den Sonntag, wird sein der 17., wohl bist und es hübsch Wetter ist, so könntest Du mich abholen. Du müßtest aber unsern gewöhnlichen Kutscher nehmen, denn der letzte Wagen stieß abscheulich.

Du kämst morgens bei Zeiten und äßest mit mir, und wir führen etwa um drei Uhr wieder ab.

Schreibe mir gleich Antwort, ob Du kommen willst, damit ich mich darauf einrichte.

Auf alle Fälle schickst Du mir den Wagen; aber, wie schon gesagt, den gewöhnlichen. Wenn Du kommst, bringst Du das Bübchen mit. Grüße es recht schön, und behalte mich lieb, ich freue mich, Dich hier zu sehen. G.«

»Weimar, 13. Januar 1796.

Keine größere Freude, mein Lieber, hättest Du mir nicht machen können, als die, daß ich Dich abholen soll. Es ist sehr gehuppst worden, und das Bübchen hat mit gehuppst. Ich komme Sonntag ganz gewiß, wenn es nur leidlich Wetter ist. Sollte es aber ganz schlechtes Wetter sein, so dächte, Du bliebst noch einen Tag, und mir kämen den Montag. Schreibe mir noch ein Wort, ob Dir es so recht ist, und ob ich bei dem Schloß absteigen soll oder vor der Post. Ich dächte, weil wir uns nicht lange aufhalten, ich stieg' bei dem Schloß ab, doch schreibe mir, ob es Dir recht ist. Ich freu mich sehr darauf, mit Dir herüberzufahren. Ich denke, den Sonntag, wenn es nur ein bißchen leidlich ist, um 10 Uhr bei Dir zu sein, und mir wollen recht vergnügt sein.

Ich und das Bübchen sind recht wohl und bald vor Freuden unklug. Ich will auch den Freitag nicht so lange auf der Redoute bleiben, damit ich den Sonntag recht heiter bin. Gestern waren ›Die Geschwister‹, und die Madame Becker verdiente durch ihr schönes Spiel würklich ein Präsent. Überhaupt ist es sehr gut gespielt worden und hat allgemein gefallen, daß man den abscheulichen ›Prozeß‹ gar nicht darauf sehen konnte. Leben Sie wohl, es bleibt dabei, mir kommen. Das Bübchen läßt Dich vielmals grüßen. Behalte uns beide lieb.«

»Jena, den 15. Januar 1796.

Ich erwarte Dich mit Freuden, mein liebes Herz, auf den nächsten Sonntag früh. Das Wetter wird hoffentlich gut bleiben, nimm aber doch meinen Pelz mit und wickle Dich und das Kind recht ein. Mein siebentes Buch ist fertig und das achte wird auch bald nachfolgen. Wie angenehm ist mirs, daß ich denken kann, Dich bald in meiner Stube zu sehen. Du fährst gleich im Schlosse an, und ich will bestellen, daß das Bübchen aufs Cabinet kann. Lebe recht wohl und liebe mich.

G.«

»Jena, Sonnabend, den 20. Februar 1796.

Ich habe beim Einpacken das Beste vergessen, nämlich das siebente Buch meines Romans und die Papiere, die sich aufs achte beziehen. Es liegt alles beisammen in dem Schreibtische an der Thüre, in der untersten Schublade nach dem Ofen zu. Packe nur alles, was in dieser Schublade liegt, wohl zusammen und schicke mirs durch August Herder, der Dir diesen Brief überbringt. Wenn der Schlüssel, wie ich vermute, eingeschlossen ist, so kannst Du mit dem Schlüssel, den ich hier überschicke, das rechte Schränkchen meines Schreibetisches aufmachen, wo Du ihn bald erkennen wirst; schicke mir den Schlüssel mit den Papieren wieder zurück und lebe recht wohl.

G.«

»Weimar, den 21. Februar 1796.

Hier, mein Bester, schicke ich Dir, was Du verlangst, es ist alles, was in der Schublade war. Das Bübchen ist wieder besser. Es bittet sich was vom Jenaischen Conditor vom Väterchen aus und läßt Dich schönstens grüßen. Der ›Knicker‹ ist gestern sehr gut gegangen, man ist allenthalben mit dem neuen Sänger zufrieden, freut sich über seinen schönen Gesang und seine gute Aussprache und saget, das Übrige werde sich schon geben. Er kann auch mit applaudiren zufrieden sein, welches denn freilich alles von den Schätzchen herkam. Er hat aber mit einer Dreustigkeit gespielt, die unglaublich ist. Zum Roman wünsche ich den besten Humor, und daß das 8. Buch bald fertig werde, damit ich Dich bald wieder bei mir habe, denn ich bin den ganzen Tag allein. Die arme Werner ist auch sehr unglücklich, ihr Bruder, der Musicus, hat auf einmal 2 Blut-Stürze bekommen, und weiß niemand, wovon, und ist sehr schlecht. Da kommt die auch nicht zu mir. Morgen will ich mir die Zeit mit bügeln vertreiben.

Leben Sie wohl und behalten mich lieb.

Mit der Köchin vergiß nicht. Christiana.«

Im März 1796 arbeitet Goethe in Jena nicht nur an »Wilhelm Meisters Lehrjahren«, sondern besucht an der Universität auch Medizin-Vorlesungen. In seinem Tagebuch heißt es am 1. März: »Roman. 9–10 Anatomie. Männliche Zeugungsteile von der Seite. 11–12 verschiedne Operationen. Bes. Steinschnitt. Doctor Brera von Pavia.« Am 2. März: »Roman. Pr. Woltmann. Abends Club. Woltmann bei Hufeland.« Am 3. März: »Roman. Briefe an Mariannen. Abends Loder Augendemonstration.« Am 4. März: »Roman. Abends Schiller.« Am 5. März: »Roman. Abends Loder. Das Auge und das Os intermaxillare.« Am 6. März: »Schlossers Brief und Platons Briefe. Zinn. Voigts Angelegenheit. Abends Club und Ball.«

»Jena, den 7. März 1796.

Da das Wetter so hübsch und leidlich ist, und ich noch einige Zeit hier verweilen werde, so wünsche ich, Dich mit dem Kleinen einmal bei mir zu sehen. Du kannst Deinen Bruder und Ernestinen mitnehmen, ihr steigt im ›Bären‹ ab, wo ich eine warme Stube bestellen werde, Du kommst zu mir herüber, und die andern können drüben zu Mittage essen. Sorge dafür, daß Du Abends den Kleinen gut einpacken kannst.

Ich habe so viel gearbeitet, daß ich es ganz satt habe und mir auch wieder einmal mit Dir und dem Kleinen was zu Gute thun möchte. Ich freue mich sehr, Dich wiederzusehen. Du mußt mir aber Geld mitbringen. Nimm nur den eingesiegelten Schlüssel und bringe mir das Silbergeld, das in der kleinen Schublade, linker Hand, auf meinem Schreibtische sich befindet.

Lebe wohl. Ich muß Dich einmal wieder an mein Herz drücken und Dir sagen, daß ich Dich recht lieb habe. G.

Da der Bote nicht wieder zurückgeht, so brauche ich auch keine Antwort, Du kannst nun Dienstags oder Mittewochs, morgen oder übermorgen kommen, so ist es mir ganz recht; ich bestelle nur im

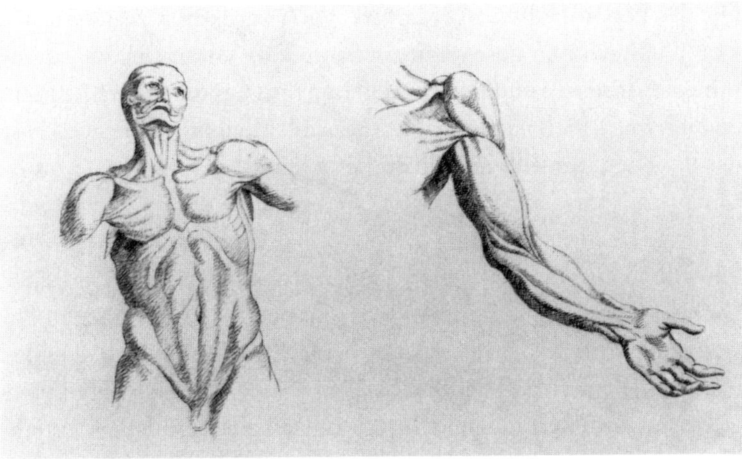

Künstlerische Anatomiestudien, nach Preissler, 1781.

›Bären‹ nichts, und ihr könnt immer da abtreten, eine Stube ist bald geheizt.«

Das ließen sich Christiane und ihr kleiner August nicht zweimal sagen. Vom 8. bis zum 12. März blieben sie in Jena. Und sie können Goethe auch aus den Zimmern locken, um sich mit Schlittenfahrten und offensichtlich auch mit Schlittschuhlaufen zu vergnügen. In seinem Tagebuch nämlich vermerkt er vier Tage hintereinander: »Auf dem Eise.« Am 15. März kann Goethe im Tagebuch schreiben: »Ordnung gemacht und abgeschlossen.« Einen Tag später liest man: »Nach Weimar. Abends mit V. in Garten.« Ende April des Jahres ist Goethe wieder in Jena. Christiane scheint wieder einmal unter dem Spott der Weimarer Klatschbasen bei Hofe zu leiden.

»Jena, Sonntag, den 1. Mai 1796.

Ich bitte Dich recht herzlich, mein liebes Kind, die schönen, guten Tage zu genießen, die Du vor so vielen andern haben kannst, und

Dir das Leben nicht zu verderben, noch verderben zu lassen. Du weißt, daß ich zu Hause nicht zur Sammlung kommen kann, meine schwere Arbeit zu endigen, vielleicht gelingt es mir auch hier nicht und ich muß doch nach Ilmenau. Lebe recht wohl, grüße und küsse das Bübchen, ihr sollt mich bald besuchen. G.«

»Weimar, 14. Mai 1796.

Ich will zu Dir kommen, mein Lieber, ich wünsche recht herzlich, Dich wiederzusehen, und bei dem schönen Wetter bringe ich Dir vielleicht Lust zu dem Roman mit. Das Bübchen ist vor Freuden ganz ausgelassen, daß es Dich besuchen soll. Schreib uns nur bald, wenn mir kommen sollen, denn ich bin auf alle Stunden eingerichtet mitzureisen, und schreib mir zugleich, ob ich etwas von Wein mitbringen soll oder sonst etwas. Mir können ja in dem Nebenstübchen sein, ich bringe mir was zu arbeiten mit. Leb wohl und liebe mich.

Ich freue mich sehr.«

»Jena, den 4. September 1796.

Da Du Dich beschwerst, nichts durch den Boten von mir gehört zu haben, so muß ich Dir nur mit der Post etwas schreiben: vor Ende dieser Woche werde ich hier mit meinen Sachen nicht fertig. Am Heft Cellini [die Übersetzung des ›Benvenuto Cellini‹] habe ich bis Freitag zu thun, wo es fortgeht. Die Raupen, deren noch viele eingekommen sind, beschäftigen mich in den übrigen Stunden, und das Licht, das auch wieder zur Sprache kommt, nimmt noch einen Theil weg. Erst künftigen Freitag kann ich Dir sagen, wenn ich komme. Dann wird die Camera Obscura stark besucht werden.

Gib doch dem Hofmedicus inliegendes Heft, er kennt es vielleicht noch nicht, es ist ein sehr hübscher Aufsatz über das schwere Zahnen der Kinder darin; es freut mich, wenn man die Meinung des Verfassers als wahr annehmen kann, daß er Gusteln bisher auch auf diese Weise, durch abführende Mittel, curirt hat.

Laß doch Deinen Bruder auf beiliegendem Zettel das Buch in der Bibliothek holen und schick es mir Mittwoch mit den Botenweibern wohl eingepackt.

Du hast ja wohl meine Uhr auf dem Schreibtische gefunden? Ich habe sie vermißt, und sie kann nirgends anders liegen. Schicke Inliegendes an Böttiger. Lebe recht wohl und behalt mich lieb. G.

Sollte das Buch nicht auf der Herzoglichen Bibliothek sein, so kann man es durch Jagemann von der Bibliothek der Herzogin Mutter erhalten.«

»Jena, den 6. September 1796.

Noch kann ich Dir heute nicht sagen, wenn ich kommen werde. Auf den Sonnabend wird sichs entscheiden lassen, die Sachen gehen nicht so geschwind, als man denkt, man verrechnet sich im Kleinen immer um Tage, wie im Großen um Wochen und Monate.

Bringe ja Deinen Haushalt recht in Ordnung und richte Dich ein, daß wir ein gut Stück des Octobers hier zubringen können; sorge für Deine Reitequipage, und was dazu gehört; denn da wir die Reitbahn im Hause haben, und der Stallmeister auf jede Art gefällig ist, so wäre es unverantwortlich, wenn ich Dir den Spaß nicht machen sollte.

Laß die Bücher, die ich auf beiliegendem Blättchen verzeichnet habe, durch Deinen Bruder in meiner Bibliothek aufsuchen und schicke mir sie durch die rückgehenden Botenweiber.

Chocolade schicke mir auch. Grüße das Bübchen und schicke es fleißig zur Frau von Stein. G.«

»Weimar, 7. Juni 1797.

... Nun ein Wort vom Schauspiel. In den 2 Spectakel-Stücken haben die Herrn Studenten auch sehr gespectakelt, gepocht und getrommelt, daß es eine Art hatte; ich behaupte, daß mancher nur einen halben Sporn mit nach Hause gebracht hat. In den ›Jesuiten‹ war es so arg, daß die meisten Damen heraus gingen, und ich bin auch nach dem 3. Act heraus gegangen, denn es war zu arg. Ich möchte nur wissen, vor was 2 Husaren da stünden. Gestern im ›Oberon‹ war es wieder zum erdrücken voll, das Meiste Studenten, und weil die Herrschaft da war, schienen sie im Anfang ganz ruhig zu sein. Da es aber ihnen bei dem dritten Aufzug etwas zu lang schien, ehe es aufging, so fingen sie nicht nur an zu trommeln, sondern auch zu pfeifen. Und es geschieht immer der Anfang auf unserer Seite, und das kommt daher, weil kein Husar da steht. Ich dächte, wenn Du noch weggingst, daß Du es ausdrücklich beföhlst, daß einer nüberkäme. Denn die vernünftigen Studenten ärgern sich selbst über den Spuk; ich glaube, es sind lauter neue, die diesen Spuk machen. Einer zeichnet sich besonders aus, er heißt Lavater, es soll ein natürlicher Sohn vom Lavater sein. Das ist ein ganz unvernünftiger Mensch, er sieht aus wie ein englischer Bereiter mit einem Helm mit Federn und einer rothen Jacke.

Daß wieder etwas fertig sein würde, dachte ich mir gleich, der Schatz muß immer fleißig sein. Ich dächte aber, Du fingst nichts Neues an, und sähest, daß vielleicht das Gedicht fertig wär [›Die Braut von Korinth‹], und machtest itzo eine Weile nichts mehr, denn es ist doch ein bißchen zu arg, und am Ende könnte es Dir doch auch schaden. Und bei dem übeln Wetter kannst Du auch nicht ausgehen, und bist immer allein, das betrübt mich ordentlich. Das Kind dankt herzlich vor die schönen Erdbeeren, und ich vor den Spargel.

Ich habe vorhin vergessen zu schreiben, daß gestern ›Oberon‹ sehr gut gegangen ist, und daß sie alle recht sehr gut gespielt haben, die Jagemann außerordentlich und Leißring auch sehr gut; und bei der Weyrauch war alles Mögliche gethan, um es durch den Anzug zu zwingen. So schön ist noch keine Actrice als Türkin angezogen gewesen. Die Gräfin Egloffstein hat ihr den ganzen Anzug gegeben, und sie hat sich auch da anziehn müssen; die Gräfin hat sie selbst hoher Hand geputzt. Warum dieß geschieht, wirst Du Dir schon denken; sie hatte Schmuck um sich, der war fürstlich, aber sie hat doch die Jagemann nicht ausgestochen bei Fremden und Einheimischen.

Mit Schilling habe ich gesprochen. Er will, wenn er vor nichts stehet, 2 Thaler des Tages haben; auf das Futter könnte er sich gar nicht einlassen, weil es immer an einem Orte theurer als am andern wäre. Aber er möchte gerne wissen, ob wir künftige Woche verreisen wollten, daß er keine Fuhre von den Schauspielern annehme. Wenn ich nur auf den Sonnabend darüber Antwort erhalte, da ist es noch Zeit, da morgen über 8 Tage die Schauspieler fortgehen. Es ist billig, denn Ventin reist nach Hannover und hat dem Adler-Wirth seine Fuhre, muß vor alles stehen und muß des Tages 2 Thaler 12 Groschen geben. Er thuts, weil mir immer mit ihm fahren. Leb wohl. Wegen der Reise vergiß nicht, mir zu schreiben.

Ich sehe Dich doch bald wieder?

Alleweile kommt Götze zu mir und sagt mir, daß ihn der Hofkammer-Rath hat kommen lassen und ihm gesagt, daß sie [die junge Schauspielerin Götze] mitgehen sollte, und er wollte davor sorgen, daß die Madame Beck sie zu sich nähme; aber sie müsse nicht denken, wenn sie was könnte, daß sie etwa in ein paar Jahren fortginge. Da sagte der alte Götze: davor stünd er als Vater, ich sollte es dem Herrn Geheimen Rath schreiben, daß er, wenn Sie es verlangten, es schriftlich von sich geben wollte, daß sie, so lange er lebte, sich nicht unterstehen dürfte, aus Weimar zu gehen. Aber nun hat er noch eine Bitte. Der Herr Hofkammer-Rath will ihr draußen gar nichts in die Hände geben, sondern der Madame Beck alles Kostgeld. Das ist er auch recht wohl zufrieden, aber er meint doch so, daß es nur etwa 4 Groschen die Woche in die Tasche bekomme; sie wäre doch nur noch ein Kind, und die Kinder hätten doch manchmal auch außer Tischzeit Appetit, und es entstünd manchmal allerhand Übel daraus. Und 2tens hätte sie doch den ganzen Winter Saison mitgemacht und noch nie etwas bekommen. Er bittet also nur um ein Carolin oder etwas; er müßte ihr doch allerlei kaufen und mitgeben, und der Herr Geheime Rath wüßten wohl, was ein armer Hofbedienter hätte, daß es ihm nur nicht gar zu schwer fällt. Leb wohl. Das war ein langer Brief.«

Das Theater, die Gärten, das Krautland, der Haushalt in Weimar oder die schriftstellerischen Arbeiten in Jena – Goethe und Christiane informieren sich gegenseitig über alles. Jeder kannte das Umfeld des anderen, wusste auch dann etwas mit einer Mitteilung anzufangen, wenn es nur Stichworte waren. Christiane in Weimar muss aber auch mehr als einmal den Zerberus für das Jenaische Büro spielen. Dann nämlich, wenn Goethe ihr schreibt, dass sie unter keinen Umständen auch nur einen fremden Menschen zu ihm lassen möge.

Zeit dagegen hat er offenbar immer, wenn es um eine mögliche Vermehrung des Grundbesitzes oder dessen Beeinträchtigung wie bei ihrem Grundstück geht. Am 3. Juni 1809 informiert er Christiane aus Jena:

»Ich schicke Dir, mein liebes Kind, durch die Freunde noch einen Gruß und will einiges nachbringen, was ich gestern versäumte.

Was die neuen Bauanlagen in der Ackerwand* betrifft, so ist der Vorschlag der: Durchlaucht der Herzog geben fünf Bauplätze, umsonst, an fünf Baulustige, doch mit der Bedingung, daß die Häuser in zwei bis drei Jahren bewohnbar seien. Wer anno 1812 den ersten Januar das Haus nicht fertig hat, verliert sein Recht darauf:

---

* Diese Straße begrenzt Goethes Besitz an der Gartenseite des Hauses am Frauenplan.

es wird an den Meistbietenden verkauft, und er zwar entschädigt, aber der neue Besitzer muß sich engagiren, im Laufe des gedachten Jahrs den Bau zu vollenden.

Aufs Bauen werden wir uns in der Welt wohl nicht mehr einlassen, und wir müssen also abwarten, ob noch etwas aus der Sache wird, und was wir für Nachbarn kriegen. Das Schlimmste ist, daß es aussieht, als wenn sie die Linie der Koppenfelsischen Scheune halten wollten, welches ich abzulehnen suchen werde. Das Beigeschlossene schicke ja gleich an Herrn von Müffling. Sage aber niemand weiter von dem, was ich Dir hier mittheile ...«

Und am 6. Juni schreibt Goethe nach Weimar: »... Mit den Bauplätzen im Welschen Garten wollen wir uns nicht abgeben. So viel kann ich Dir zum Troste sagen, daß die Häuser weit hinein gerückt werden, und uns eine nahe Nachbarschaft künftig nicht zur Last fällt. Auch ist meine alte und neue Gesinnung, den untern Garten für uns und besonders für August zu erhalten. Es müßten denn günstige Umstände eintreten, die wir jetzt nicht voraussehen können ...«

Immer wieder aber schreibt Goethe an die Seinen nach Weimar Briefe wie am 12. Mai 1799: »Ich schicke Dir von ›Hermann und Dorothea‹ zwei Exemplare, eins für die Mutter und eins für Dich; lasse aber Deins nicht durch viele Hände gehen, indem ich Dir, wenns beschmutzt ist, keins so leicht wieder schaffen kann ...«

oder wie diesen:

»Jena, den 15. September 1809:

Zuerst danke ich Dir und Deiner schönen Begleiterin [Caroline Ulrich] für den angenehmen Besuch; sodann schicke ich ein Bändchen, aber nur unter den folgenden Bedingungen:

1. Daß ihr es bei verschlossenen Thüren leset.
2. Daß es niemand erfährt, daß ihrs gelesen habt.
3. Daß ich es künftigen Mittwoch wiedererhalte.
4. Daß mir alsdann sogleich etwas geschrieben werde von dem, was unter euch beim Lesen vorgegangen.

Weiter weiß ich gerade jetzt nichts zu sagen, auch nichts zu verlangen, weil übrigens alles unter uns abgeredet worden. Schreibe mir übrigens, wenn irgend etwas kommen sollte, und vergiß nicht in der Schublade, der mittelsten, rechts an meinem Schreibtisch, mir das Packet Manuskript zu schicken, welches mit einem braunen, schmalen Bändchen zugebunden ist. Lebe recht wohl und bereite uns eine leidliche Winterexistenz vor. G.«

Goethe hatte die »Wahlverwandtschaften« geschickt und offenbar eine begeisterte Antwort erhalten, denn am 22. September schreibt er: »...Weil ihr euch über den ersten Theil des Romans so freundlich geäußert habt, so soll die Hälfte des zweiten bis an einen Abschnitt die nächste Woche unter eben den Bedingungen zu euch gelangen. Du schickst mir den Band wieder, den Du in Händen hast, und wir hoffen nun, das Ende bald zu erreichen ...«

Am Frauenplan konnten aber auch Christiane und ihr Sohn August dichten, wenn es galt, dem guten Väterchen eine Freude zu machen. Am 28. August 1798 reimten sie ihm zum 49. Geburtstag:

Diese Blumen sind aus Roßla gekommen;
Sie freuen sich und haben vernommen,
Daß auch das Blümchen auf dem Gänse-Rain
Würde angenehm und willkommen sein.
Drum erscheinen sie heute ganz zierlich,

Wünschen viel Glück und Freude manierlich,
Wünschen, noch sechzig Jahre zu kommen,
Und werden erscheinen in ländlicher Tracht,
Natürlich und unbeklommen
Immer, wie sies dieses Jahr haben gemacht.

Im Juni 1811 verbringen Goethes in Weimar die Abende damit, dass der Dichter seinem Schatz die ersten Bücher von »Dichtung und Wahrheit« vorliest. Wenn Goethe also nach Christianes Tod einmal sagt, dass seine Frau nie ein Gedicht von ihm gelesen habe, so mag er es entweder vergessen haben – oder er war die ewigen Diskussionen darüber leid, ob Christiane seine Arbeit nun verstanden habe oder nicht. Was musste er, der inzwischen auch Misanthrop geworden war, schließlich fremden Menschen sagen, wie er zum Beispiel 1813 sein kleines Naturwesen mit Versen umarmte. Der besondere Anlass war ihre Silberhochzeit gewesen. Zwar nicht am 12. Juli, aber am 26. August schickte Goethe diesen Brief von Stadt-Ilmenau nach Weimar. Er hatte wohl weniger mit seinem »Geschäft« zu tun als mit dem, was er in fünfundzwanzig Jahren mit dem Herzen gefühlt und erlebt hatte:

Ich ging im Walde
So vor mich hin,
Und nichts zu suchen
Das war mein Sinn.

Im Schatten sah ich
Ein Blümchen stehn,
Wie Sterne blinkend,
Wie Äuglein schön.

Ich wollt es brechen,
Da sagt' es fein:
Soll ich zum Welken
Gebrochen sein?

Mit allen Wurzeln
Hob ich es aus
Und trugs zum Garten
Am hübschen Haus.

Ich pflanzt es wieder
Am kühlen Ort;
Nun zweigt und blüht es
Mir immerfort.

26. August 1813

»Die gute Mutter«

Der verwöhnte Häschelhanß aus dem Frankfurter Hirschgraben hat sich von Weimar aus nicht gerade aufopfernd um seine Eltern gekümmert. Das liegt gewiss nicht nur daran, dass der Vater, der Kaiserliche Rat Dr. Johann Kaspar Goethe (1710–1782), weder begeistert war, dass Johann Wolfgang sein Jura-Studium nicht mit der Promotion abschloss, ehrlich einen Doktortitel erwarb – noch, dass sein Sohn 1775 nach Weimar ging und zum Beamten eines Fürsten wurde. Ein freier Bürger einer Freien Reichsstadt, wie es Frankfurt nun einmal war, verdiente in absoluter Unabhängigkeit sein Geld und machte sich nicht zum Untergebenen. Was der Vater damit meinte, hatte der junge Goethe nach zehn Jahren im Staatsdienst von Sachsen-Weimar dann endlich begriffen: Er unternahm seine erste Italienische Reise, kam erst nach zwei Jahren wieder und reduzierte sein Engagement für die Staatsregierung auf das Nötigste. Was bekanntlich nicht ausschloss, dass diese Entscheidung für ihn keinerlei Nachteile brachte.

Wo der Vater schwieg, pflegte die Mutter umso mehr den Kontakt nach Weimar. Nicht nur zum Sohn, sondern auch zur Herzogin Anna Amalia. Katharina Elisabeth Goethe (1731–1808), die von jedermann nur Frau Aja oder Frau Rat genannt wurde, schrieb zwar nicht sehr gerne Briefe, aber wenn sie einmal Lust hatte, dann waren sie zahlreich und lang. Die Eigenheiten ihres Sohnes nahm sie hin, und wenn sie etwas dringend von ihm wollte, dann formulierte sie ihre Wünsche so, dass der jeweilige Sekretär sich angesprochen fühlen musste, die Aufträge zu erledigen.

Doch wie jede Mutter, die ihren geliebten Sohn nicht in der Nähe hat, schickte sie ihm Socken, Stoffe für Manschetten, Westen, Bettwäsche und dazu natürlich Leckereien, die es nur in Frankfurt gab. Dazu gehörten auch die Ess-Kastanien, die alljährlich für die Weihnachtsgans nach Weimar geschickt wurden, ganz gleich, wie viel Mühe es Frau Aja machte, in Jahren schlechter Ernte überhaupt welche zu bekommen. Sie wusste um das eheähnliche Verhältnis Johann Wolfgang Goethes und tolerierte es ohne Gram. Wenn er so glücklich war, dann befand sie es für wesentlich besser, als in einer »fatalen Ehe« gefangen zu sein. Und noch ehe sie Christiane Vulpius überhaupt kannte, ließ sie Grüße an den »Bettschatz« ausrichten. Besondere Freude machte ihr das – ebenfalls unbekannte – Enkelkind August. Ein Anlass mehr, Pakete nach Weimar zu schicken.

»Frankfurt, 25. Mai 1794.

Obzwar die Bücher hoffendtlich diese Woche gepackt und alsdann so bald als möglich durch einen Fuhrmann an dich abgeschickt werden soll; so hat es mir doch für inliegendes Holländisches Tuch und den Batist zu lange gedauert. Verwundre dich nicht daß der Batist aus lauter Lappen besteht – Dein Bettschatz wird es schon einrichten, daß es reichlich an 12 Hemden Manschetten und Vorderstriche gibt ... warum aber nicht vom gantzen Stück? Antwort – weil es die nehmlichen Dienste tut und weil der Batist /: Da kein Frantzoß mehr her darf :/ jetzt enorm theuer ist – die hälfte ist zum allerwenigsten gespart – brauche alles gesund...«

»Frankfurt, 17. November 1794.
… Noch eins! Ich mögte deinem Augst gerne zum Heiligen Christ eine kleine Freude machen – etwas zu einem Kleidgen – oder Spielsachen u.d.g. gehe mit deiner Freundin zu rathe und schreibe bey Zeiten – damit ichs zeitig besorgen kann.«

»Frankfurt, 8. Dezember 1794.
Ich hoffe beykommendes Zeug welches warm hält, und doch leicht ist wird dem kleinen Augst wohl behagen – Der prächtige Franckfurther Confect wird in der Christwoche erscheinen. … Ich hoffe, daß die beyden Halstücher den Jungfer Mädgen ein angenehmes Christgeschenck sein werden, denn ich habe zwey gantz gleiche /: damit sie sich nicht über die Wahl veruneinigen :/ und recht schöne /: wie der Augenschein lehret :/ ausgesucht …«

»Frankfurt, 10. April 1795.
Lieber Sohn! Künftigen Montag wird seyn der 13te Aprill gehen an dich zwey Kistger ab – in einem ist das Türckische Korn 2 u Türckisch garn und etwas Rabuntzlen – ich habe letztre mit den Wurtzlen laßen ausheben – wenn sie gleich in die Erde kommen; so hoffe ich daß sie gedeihen – sie wachsen hir in keinen Gärten sondern wild – es ist mir übel gegangen biß ich sie durch Bauersleute bekam – die Artischocken pflantzen sind diesen strengen Winter aller erfrohren – und sind keine zu haben…«

Frau Aja verwöhnt Goethe, Christiane und den Enkelsohn. Die Dankesbriefe muss Goethe schreiben, denn in den ersten Jahren scheut sich Christiane, an die Schwiegermutter zu schreiben. Nicht dass sie Angst hätte. Sie glaubt, sich ihres Dialektes und ihrer unorthodoxen Orthographie wegen schämen zu müssen. Das jedoch schmerzt sie umso mehr, als sie in ihrer spontanen Herzlichkeit gleich zur Feder greifen möchte, um den Dank nach Frankfurt zu schicken. Doch es scheint nicht sehr lange zu dauern, bis Christiane und Frau Aja einander schreiben. Christianes Briefe sind nicht erhalten, auch die von Goethes Mutter kaum. Die Berichte Christianes an den Geliebten sind der einzige Beweis für die Sympathie.

»Weimar, Ende Juni 1793.

Die Frau Räthin hat mir einen rechten lieben Brief geschrieben. Der hat mir einen rechten vergnügten Tag gemacht. Sei nur so gut und entschuldige mich wegen meinem Schreiben. Sie hat sich bei mir nach dem Kleinen erkundigt, und da habe ich ihre wieder geantwortet, ich wünsche mir nur, sie noch einmal in meinem Leben zu sehen und zu sprechen. Sie muß eine rechte gute Frau sein, Dich hat sie auch recht lieb. Im Garten geht alles mit den Pflanzen gut, nur der Gärtner und der Hofgärtner von Belvedere sind nicht einig wegen dem Spargel, und die jungen Bäume hat gewiß unser Gärtner nicht tief genug gepflanzet. Deßwegen kömmt morgen der Hofgärtner von Belvedere herunter und hat unsern Gärtner auch bestellt. Darein lege ich mich aber nicht, das mögen sie selbst ausmachen. Viel wird dieß Jahr mit Gemüse und Einmachen nicht werden, wenn mir keine bessere Witterung bekommen, es ist so kalt, daß gar nichts wachsen kann. Ich habe Dir vergessen zu schreiben, daß Jacobi 2 mal bei uns gewesen ist, er ist allemal 2 Tage dageblieben. Der wird itzo mehr als zu munter. Nun wollte ich Dir nur sagen, daß Du mich hübsch lieb behältst und mannichmal an mich denkest, mir kömmst Du nicht aus den Gedanken. Ich bin immer betrübt, ich habe es Dir nicht schreiben wollen, aber seit Du weg bist, kann ich mich über nichts recht freuen.

Leb wohl und denke an mich, ich liebe Dich über alles.

Wenn es möglich ist, so besorge, daß ich nur den Barchent und die Federleinwand bekomme. Itzo, da ich noch herum gräbele, kann ich noch das Bett besorgen. Denn wir müssen es haben, weil ich das, das mir gehabt haben, wieder fortgeschütt habe.«*

Im Jahr 1797 ist es dann so weit. Johann Wolfgang von Goethe beabsichtigt, seine geplante Reise in die Schweiz zu nutzen, um Christiane und August der Mutter in Frankfurt vorzustellen. Da Goethe Frau und Kind allein nach Weimar zurückschicken würde, beschloss er, sein Testament zu machen, wozu er allerdings eine Erb-Verzichtserklärung der Mutter benötigte (siehe Seite 92 ff.). Die Reisevorbereitungen dauern lange, da Goethe nicht fahren kann, bevor er nicht seine Arbeiten in Jena abgeschlossen hat.

»Jena, den 9. Juni 1797.

Das Wetterglas ist diese Tage stark gefallen, es fängt an zu regnen, und ich fürchte, bei abnehmenden Mond wird es noch schlimmer; wir wollen daher unsere Fahrt noch aussetzen, sage das Schilling, damit er sich die Fuhre nach Lauchstädt nicht verschlägt.

Ich schicke hierbei schöne Erdbeere und wünsche, daß sie gut ankommen, leider sind sie schon einige Tage alt; sage dem Kind, wenn es mir hübsche Briefe schreibt, so sollen auf dem Mittwoch noch frischere ankommen.

Schicke mir doch auch 4 Krüge frisches Seltzer Wasser, es ist mir diese Tage recht ein Bedürfnis geworden.

Für Deinen langen Brief danke ich Dir recht sehr, es geht schon wirklich mit dem schreiben, wenn Du es nur recht üben willst.

Hier schicke ich Dir einen Brief meiner Mutter, daraus kannst Du sehen, wie gut sie denkt.** Alle Einrichtungen können nunmehr

---

* Goethe ist im Feldlager Marienborn und hat in Frankfurt bei seiner Mutter einige Wünsche Christianes in Auftrag gegeben. – Das Bett, das weggeschüttet wurde, meint die Stroh- oder sonstige Füllung des Bettes. Federn wurden seltener als Füllung verwendet.

** Goethe meint den notariell beglaubigten Verzicht auf alle Erbansprüche seiner Mutter gegenüber ihrem Sohn.

aufs beste gemacht werden, und ehe 14 Tage herumgehen, kann alles in der besten Ordnung sein.

Die beste Nachricht, die ich Dir zu geben habe, ist denn doch wohl, daß das Gedicht fertig ist, und so wäre recht gut, wenn ich nur sonst ruhen könnte; es wird aber jetzt unermüdet am Almanach gearbeitet, der denn auch recht stattlich ausgestattet werden soll. Lebe recht wohl, besorge inliegende Briefe und Packete sogleich. Noch 8 Tage, so wird schon vieles klärer, und wir werden einander hoffentlich näher sein. G.«

Am Abend des 16. Juni 1797 kehrt Goethe von Jena zurück nach Weimar und schreibt schon am 7. Juli an Heinrich Meyer, den engen Freund der Goethes, nach Stäfa am Zürich See, dass er bald »so los und ledig als jemals« sein werde. »Ich gehe sodann nach Frankfurt mit den Meinigen, um sie meiner Mutter vorzustellen, und nach einem kurzen Aufenthalt sende ich jene zurück und komme, Sie am schönen See zu finden. Unsere Hausfreundin grüßt Sie aufs schönste.« Nachdem die Testamentsfrage zu Goethes Zufriedenheit gelöst ist, schreibt er am 27. Juli an den Kanzler von Koppenfels, um Reisepässe für sich, Christiane und August zu beantragen:

»Da ich aber auch meine kleine Familie bis Frankfurt mitzunehmen gedenke und sie besonders auf dem Rückwege, den sie allein zurücklegen, sich selbst überlassen muß, so hätte ich auch für Mutter und Sohn um einen besonderen Paß zu bitten. Ich überlasse Ew. Hochwohlgebornen, ob Sie unbedenklich finden, etwa einen dergleichen auf Frau Vulpius und Sohn ausfertigen zu lassen, oder was Sie sonst schicklich und zweckmäßig finden. Es ist ohnehin nur auf allen Fall, indem Reisende, besonders auf dieser Route, sehr selten um Pässe gefragt werden.«

Einen Tag später teilt Goethe dem Kanzler noch mit: »Der Name der Mutter ist Christiane und das Alter des Sohnes sieben und ein halbes Jahr.«

Am 30. Juli reisen Goethe, Christiane und August nachmittags um drei Uhr von Weimar ab. Erste Station ist Erfurt; am 2. August ist die Reisegesellschaft in Gelnhausen. Von hier ab nimmt Goethe die Extrapost und ist am 3. August morgens um 8 Uhr bei seiner Mutter. Diese separate Reise unternahm er wohl auf ausdrücklichen Wunsch von Frau Aja, die am 25. Juli geschrieben hatte: »Mir wäre es sehr lieb, wenn Du es einrichten köntes bey hellem Tage in Goldenen brunen Einzug zu halten – des Nachts ankommen liebe ich nicht – zumahl in einem dir gantz frembten Hauß – Hir hast du meine Willens meinung.«

Die Frau Rat Goethe hatte inzwischen das für sie allein zu groß gewordene Haus am Hirschgraben verkauft und war auf den nahe gelegenen Roßmarkt in eine Wohnung im ersten Stock gezogen. Am Abend desselben Tages kamen dann auch die Schwiegertochter und der Enkelsohn in Frankfurt an; Frau und Sohn wohnten im Hotel, er selbst bei seiner Mutter. Drei Tage hatte Goethe für diesen ersten Besuch seiner Familie bei der Mutter anberaumt. Am 5. August schreibt er an Heinrich Meyer in der Schweiz: »In diesen ersten Tagen bin ich nur beschäftigt, diesen Fremdlingen alles zu zeigen, da sie Montags, den 7., schon wieder abreisen.« Und an diesem Tag vermerkt Goethe in seinem Tagebuch: »Fuhren die Meinigen um 3 Uhr fort.« Der Schreiber Geist begleitete sie bis Hanau.

»Hanau, 7. August 1797.

Ich will Dir durch Deinen Geist nur ein paar Worte sagen. Ganz zufrieden bin ich freilich nicht, daß Du, mein Lieber, nicht bei mir bist, ich will mich aber recht gut aufführen und nicht gramseln und mir nur immer denken, wie lieb Du mich hast, und wie gut Du es mit mir meinst. Ich danke Dir noch vor alle Liebe und Güte. Ich bin nur zufrieden, wenn ich mir denke, daß der gute Schatz bei der lieben Frau Rath ist, wo es Dir gut geht. Empfiehl mich ja noch vielmal, und ich will ihr von Weimar schreiben. Leb wohl.

In Eile.«

»Lieber Vater,
thun Sie mir den Gefallen und reisen Sie nicht in die Schweiz, sagen Sie der lieben Großmama viele Grüße, und ich hätte sie recht lieb.

Leben Sie wohl und sein Sie mein gutes Väterchen.

Ihr August.«

»Frankfurt, den 9. August 1797.
Ich bin euch immer in Gedanken nachgefolget, und gestern Abend in der ›Müllerin‹, die mir nur theilweise Vergnügen gemacht hat, dachte ich oft, daß ihr nun ruhig in Schlüchtern sitzen würdet. Ich verlange recht sehr zu hören, wie ihr eure Reise zurücklegt, und hoffe das Beste. Eure Briefchen von Hanau haben mir viel Freude gemacht; sage dem Kleinen, daß ich seine Briefe aufhebe und sehen will, wie er nun immer besser schreibt. Ich habe angefangen, einiges zu überlegen und zu dictieren, aber es wird ganz unmöglich sein, in dieser Wohnung etwas zu arbeiten; ich will noch etwa acht Tage zusehen und dann irgend einen Entschluß fassen. Wenn Du wieder stille zu Hause bist, so wirst Du erst recht gewahr werden, was für eine Menge Gegenstände Du gesehen hast.

Wenn Packete angekommen sind, so mach sie nur auf; wenn eins mit Noten dabei ist, so schickst Du es an den Kämmerier Wagner. Lebe recht wohl, schreibe mir bald und behalte mich lieb. G.«

»Weimar, den 13. August 1797.
Lieber Schatz,
ich habe heute Deinen Brief erhalten vom 9. August, Du wirst nun auch unsere Reise erhalten haben. Wenn Du diesen Brief der lieben

Frau Räthin gibst, so entschuldige mich ja wegen meines Schreibens, ich bin recht böse auf mich selbst, daß ich auch gar nichts kann. Vor die schöne Reise und vor die viele Mühe und Beschwerlichkeit, die Du mit uns gehabt hast, sage ich Dir noch vielen Dank. Ich werde noch sehr lang davon zu erzählen haben; in Weimar sind die Leute sehr neugierig und haben sich wegen unserer Reise allerhand Mährichen gemacht, die ich Dir, wenn mir wieder zusammen sind, erzählen will.

In meiner Haushaltung habe ich alles in der größten Ordnung gefunden. Meine guten Freunde haben mich gestern alle besucht, und es ist Rath gehalten worden, wie der schwarze Schimß [Chintz] gemacht werden soll. Die Strümpfe vor die Frau Räthin sind auch besorgt. Mit der nächsten Post soll auch der fehlende ›Merkur‹ erscheinen ...

Ich bin sehr heiter und vergnügt, wenn ich an unsere Hinreise nach Frankfurt denke; wie Du, Lieber, so gut warst und uns so lieb hattest, das werd ich nie vergessen. Und die liebe Frau Rath hat uns so gut aufgenommen! Ich glaube, ich bin nach der Reise ganz anders, ich komme mir ganz glückselig vor. Ich werde wohl nie wieder gramselen. Die Ernestine will, weil sie das Einmachen einmal übernommen hat, auch es dieß Jahr allein machen. Dieß lass ich mir gern gefallen und will nun auch alle meine guten Freunde besuchen und etwas von Frankfurt erzählen. Das Kind ist sehr wohl und war sehr vergnügt, seinen Spielcamerad wiederzusehen. Es ist kein Wein, kein Globus, kein Aal, kein Packet angekommen. Wenn nur etwas Wein käme, sonst werde ich doch ein bißchen unglücklich, denn den Wertheimer liebe ich mir nicht, und mir haben auch nicht viel; und auf Deinen Geburtstag da müssen doch auch etliche Bouteillen aufgehn, denn da werden meine guten Freunde, jung und alt, eingeladen. Wenn ich nur ein paar Fläschchen Malaga hätte! Was recht übel war, daß mir in Frankfurt keine Flasche Champagner getrunken haben. Das betrübt mich ordentlich. Leb itzo wohl.

Aber wenn Du wiederkommst, da will ich Dich auch liebe haben, so wie Du Dir es gar nicht denken kannst. Adieu, liebe mich wie ich Dich.

Christiane V.«

»Frankfurt, 24. August 1797.

Liebe Freundin!
Das Vergnügen so ich in Ihrem Lieben traulichen Umgang genoßen macht mich noch immer froh – und ich bin meinem Sohn vielen Danck schuldig daß Er mir solches zu verschaffen die Güte hat haben wollen. So kurtz unsere Zusammenkunft war, so vergnügt und hertzlich war sie doch – und die Hoffnung Ihnen meine Liebe einst auf längere Zeit bey mir zu sehen erfreut mich zum voraus – Da wir einander kennen; so wird die Zukunft immer vergnügter und besser vor uns werden – behalten Sie mich in Liebevollem Andencken – und von meiner seite glauben Sie das nehmliche. Die Gründe die mir mein Sohn von seiner Reiße vorgestellt hat konnte ich nicht widerlegen – er geht also in die Schweitz – Gott! Begleite Ihn und bringe Ihn so gesund und heiter wieder zu uns als Er weg geht; so wollen wir uns über seine Abweßenheit beruhigen, und ihm dieße Freude das schöne Schweitzer land nach so viel Jahren einmahl wieder zu sehn von Hertzen gönnen – und wenn ich Ihn bey seiner Rückkunft wohl genährt und gepflegt habe – Ihnen meine Liebe wohlbehalten wieder zurück spediren werde – das wiedersehn wird uns allen große Freude machen – das soll dann einstweilen unser Trost sein. Vor Ihren lieben Brief dancke Ihnen hertzlich – auch dem lieben Augst dancken Sie durch einen hertzlichen Kuß von der Großmutter vor den seinen, auch sagen Sie Ihm, daß das Mändelgen mit den Schellen sich als noch hören ließe und daß ich Infanteri und Cavaleri aufs Christkindlein bestelln wollte. Leben Sie wohl! Behalten diejenige

in gutem Liebevollen Andencken, die mit wahrer Liebe und hertzlichkeit ist und seyn wir

Dero treue Freundin und Mutter
Elisabetha Goethe«

»Frankfurt, 23. September 1797.

Liebe Freundin!
Zwey ja dreyfachen Danck bin ich Ihnen schuldig – vor die Hufiandischen Bücher – vor die auserordentlichen schönen und wohlgerathenen Strümpfe – die mir wie angegoßen sind – und mich diesen Winter vor der Kälte wohl beschützen sollen – und endlich daß Sie mir doch ein klein Fünckgen Licht von meinem Sohn angezündet haben – vermuthlich wißen Sie also wo Er ist? … Sind Sie meine Liebe arbeitsam – sorgsam – wirthschaftlich – damit wenn der Häschelhans zurückkommt – Er Kammern und Speicher angefült von allem guten vorfinden wird – nehmen Sie auch davor meinen besten Danck – denn ein wirthschaftliches Weib – ist das edelste Geschenck vor einen Biedermann – da das Gegentheil alles zerrüttet und Unglück und Jammer über die gantze Familie verbreitet – Bleiben Sie bey denen Ihnen beywohnenden Edlen Grundsätzen – und Gott! Und Menschen werden Wohlgefallen an Ihnen haben – auch wird die Ernde die Mühe reichlich belohnen. Grüßen Sie den lieben Augst und dancken Ihm durch einen Kuß vor seinen Lieben Brief – Gott! Erhalte Ihn zu unser aller Freude gesund – und laße Ihn in die Fußstappen seines Vaters tretten Amen. Behalten Sie mich indeßen in gutem liebevollen Andencken – und Seyn versichert daß ich biß ans Ende meiner Tage seyn werde

dero
treue Mutter und Freundin
Goethe«

»Frankfurt, 13. April 1800.

Lieber Sohn,
hirbey kommt das gewöhnliche Welch korn – Ihr habt es zwar noch nicht verlangt – da es aber alle Jahre um diese Zeit begert wurde; so schicke ichs in Hoffnung daß es gerade zu recht kommen wird … Jetzt ein par Worte mit meiner Lieben Tochter. Sie verlangen feines Tuch zu den Hälsen – das sollen Sie sehr schön bekommen ferner Batist zu Kraußen – nicht auch zu Manschetten? Ich weiß wohl daß die meisten Herrn keine mehr tragen – wie es aber bey meinem Sohn Mode ist – das müßen Sie die Güte haben mir mit ein paar Worten zu schreiben. Auch muß ich Ihnen über Ihren großen Fleiß im Spinnen loben – das ist recht brav Ihro Demoiselle Schwester ist sehr geschickt so fein Spinnen zu können das ist viel nützlicher als womit sich die Frauenzimmer bey uns abgeben. Dancken Sie Ihr in meinem Nahmen und empfehlen mich Ihr aufs beste …«

»Frankfurt, 27. April 1800.

Lieber Sohn!
Hier schicke ich einen Sommerhut von der neusten Fason – wünsche daß er meiner Lieben Tochter wohlgefallen möge – da er aber ein sehr festliches Ansehn hat; so soll mit kommendem Postwagen – noch ein geringerer von Stroh alle Tage zu tragen nachfolgen …«

»Frankfurt, 10. Juni 1800.

Lieber Sohn!
Daß du in Leipsig mit deinen Lieben vergnügte Tage verlebt hast hat mich sehr gefreut, solche Nachrichten von dir machen mich allezeit sehr glücklich – Gott! Laße mich immer solche gute Briefe von dir und den Lieben die dir angehören leßen… Jetzt ein paar worte mit meiner Lieben Tochter! Wenn Ihnen meine Liebe der Sommerhut Freude gemacht hat; so ists mirs sehr angenehm – daß

ich mein versprechen mit dem andern der nachkommen sollte, nicht gehalten, darann bin nicht ich sondern Frau von Schwartzkopf schuld – die versprach mir einen zu besorgen – und thats nicht – ich bin in diesen Modesachen sehr unwißent ich werde mich jetzt an Frau Stock wenden, da wird doch endlich noch einer zum Vorschein kommen. Sie haben neulich von mir Hals kraußen und Batist verlangt, darauf schriebe ich Ihnen ob mein Sohn nur Schapo oder auch Manschetten trüge – darauf habe ich noch keine Antwort erhalten – ich müßte es aber doch wißen – um mich im Einkaufen darnach zu richten. ...«

»Frankfurt, 7. Juli 1800.

Liebe Tochter!
Hier schicke ich Ihnen den verlangten Batist und das Tuch zu Halskrägen ich hoffe daß es Ihnen gefallen wird – Ferner den schon längst versprochenen Strohhut – verwundern Sie Sich nicht das er auch die gelbe Farbe hat – die gantze neumodische Welt trägt jetzt gelb lauter gelb – brauchen Sie ihn gesund und froh! ...«

»Frankfurt, 13. April 1801.

Lieber Sohn!
Hir schicke ich meiner Lieben Tochter einen Prachtvollen Somerhut – und hoffe Sie wird Freude dran haben. Die sacktücher vor dich sind gekauft – da ich aber glaube Euch einen Gefallen zu erzeigen wenn ich sie fis und fertig übersende; so laße ich sie auch nehnen – zeichnen und waschen – da kanst du sie gleich bey ihrer Ankunft brauchen ...«

»Frankfurt, 10. Juli 1801.

Liebe Tochter!
Vielen und schönen Danck vor Ihren Lieben Brief ... – sie meine Liebe Tochter haben sehr wohl gethan das Gut zu verpachten –

legen Sie Sich ja nicht mehr Last auf als Sie tragen können – Ihre Gesundheit könnte darunter leiden – wo doch so viel sowohl vor meinen Sohn, als vor uns alle darann gelegen ist – Es ist recht schön daß Sie meine Liebe, so ein Brave Hauß-Mutter sind – aber mann kann auch des guten zu viel thun. Schonen Sie also ich bitte Ihnen Ihre uns allen so theure Gesundheit! Ich hoffe Sie befolgen meinen Mütterlichen rath …«

»24 . September 1803 – An Christiane Vulpius

Liebe Tochter!
Sie haben also wohl zugenommen, Sind hübsch Corpulent geworden das freut mich, denn es ist ein Zeichen guter Gesundheit – und ist in unserer Familie üblich …«

»Frankfurt, 2. Dezember 1803.

… Mein Liebe Tochter schriebe mir neulich Sie würde etwas Corpulent die Kleider würden zu enge – da hat nun das Christkindlen davor gesorgt und bringt zwey schöne neue Kleider das eine von Taffend die Farbe Egyptische Erde und einen Catun der sich vortreflich waschen läßt – und den Jedermann vor Seidenzeug ansieht – mit einem Wort schön schön …«

Zu den Farben der Kleider bemerkt Frau Aja in ihrem Brief vom 12. Dezember 1806 an den Sohn, dass man derzeit viel Blau trage. Diese Farbe könne sie selbst aber in keiner Schattierung leiden. Deshalb habe sie sich für die hellen Farben entschieden, denn: »Was schmutzt, das putzt … Deinem Lieben Weibgen dancke vor den lieben Brief den Sie mir geschrieben hat – Ihr schönes – heroisches – haußhälterisches Betragen hat mein Hertz erfreut – Gott! Erhalte Ihren frohen Muth – Ein fröliges Hertz, ist ein täglich Wohlleben, sagt Sirach …«

Zweifellos war es ein geschickter Schachzug Goethes, seine Frau auch ohne Trauschein der Mutter vorzustellen. Das freute Frau Aja und gab Christiane, über seine testamentarische Verfügung hinaus, einen weiteren Beweis, dass er es mit seiner Gewissensehe ernst nahm. Seine Mutter hatte die Schwiegertochter schon früher akzeptiert, verwöhnte sie nicht minder als den Häschelhanß. Aber Christiane bestaunte ja in Frankfurt 1797 nicht nur die Sehenswürdigkeiten, sondern lernte auch die alten Freunde der Familie kennen. Wenn er im Umfeld seiner Mutter jedoch Frau und Kind vorstellte, dann bedeutete das auch für ihn, dass er überzeugt war, die richtige Wahl für sein Privatleben gefunden zu haben. Bei aller Freizügigkeit, die Goethe sich in Weimar mit seinen Lebensverhältnissen leistete, wäre es nämlich auch für ihn nicht denkbar gewesen, die Mutter mit einer Amoure zu konfrontieren.

War die Frau Rat Goethe bisher schon sehr großzügig für den Kleiderstaat ihrer Schwiegertochter gewesen, so wird das Weihnachtspaket 1806 – nach der Trauung Goethes mit Christiane – noch opulenter. Am 16. Dezember 1806, abends 9 Uhr, schreibt Christiane an ihren Mann nach Jena:

»Heute, mein Lieber, ist das Kistchen von Frankfurt angekommen, ich habe mich sehr gefreut! Es waren 20 Ellen seidenes Zeug darin vor mich und auch ein Paar schöne Schuh und ein Paar seidene Strümpfe, schöne Spitzen und vor August sehr schönes Tuch 3 und 1/2 Elle und Knöpfe auch zu einer Weste. Die gute Mutter! Aber auf die Redoute kann ich es nicht anziehen, es ist mehr zu einem Staatskleide, aber sehr schön. Wenn Du nur schon hier wärest, daß ich es Dir alles zeigen könnte! Ich habe eine sehr große Freude darüber. Nun wünschte ich nur, der heilige Christ verlör in Jena 10 Ellen weiße Halb-Atlas, die Elle zu 12 Groschen, das wären 5 Thaler; das wäre dem heiligen Christ ein Leichtes. Oder nur 5 und 1/2 Elle Calico-Halb-Atlas, das wäre nur 2 Thaler 18 Groschen, die Elle zu 12 Groschen. Das müßte der heilige Christ aber bald verlieren; solltest Du ihm etwa unverhofft begegnen, so kannst Du mit ihm darüber sprechen. Du mußt aber ja nicht böse werden, daß ich Dich mit einem solchen Auftrage beschwere; ich werde auch nicht böse, wenn es mir abgeschlagen wird.

Wenn er nichts verliert, so ziehe ich mich wieder wie das vorige Mal an und bin auch zufrieden ...«

Der Wunsch wird Christiane wohl erfüllt worden sein, denn Goethe sah seine Frau gerne modisch und vorteilhaft gekleidet. Außerdem hatte er längst für sich beschlossen, Christiane im Frühjahr in ihrer neuen Würde als »Frau Geheimrätin Christiane von Goethe« nach Frankfurt zu schicken. In seiner Vertretung sollte sie nicht nur die Mutter besuchen, sondern auch die Honneurs machen, um den dortigen Freundeskreis besser kennen zu lernen – vielleicht dort auch eigene Freunde zu finden. Um diese Zeit nämlich war es für Goethe noch lange nicht entschieden, dass er sein Leben ausschließlich in Weimar verbringen wollte. Nach dem Tod der Mutter – 1808 – überlegte er durchaus, ob Christiane nicht eine Wohnung erwerben sollte, damit man zeitweilig in Frankfurt leben könne. Man entschied sich, nichts zu kaufen. Das Bürgerrecht der Stadt aber gab Goethe erst nach Christianes Tod zurück. Doch nun fährt Christiane erst einmal allein nach Frankfurt und Goethe ist es, der in Weimar auf Post wartet. In seinem Tagebuch vermerkt er unter dem 23. März: »Reiste meine Frau nach Frankfurt ab, und August begleitete sie zu Pferde bis Erfurt.«

»Weimar, den 30. März 1807.

Daß uns die liebe Mutter noch als Genien in Worten und Werken erkennt, freut mich sehr. Es ist mehr als jemals nöthig, genialisch

Catharina Elisabeth Goethe, genannt Aja. Pastellbild von Georg Oswald May, 1776.

zu sein, wenn man nur einigermaßen leben und sich des Lebens erfreuen will.

Daß meine liebe Frau glücklich angekommen, war mir sehr beruhigend zu vernehmen. Der Brief, der mir es meldet, kam ganz genau zur Stunde. Er überzeugt mich von dem, was ich voraussah, daß die Zusammenkunft erfreulich sein würde.

Wegen künftiger Abenteuer werde ich wohl in Karlsbad ein paar hübschere Pistolen kaufen müssen, die gegenwärtigen sind doch etwas zu colossal.

Auf die Erzählung des Vergangenen freue ich mich. Zum Schreiben mag sich unter den gegenwärtigen Umständen wenig Zeit finden. Dagegen will ich mit meinen Nachrichten etwas umständlicher sein. Denn ich halte dafür, wenn man lange auseinanderbleibt, so soll man sich wechselseitig um das Detail des Lebens nicht bekümmern. Hofft man sich aber bald wiederzusehen, so ist es gut, nicht aus dem Zusammenhange zu kommen.

Zuerst also muß zum Lobe der Köchin gesagt werden, daß sie ihre Sachen vortrefflich macht, gute Waare ankauft und sie mit

Sorgfalt zubereitet, sodaß wir es uns jeden Mittag können wohlschmecken lassen. Am Grünen Donnerstag haben wir uns Kohlsprossen bestellt und Honig zum Nachtisch, um dieses Fest würdig zu feiern. August hatte selbst Eier roth und hart gesotten. Da die Fastenbrezeln alle sind, so bäckt die Köchin allerlei Torten und Kuchen, die ihr nicht übel gerathen. Ein Truthahn ist abgeschlachtet, und andre gute Dinge sind im Vorrath.

Mit dem Keller geht es sehr ordentlich. Der Gnome pflegt mich genau zu beobachten, ob ich etwa mich um ein Nößel irren möchte; und so wirst Du die Tabellen mit dem Vorrath übereinstimmend finden …

Über das gute Wetter, das die vergangene Woche anhaltend war, haben wir uns besonders um Deiner Reise willen gefreut. Jetzt schneit es wieder ein wenig. Wir wünschen Dir die beste Witterung zur Frankfurter Messe und allem Zubehör, empfehlen uns allen Freunden, besonders der Frau Syndikus Schlosser, bitten um ein paar Zeilen manchmal und wüßten wenig mehr zu sagen … G.«

»Weimar, den 3. April 1807.

Obgleich heute kein Brief von Frankfurt angekommen ist, so will ich doch einen von hier abgehen lassen, um abermals zu melden, daß alles gut steht, und daß man sich des schönen Frankfurt und alles Guten, was dort zu genießen ist, mit Gemüthsruhe freuen kann.

Die Herzogin Mutter ist wieder hergestellt, und von dieser Sorge wären wir also befreit. Von Krieg und Kriegsgeschrei hören wir auch kaum etwas weiter, als was August gelegentlich mit großen Triumph aus der Bayreuther Zeitung erzählt. Was die häuslichen Dinge betrifft, so ist das Spargelquadrat nebst den Rabatten umgegraben, obgleich die Witterung keineswegs günstig ist und wir wieder starken Schnee haben.

Am Mittwoch ist die regierende Herzogin mit den Damen zum

ersten Mal bei mir gewesen, und ich hoffe, diese Unterhaltung bis zu meiner Abreise fortzusetzen ...

Sonst ist von da- und dorther manches Freundliche eingegangen. Das Vergnüglichste aber wird mir sein, wenn Du Dich mit der lieben Mutter wohlbefindest und glücklich wieder bei uns anlangst. Wenn Du Deine Ankunft genau bestimmen kannst, so wollen Dir die Reiter wieder bis Erfurt entgegen kommen. Lebe recht wohl, empfiehl mich der lieben Mutter und den Freunden und laß bald wieder von Dir hören. G.«

Die Antwort schickt Frau Aja am 7. April: »Da deine Liebe Frau gleich nach erhaltung deines Lieben Briefes mit zwey guten Freunden nach dem Willhelms Baad gefahren ist, und erst diesen Abend wieder kommt; so hat Sie mich ersucht dir folgendes zu berichten, daß Sie Sontags den 12. Aprill Vormittags in Erfurth im Römischen Kaiser ankommen wird – Was Ihr daraus vor Eures Thun und machens etwa thun wolt – könnt Ihr nun betreiben – Gerne schrieb ich mehr aber es ist keine einzige Feder im Hauße die etwas taugt.«

Goethes Mutter hatte Christiane nun ganz wie eine eigene Tochter akzeptiert. Sie liebte sie aufrichtig und war – besonders weil sie das fordernde Wesen ihres Sohnes so gut kannte – sehr um Christianes Gesundheit besorgt. Sie fürchtet immer und sagt es auch Goethe in aller Deutlichkeit, dass sich die Schwiegertochter zu sehr überanstrengen könnte mit den Aufgaben, die ihr das »Unternehmen Haushalt« aufbürdete.

»Frankfurt, 17. August 1807.

Liebe Tochter!
... Jetzt ein Wort mit Ihnen, Liebe Tochter! Ihr letzter Brief aus Lauchstätt hat mir gar nicht behagt, Sie schreiben daß seit der Zeit Ihrer Abreiße von hir ein immerwährender Catar Sie incomodire,

machen Sie mit Husten und Catar keinen Spaß – ich habe Doctor Melbert gefragt – Er hoft die warme Witterung soll alles wieder gut machen – wenn die Wäre die Genesung vor Ihr über ist; so müßen Sie Radicaliter Curirt seyn – denn seit 1748 habe ich so keinen anhaltenden Sonnenschein; so keine Hitze zum Ersticken erlebt wie dieses Jahr. Noch einmahl machen Sie keinen Spaß – Schreiben Sie mir so bald Sie wieder in Weimar sind – ehrlich – redlich und aufrichtig Ihr Befinden – der Husten muß weg – ehnder habe ich keine Ruhe – ein großer Arzt den nahmen habe ich vergeßen sagt: Es starben mehr Menschen am Cathar als an der Pest – folgen Sie mir, fragen Sie Ihren Artz um Rath und geben mir Nachricht von Ihrem Wohlbefinden – das wird mir einen Freudenreichen Tag machen – ich glaube noch immer die Verkältung in dem verwünschten Willhelms baad – war Schuld ...«
Im Jahr darauf, am 13. September 1808 stirbt die gute Mutter. Johann Wolfgang von Goethe, dem man nicht nur den Tod ihm nahe stehender Menschen sehr behutsam beibringen musste und der sich Beerdigungen immer entzog, schickte Christiane diesmal in offizieller Funktion nach Frankfurt. Sie sollte mit seinem Schwager Schlosser – dem Mann seiner früh verstorbenen Schwester Cornelia – die Erbangelegenheiten regeln. Was für Goethe natürlich auch bedeuten musste, dass Christiane auf den Vorteil ihres Mannes bedacht war.

»Weimar, den 12. October 1808.

Da ich Dir heute, mein liebstes Kind, die Vollmacht nicht schicken kann, weil Schumann nicht hier ist, der sie aufsetzen würde, so will ich Dir wenigstens schreiben und Dir sagen, daß es mir recht gut geht.

Hofrath Sartorius und Frau sind bei mir eingekehrt und bedauern gar sehr, Dich nicht zu finden; ich will sehen, wie ich meiner Strohwittwernschaft Ehre mache.

Saalelandschaft bei Jena mit Goethes Sohn August als Kind an der Baumwurzel, 1810.

Geh in allem vorsichtig und sachte zu Werke, daß Du Freunde erwerbest und erhaltest. Wenn die Vertheilung geschehen ist, schreibe mir; laß nichts verkaufen. Es könnte nichts schaden, wenn man ein kleines Quartier, auf der Bockenheimer Gasse, oder unter der Allee, nicht weit vom Schauspielhause nähme und es meublirte. Man muß auf allerlei denken. Du hättest einen angenehmen Aufenthalt eine Zeit des Jahres, wir wären eine Zeit lang zusammen. Denn für mich wird Karlsbad, für Dich Lauchstädt am Ende doch auch nicht erfreulich. Mehr nicht für heute. Grüße August und pflege ihn wohl.

G.«

Die erste Euphorie mit der Dependance in Frankfurt weicht schnell einer abwartenderen Haltung Goethes. Auch mit der Erweiterung des Bürgerrechts auf seine Familie will er sich noch Zeit lassen. Er sah nicht viel Sinn darin, weil Frankfurt zu dieser Zeit als Folge der

Napoleonischen Siege Großherzogtum war – und weit entfernt von bürgerlicher Freiheit. Bis aus Weimar alle Vollmachten und Dokumente nach Frankfurt gekommen waren, verging viel Zeit, die Christiane nutzen sollte, um dem Theater der Stadt Stücke von ihrem Mann anzubieten. »Egmont«, »Götz von Berlichingen« und »Stella« lagen Goethe dabei besonders am Herzen. Nachdem Christiane alles so diplomatisch geregelt hatte, dass die Frankfurter Freunde begeisterte Briefe über sie nach Weimar schrieben, reiste sie weiter nach Heidelberg. Dort studierte August, kümmerte sich aber wenig um die Besuche, die der Vater ihm so dringend ans Herz gelegt hatte. Der Dämmerfürst, wie ihn nicht nur die Eltern nannten, fand es zu beschwerlich, nach Mannheim zu reisen, um den väterlichen Freunden eine Freude zu machen. Die Mutter zwang ihn jetzt mit sanfter Gewalt.
Am 23. November kam Christiane von Goethe wieder nach Weimar. Und Goethe selbst demonstriert ganz den stolzen Ehemann, wenn er am 25. November 1808 an Knebel schreibt: »Meine Frau ist von Frankfurt zurückgekommen, wo sie mir die Liebe erzeigt hat, die Erbschaftsangelegenheiten nach dem Tode meiner guten Mutter auf eine glatte und noble Weise abzuthun. Sie grüßt Dich und die Deinigen vielmals.« Aber auch in Weimar scheint sich die öffentliche Meinung ein wenig zu Gunsten Christianes zu wandeln.

Wilhelm von Humboldt an seine Frau – 7. Dezember 1808
»... Die Geheimrätin, die jetzt von Frankfurt am Main, wo sie wegen des Nachlasses der verstorbenen Mutter Goethes war, zurückgekommen ist, ist ein ganz leidliches Wesen, und Goethe tut alles, um zu machen, daß die Weimarschen Damen mit ihr umgehen sollen. Caroline [von Wolzogen, Schillers Schwägerin] tut es ohne Anstand, da sie mit Recht sagt, daß sehr viele von jeher aufs rechtmäßige verheiratete Damen um kein Haarbreit amüsanter sind, und ander folgen ihr.«

»*Es kommt ein Schwänchen*«

Unter bürgerlichen Mitgift- und Finanzaspekten hatte Johann Wolfgang von Goethe alles andere als eine gute Partie gemacht, als er sich 1788 mit Christiane Vulpius verband. Als Tochter eines verarmten herzoglichen Beamten hatte sie sparen gelernt, auch das Arbeiten, um Geld zu verdienen. Vor allem das Geld verdienen müssen hatte am Ende des 18. Jahrhunderts einen gewissen Hautgout. Es schickte sich nicht für eine Bürgersfrau. Und wie denn Klatsch und Tratsch selten nach der Herkunft fragen, so war es immer die so genannte »niedere Herkunft«, die man ihr vorwarf. Goethe, der Christianes Verhältnisse besser kannte, sah das nicht nur anders und nahm auch die minderjährige Schwester und die alte Tante in sein Haus auf, sondern tat auch alles, damit Christiane wenigstens nicht auch noch in Fragen der Mode zur Zielscheibe der Spötter wurde. Einmal abgesehen davon, dass ihre äußere Erscheinung immer ansprechend gewesen sein muss, sonst hätte Goethe wohl kaum der Demoiselle Vulpius genauer ins Gesicht geschaut, als sie als Bittstellerin für den Bruder zu ihm kam.

Wenn aber Christiane in ihren Briefen an Goethe immer wieder um Luxus-Güter bittet, zumindest um die Erlaubnis, solche vom Vierteljahresbudget kaufen zu dürfen, dann ist das auch ein Charakteristikum der Zeit. Bestenfalls reiche Adlige oder Töchter aus Bankiersfamilien hatten damals ein eigenes Bankkonto, über das sie uneingeschränkt selbst verfügen konnten. Goethes Begeisterung für weiblichen Putz und Staat allerdings ist zu keiner Zeit eine Selbstverständlichkeit gewesen. Sein Sinn für Musisches, eine theatralische Optik – und für den Schick der Kleidung (auch seiner eigenen!) mag er im Elternhaus geschult haben, in der Messestadt Frankfurt um das Flair des Internationalen bereichert haben. Und so macht es ihm auch erkennbar Freude, für Christiane Stoffe, Schmuck und Tand einzukaufen. Ja, er betreibt es geradezu mit wissenschaftlicher Akribie, indem er erst das gesamte Angebot genau studiert, ehe er sich für einen Stoff entscheidet.

Auch als Goethe 1797 von Frankfurt aus allein in die Schweiz fuhr, plagte ihn keineswegs das schlechte Gewissen, wenn er schon bald anfängt für Christiane einzukaufen. Es macht ihm einfach Freude. Ebenso selbstverständlich ist es jedoch für ihn, auf Reisen für den Haushalt notwendige Gegenstände dort einzukaufen, wo man sie wahlweise in der größten und besten Auswahl oder am preiswertesten erhält. Und edlen Delikatessen oder Weinen kann Goethe gleich gar nicht widerstehen.

»Stäfe, am 23. September 1797.

Ich habe nun endlich glücklich diesen Ort erreicht und bin mit Meyern sehr vergnügt und zufrieden bei den Seinigen, in einem sehr reinlichen und artigen Hause, umgeben von einer ganz herrlichen Gegend. Wie mir es seit Tübingen gegangen ist, erfährst Du in der Beilage. Ich wünsche nichts so sehr, als daß ich Dir dereinst und dem Kleinen die schönen und herrlichen Gegenstände auch zeigen könnte.

Von Dir habe ich seit langer Zeit nichts gehört, wahrscheinlich stocken Deine Briefe, weil sie bisher über Frankfurt gegangen sind, irgendwo; desto regelmäßiger wirst Du die meinigen empfangen haben.

Waldlandschaft mit Wasserfall in der Schweiz, 1775.

Durch Herrn Geheimde Rath Voigt habe ich vernommen, daß der Kleine krank und auf der Bessrung war, heute schreibt mir Herr Hofrath Schiller, daß das Kind wieder völlig hergestellt sei; sein

Brief ist vom 7. September, ich bin also hierüber beruhigt, da ich vermuthen kann, daß das Außenbleiben Deiner Briefe nur etwas Zufälliges ist.

Bis jetzt ist es mir sehr wohl gegangen, und ich hoffe, das gute Glück soll mich auch fernerhin begleiten. Wir gedenken nun, nach einigen Tagen eine kleine Fußreise durch die Gegenden der Schweiz zu machen und ohngefähr in 14 Tagen wieder zurück zu sein. Ich füge eine Adresse bei, wie Du künftig Deine Briefe nur unmittelbar auf die Post geben kannst.

Wenn alles geht, wie sich jetzo vermuthen läßt, so sind wir vielleicht Ende Octobers schon wieder in Frankfurt, worüber Du wohl ganz zufrieden sein wirst. Halte daher alles aufs beste zurecht, es soll dagegen auch, da wir einmal im Land der Musseline sind, an einem hübschen Kleide von dieser Art nicht fehlen. Das Beste wird aber doch sein, daß wir wieder zusammenkommen und einander in Freude und Leid beistehen können.

Nun muß ich Dir noch mit eigener Hand einiges hinzufügen und Dir sagen: daß ich Dich recht herzlich, zärtlich und einzig liebe, und daß ich nichts sehnlicher wünsche, als daß Deine Liebe zu mir sich immer gleich bleiben möge. Mit meinen Reisen wird es künftig nicht viel werden, wenn ich Dich nicht mitnehmen kann. Denn jetzt schon möchte ich lieber bei Dir zurück sein, Dir im grünen Alkoven eine gute Nacht und einen guten Morgen bieten und mein Frühstück aus Deiner Hand empfangen. Auch ist unser Plan gemacht, bald zurückzukehren und, wo nicht Ende October, doch Anfang November in Frankfurt zu sein. Diese Nachricht wird Dich gewiß erfreuen, und noch mehr wirst Du Dich vergnügen, wenn Du uns wieder bei der guten Mutter weißt, von da aus wir in wenigen Tagen bei Dir sein können. Sage aber niemanden noch davon und laß die Leute im Ungewissen, ob und wann ich komme. Denke meiner und mache nicht zu viel Äugelchen; am besten wäre es, Du machtest gar keine, denn es ist auch mir auf der ganzen Reise noch kein einziges vorgekommen. Dagegen wird nur an Dich gedacht, und ein schönes Musselin-Kleid ist im Handel. Lebe wohl. Küsse den Kleinen, den ich wieder recht anzutreffen hoffe. Grüße Ernestinen und die Tante. Behalte mich lieb und bereite alles schönstens zu unserm Empfang ... G.«

»Stäfe, den 13. October 1797.

... Ich habe auch ein Paar Docken vom schönsten Hanf eingepackt, damit die Spinnerinnen auch dieses Material kennen lernen.«

»Stäfe, am 17. October 1797.

... Ich schreibe Dir Gegenwärtiges nur, um Dich zu beruhigen, wenn Du hörst, daß der Krieg wieder anzufangen droht. Ich gehe in einigen Tagen nach Zürch, und wenn es am Rheine wieder unruhig werden sollte, so gehe ich durch Schwaben und Franken den Weg, den Wieland vor einem Jahre nahm. So viel für heute, Du hörst in kurzer Zeit mehr von mir. Lebe recht wohl und küsse den Kleinen. Zur Nachricht muß ich Dir noch sagen, daß schon ein Stück klein geblümter Musselin gekauft ist, wie auch 10 größere und kleinere Halstücher; wegen anderer ähnlicher Waaren bin ich noch im Handel, ich habe auch sehr schöne Proben von gesticktem Musselin da, leider aber werden sie nicht, wie die andern, hier gemacht, und die Fabriken sind über 14 Stunden abgelegen; demohngeachtet denke ich auch noch etwas von dieser Art mitzubringen. ... G.«

»Zürch, den 25. October 1797.

Endlich habe ich, mein liebes Herz, Deine letzten Briefe erhalten, die Du mir unmittelbar schicktest. Ich weiß nicht, was die gute Mutter machte, indem sie die andern bei sich liegen ließ, da ich ihr doch Cottas Adresse gegeben und alles umständlich verabredet hatte. Nun ich weiß, daß Du mit dem Kinde wohl bist, bin ich ruhig und habe mich recht gefreut, wieder etwas von Deiner Hand zu sehen. Habe jetzt nur noch ein wenig Geduld, denn ich komme bald wieder; auch mir ist es in der Entfernung von Dir nie recht wohl geworden, wir wollen uns nunmehr desto lebhafter des Zusammenseins freuen. Der Gefahr wegen hätte ich wohl nach Italien gehen können, denn mit einiger Unbequemlichkeit kommt man überall durch, aber ich konnte mich nicht so weit von euch entfernen. Wenn es nicht möglich wird, euch mitzunehmen, so werd ich es wohl nicht wiedersehen. Grüße den Kleinen und danke ihm für seine Briefe, sie machen mir viel Freude. Da ich nicht über Frankfurt gehe, weiß ich noch nicht, welchen Weg; wenn ich über Nürnberg komme, so finde ich gewiß etwas Nützliches und Erfreuliches. Dafür ist schon für die weibliche Welt besser gesorgt. Einen genähten Musselin für Dich von besonderer Schönheit, ein mit Blümchen gewirkter für Ernestinen und Halstücher mit allerlei Kanten, damit von der Tante an die übrigen Hausgenossen erfreut werden können. Ich habe mir auch kleine Tücher um den Hals gekauft, fürchte aber, Du wirst mir sie wegkrapseln, denn sie werden auch um den Kopf artig stehen. Alles zusammen ist nach der neusten Mode, besonders ist Dein Kleid sehr schön, es ist aber auch nicht wohlfeil. Ich habe es noch nicht, denn ich habe es nach dem Muster aus der ersten Hand gekauft und erwarte es von Sanct-Gallen, wo die Fabrik ist. Bei den Mustern that die Wahl weh, aber Meyer und ich waren doch zuletzt einig … G.«

»Tübingen, den 30. October 1797.
Wir haben, meine Liebe, die Baseler Tour aufgegeben und sind von Zürch gerade nach Tübingen gegangen. Wir haben auch recht wohlgethan, denn die Jahrszeit ist äußerst verdrießlich, die Wege schlecht und alles unglaublich theuer… Ich kann aber auch wohl sagen, daß ich nur um Deinet- und des Kleinen willen zurück gehe. Ihr allein bedürft meiner, die übrige Welt kann mich entbehren… G.«

Reisen, vergleichbar der Schweiz-Reise von 1797, werden Goethe und Christiane nie gemeinsam unternehmen; Goethe selbst wird sich nicht mehr so weit von Weimar entfernen. Das mag mehr mit seinem zunehmenden häuslichen Wohlbefinden zu tun haben als mit dem Alter. Goethes von Jugend an anfällige Gesundheit wie seine Freude an üppigen Gerichten und reichlichem Weingenuss zwingen ihn mehr und mehr, den Sommer in Kurbädern zu verbringen. Auch Christiane wird nach den vielen Geburten auf ärztlichen Rat hin regelmäßig zur Kur gehen.

Für sie beide scheint Goethe den Reiz der Kurz-Reisen entdeckt zu haben. Auf der Rückkehr von Bad Pyrmont soll Christiane ihn in Kassel treffen, wo man gemeinsam Ausflüge machen und ein paar schöne Tage genießen will:

»Pyrmont, den 12. Juli 1801.

Ehe ich von Pyrmont gehe, will ich Dir noch ein paar Worte selbst schreiben, ich habe mich leidlich befunden und hoffe noch gute Folgen von der Cur. Das Beste dabei war die Bewegung und Zerstreuung. Ich habe viele Menschen gesehen, mit vielen gesprochen und kann auf mehr als Eine Weise zufrieden sein. Nur war das Wetter gar zu schlimm und ist gegenwärtig am allerärgsten. August hat sich gar artig betragen und hat mir viel Freude gemacht. Du wirst Dich über ihn verwundern, wenn Du ihn wiedersiehst.

Die Ausgaben waren mäßig, ich habe mich aber auch durchaus eingeschränkt. Einiges habe ich Dir gekauft. Einiges sollst Du Dir in Cassel selbst kaufen, wo alles so gut wie hier zu haben ist.

Mittwoch, den 15., gehe ich nach Göttingen, wo ich noch einige Zeit bleibe, und Du sollst auf alle Fälle zur rechten Zeit hören, wann Du mich in Cassel triffst. Ich schreibe Dir alles umständlich. Sage nur dem Herrn Professor: daß er sich vorläufig einrichtet, um mit Dir kommen zu können … G.«

»Göttingen, den 24. Juli 1801.

… Indessen, da die Briefe von hier aus manchmal langsam gehen, will ich Dir voraus meinen Plan sagen: Ich wünsche, daß Du Sonnabend, den 15. August, in Cassel eintreffest, ich werde an demselbigen Tage auch anlangen. Du kehrst im Posthause am Königsplatz, bei Madame Goullon ein; wer zuerst kommt, macht Quartier, so daß wir zwei Zimmer haben, eins für Dich und Gustel, eins für mich und den Professor. Mache diesem mein schönstes Compliment und sage ihm, daß er ja sich losmachen soll und mit Dir kommen soll. Indessen sagt niemandem, daß ich so lange ausbleibe. Bringe einiges Geld mit, etwa 100 Thaler, und laß Dir von unserm Nachbar Goullon ein Briefchen mitgeben, das Du aber erst in den letzten Tagen zu erfordern brauchst.

Ich freue mich herzlich, Dich wiederzusehen und mit Dir in Cassel, unter so viel neuen und schönen Sachen, einige Tage zuzubringen. Ein recht zierliches Unterröckchen und einen großen Shawl, nach der neusten Mode, bring ich Dir mit. In Cassel kannst Du Dir ein Hütchen kaufen und ein Kleid, sie haben die neusten Waaren dort so gut als irgendwo… G.«

Fünf Tage blieben Goethes in Kassel, ehe sie gemeinsam in Richtung Weimar reisten. Am 16. August notiert Goethe in seinem Tagebuch: »Fuhr ich mit den Meinigen nach Willhelmshöhe, wo die Wasser sprangen.« Am 17.: »Abends in ›Camilla‹.« Danach hatte Christiane bis zum 21. August Zeit, ihre Kleider- und Hutwünsche zu erfüllen. Am 22. August fahren sie über Eisenach und Gotha nach Weimar. Daß Goethe so dringend darauf besteht, dass Heinrich Meyer mit Christiane nach Kassel fährt, ist nicht nur eine Frage der Etikette, sondern auch der Sicherheit. Vor Wegelagerern und Räubern war keine Kutsche sicher. Als Christiane von Frankfurt aus ab Hanau allein mit August reisen musste, war sie mit Pistolen bewaffnet. Ohne Not wollte das Goethe seiner Frau jedoch nicht zumuten.

Ansicht von Karlsbad, 1806.

Wenn Goethe im böhmischen Karlsbad, Franzensbrunn oder Teplitz zur Kur war, dann scheint er für Geschenksendungen nach Weimar besonders anfällig gewesen zu sein. Es braucht nicht viel Phantasie, um sich den Dichterfürsten vorzustellen, wie er durch die kaiserlich-königlichen Bäder der Donaumonarchie schlendert. Von einem Mode- und Stoffgeschäft zum anderen, Preise vergleichend, die Qualität und die Schönheit der Farben und Muster. Die Spezereiwaren-Läden haben den Freund alles Süßen besonders angezogen.

»Karlsbad, 7. Juli 1795.

Nachdem ich leidliche und böse Wege zurückgelegt, bin ich glücklich in Karlsbad angekommen. Die ersten Tage waren sehr regnicht, jetzt fängts an besser zu werden. Ich habe angefangen den Brunnen zu trinken und habe viel Bekanntschaft gemacht. Äugelchen setzts auch genug, dabei wünsche ich mir, daß ich Dir die Felsen und Gegenden zeigen könnte. Einige Spaziergänge sind sehr schön. Hier schicke ich euch eine Schachtel getrocknetes Obst. …

G.«

»Karlsbad, den 15. Juli 1795.
Dem Fuhrmann, der Herrn von Oppels Küch und Keller hergebracht hat, gebe ich dieß Blatt an Dich mit. Es ist mir bisher recht wohl gegangen, der Brunnen bekommt mir gut und fegt alles Böse aus; ich hoffe, recht ausgespült zu Dir zu kommen. Die Gesellschaft ist sehr zahlreich und angenehm, es gibt manchen Spaß und Äugelchen die Menge, wobei ich mich immer mehr überzeuge:

Von Osten nach Westen,
Zu Hause am besten.

Ein schöner Taft wird meinen kleinen Schatz erfreuen; sie sind so schön hier, daß einem die Wahl weh thut. Und noch was, das Du gerne hast ...

Hier kommt gleich etwas zum Vorschmack ... G.«

»Karlsbad, den 25. Juli 1795.
... Die nothwendigen Sachen sind hier sehr wohlfeil, am meisten gebe ich aus, weil ich, wegen der Gesellschaft, nicht von Conzerten, Bällen und dergleichen mich ausschließe. Ich sehe viele Menschen, und das macht mir viel Vergnügen. Dafür wollen wir dann auch wieder recht allein sein. Der Taffent ist gekauft, ich hoffe, er soll Dir gefallen. Die Äugelchen nehmen sehr ab, denn es kann von beiden Seiten kein Ernst werden. Behalte mich nur recht ernstlich lieb... G.«

Im Mai 1800 reist Goethe, wie fast alljährlich, zur Messe nach Leipzig. »Klein-Paris«, wie man die Stadt damals nannte, musste ihn mit seinem internationalen Warenangebot an Frankfurt erinnern – vielleicht auch manchmal bewusst machen, in welcher Provinz-Stadt er in Weimar doch lebte. Hinzu kommt jedoch auch, dass sich Goethe in Leipzig mit Wissenschaftlern und vor allem mit seinem Verleger Cotta traf. Am 7. Mai vermerkt er in seinem Tagebuch: »Mit Herrn Cotta spazieren und verschiedne literarische Verhältnisse durchgesprochen. – Heute erhielt ich die Probe von Bitaubés Übersetzung von Hermann und Dorothea.«

»Leipzig, den 4. Mai 1800.

… Ich will diese Woche noch bleiben und thue Dir vielleicht diesen Vorschlag, daß Du mich zu Anfang der künftigen etwa abholst. Das heißt, etwa Sonntags, den 11. Mai. Erkundige Dich vorläufig: was ein Kutscher für die Hin- und Herreise und ein paar Tage in Leipzig verlangt. Denn wenn Du zwei bis dritthalb Tage hier bist, so hast Du alles gesehen, und man könnte noch mancherlei einkaufen. Nur muß ich Dich inständig bitten, niemand nichts davon zu sagen, damit nicht etwa jemand auf den Einfall kommt, Dich zu begleiten.

Es ist hier alles sehr theuer, besonders sind gar keine Quartiere zu finden. Ich muß morgen schon zum zweiten Mal ausziehen, weil die Zimmer auf gewisse Tage bestellt sind; Du wirst Dich, wenn Du herkommst, behelfen müssen, aber für Eine Person findet sich doch immer noch ein schickliches und artiges Quartier …

Ich freue mich darauf, Dich hier zu sehen. Denn ohne Dich und das gute Kind schmeckt mir kein Genuß. G.«

Einen Tag später schon schreibt Goethe nicht nur gleich wieder an Christiane, sondern vermerkt auch im Ausgaben-Verzeichnis seines Reisetagebuches, was er bereits für Weimar eingekauft hat:

»4 Hüte (4 Thaler 4 Groschen), 31 Ellen Kattun (10 Thl. 20 Gr.), 2 Sonnenschirmchen (2 Thl. 14 Gr.), 10 Ellen Musselin (6 Thl. 18 Gr.), 1 Fächer zum aufziehen (2 Thl. 2 Gr.), 4 Salzfässerchen (14 Gr.), 1 Halstuch für Herrn Eisert [Augusts Hauslehrer] (12 Gr.), Augustchen nach und nach (12 Gr.).«

»Leipzig am 5. Mai 1800.

... An der Komödie ist nicht viel, Du sollst sie aber auch sehen, nur um der Vergleichung willen. Sonst gibt es noch mancherlei, und besonders die vielerlei Waaren werden euch großen Spaß machen. Und ganz ohne kaufen wird es nicht abgehen, das sehe ich schon im voraus. Du kannst Deine Fahrt auf die Naumburger Messe vielleicht dadurch ersparen.

Ich überlasse es Dir, ob Du unsern Wagen nehmen willst oder den Wagen des Kutschers, von dem Du die Pferde nimmst. Doch wäre es gut, wenn die Equipage ein bißchen artig aussähe, denn man fährt doch spazieren, und da mag man gern ein bißchen geputzt erscheinen.

Bringe nichts als weiße Kleider mit, man sieht fast nichts Anders. Ein Hütchen kannst Du gleich hier kaufen.

Nimm einen mittleren Koffer, damit meine Sachen auch hineingehen.

Übrigens thue noch sonst, was Du glaubst, das gut und nützlich ist.

Vielleicht wäre es am artigsten, wenn Du Sonnabends hierher kämest, weil ein Meßsonntag gar lustig ist und alles spazieren reitet und fährt und geputzt ist. Wir machten alsdenn in ein paar Tagen unsere kleinen Geschäfte, führen Dienstag Nachmittag weg und wären Mittwochs in Weimar...

Küsse das gute Kind und sage ihm nicht eher, daß er nach Leipzig soll, als bis es fortgeht. G.«

In Goethes Tagebuch ist zu lesen:

»Am 10. Mai. Früh im Industrie-Comptoir, den Bücher-Catalogus zur Hälfte durchgesehen. Die Herren Unger und Woltmann angetroffen. Zu Gontards wegen des Ameublements. Don Quixote gelesen. Nachmittags kamen die Meinigen. Abends spazieren und im Garten gesessen.

Mäander, 1792.

Am 11. Mai. Früh durch die Stadt gegangen, in die Nikolaikirche. In Auerbachs Keller. Mittags zusammen an der *Table d'hote**. Nach Tische um die Stadt gefahren. Nach Gaschwitz und Connewitz. Abends nach der Funkenburg, zusammen zu Nacht gespeist.

Am 12. Mai. Früh Verschiednes einkaufen ausgegangen. Dann zu Herrn Unger Kattuntapeten und Bordüren besehen. Mittags zusammen an der *Table d'hote.* Nach Tische kam Hr. Rat Schlegel. Abends noch durch die Buden, verschiedne Waren ausgesucht. Sodann in die Komödie. Ariadne auf Naxos. Die Entdeckung von Steigentesch. Abends im Hotel de Saxe mit Loder, Frommann, Bohn von Hamburg.

Am 13. Mai. Früh auf dem Observatorium bei Eßlinger … Abends in die Komödie ward Abällino gegeben.

* Table d'hôte ist das einheitliche Mittagsmenü, das Hotels und Restaurants zu einem günstigeren Preis anbieten. Der Begriff ist heute noch in Frankreich und England gebräuchlich.

Den 14. Mai. Früh verschiedene Abschiedsbesuche. Der Handel mit Hrn. V. Hendrich wegen des Wagens ward richtig … Abends ins Requiem [von Mozart], sodann in Rudolphs Garten zu Herrn Unger und Gesellschaft.

16. Von Leipzig zurückgekommen.«

Wer heute liest, dass Goethe vier, fünf, sechs, ja bis zu sieben Monate am Stück nicht in Weimar war, der mag daran zweifeln, ob der Dichter und Forscher wirklich das Familienleben so sehr liebte. Hatten die Lästermäuler als doch Recht, wenn sie meinten, dass man vor der »ungebildeten Christiane« nur flüchten konnte? Wohl kaum, denn welcher Manager oder Politiker – und Goethe ist mit seinen Schriftsteller-Verpflichtungen einem Manager zu vergleichen und war zudem Politiker – ist übers Jahr gesehen viel länger bei seiner Familie? Und ist er, wenn er da ist, so unerreichbar für seinen Beruf wie Goethe es dann bei Christiane sein konnte? Manche Ehefrau von heute wäre dankbar, vom fernen Ehemann so (auch unaufgefordert) informiert und verwöhnt zu werden mit Briefen und Geschenken – umgekehrt allerdings sicherlich auch.

Im Jahr nach seiner offiziellen Hochzeit zieht es Goethe wieder nach Karlsbad. Er ist wohl gesundheitlich sehr angegriffen von den Kriegs-Ereignissen im Herbst 1806, offensichtlich aber auch moralisch. In der bisherigen heilen Welt des inzwischen Achtundfünfzigjährigen gab es kaum Geschehnisse, die er nicht bestimmt oder deren Ablauf er zumindest beeinflusst hätte. Gegen die Willkür betrunkener Soldaten aber war er im eigenen Haus machtlos gewesen. Seine Briefe nach Hause haben – wie Christiane sagen würde – fast alle einen gramseligen Unterton. Andererseits aber entwickelt er hier erstmals eine ungeheure Einkaufslust für den Haushalt und die Schönheit seiner Frau. Kein Taler ist ihm zu viel, damit auch Christiane »ihren Spaß« hat.

Aus Karlsbad schreibt er ihr am 18. Juni 1807 nach Weimar:
»... Daß die Spitzen zur rechten Zeit angekommen sind, freut mich sehr. Die gezackten sind böhmische und die andern sächsische. Die Fabrikationen beider Länder unterscheiden sich hauptsächlich dadurch, daß jene schönere Muster haben und diese einen gleicheren Grund. Von schwarzen will ich Dir noch etwas mitbringen.

Da einer von den Leuten des Herzogs morgen nach Weimar gesendet wird, so schicke ich Dir zugleich die Granaten mit, die ich angeschafft habe. Die kleinen sind ächt, die großen unächt und werden beiderseits zum Schmuck dienen, besonders so lange die Trauerzeit währt [für die Herzogin Mutter Anna Amalia]. Übrigens will ich nun mit Kaufen ein bißchen innehalten. Die ordinären Ausgaben sind sehr mäßig, und man kann nicht leicht wohlfeiler leben als hier, wenn man einmal eingerichtet ist. Nur ist die Verführung von allerhand hübschen Sachen so groß, daß man immer etwas einzuhandeln verleitet wird, besonders wenn man damit Freude zu machen denkt ...«

Als Christiane Anfang Juli wieder nach Bad Lauchstädt fahren will, rät Goethe ihr dringend, jemanden Zuverlässigen ins Haus zu nehmen, »der in Deiner Abwesenheit hereinzieht und etwa Deine Stube und Alkoven bewohnt: denn ich bitte Dich inständig, das Haus nicht etwa Augusten und den Mägden allein zu überlassen, weil uns daraus ein großer Verdruß zuwachsen könnte, der allen Spaß verdürbe und eine schlechte Nachcur gäbe« (Karlsbad, 24. Juni 1807). Nur wenige Zeilen später denkt er schon wieder ans Schicken und Mitbringen: »Die Granaten werden nunmehr glücklich angekommen sein, und ich hoffe, sie sollen nebst den Spitzen in Lauchstädt guten Effect thun... Von den geschliffenen Glaswaaren bring ich etwas mit, sowohl für die Tafel als für den Theetisch. Denn was den letzten betrifft, so kannst Du ihn künftigen Winter doch nicht ganz entbehren.«

Geradezu rührend gesteht Goethe seiner »kleinen Frau« am 1. Juli 1807: »Mit eigner Hand setze ich noch einige Worte hinzu. Ich befinde mich recht wohl, und weil man nach Verordnung des Arztes gar manche Stunde des Tages nichts thun darf, so schleiche ich in den Boutiquen herum, handle Kleinigkeiten, wovon ich Dir einen Transport überschicke. Wenn Du nach Lauchstädt gehst, so mache es Dir recht bequem und vergnüglich, nimm ein hübsches Quartier und sei überhaupt wegen des Aufwandes nicht ängstlich, wir wollen schon wieder was herbeischaffen. Ich bin schon fleißig hier gewesen und werde es zunächst noch mehr sein. Von dem, was ich Dir übersende, behalte für Dich, was Dir Freude macht, das andre verschenke an Personen, denen Du wohlwillst, und die sich gefällig gegen Dich bezeigen. Lebe wohl, gedenke mein, wie ich Deiner gedenke. Goethe.«

In Karlsbad schreibt Goethe in diesem Jahr an »Dichtung und Wahrheit«. Und während er in die Vergangenheit schaut, scheint ihn die Zukunft – das Leben nach jenem für ihn besonders tragischen 14. Oktober 1806 – fortgesetzt zu beschäftigen. Am 23. Juli 1807 beginnt er mit dem Diktat eines Briefes an Christiane, den er bis zum 27. Juli ergänzt, und teilt ihr weitere Überlegungen für die Gestaltung des kommenden Winters mit: »Da wir so unerwartet Friede haben, der sich wohl so bald noch nicht hoffen ließ, so wollen wir auf eine zwar stille und bescheidene, aber um desto gemüthlichere Art unseres Lebens den nächsten Winter genießen. Richte Dich darauf ein, daß wir unsere alte Gastfreiheit fortsetzen können. Für hübsches Geschirr, Tafel und Theetisch auszuputzen, ist gesorgt. Auch bringe ich Dir eine silberne Thee- und Milchkanne mit, zu der ich zufälligerweise, ohne sonderliche Kosten gekommen bin. Der Herzog nemlich, als er wegging, verehrte mir einen Caminauffsatz von Bronce, der für jemand anders bestimmt gewesen war und zuletzt beim Umtausch der Geschenke stehen blieb.

Diesen vertauschte ich mit geringer Aufzahlung gegen jene Geschirre, die Dir Vergnügen machen werden. Die Kette ist auch fertig und sieht sehr schön aus. Wenn ich Gelegenheit hätte, schickte ich sie Dir zum Geburtstage. Doch wird sie Dir auch später Vergnügen machen...«

Und noch einmal, am 10. August 1807, kommt Goethe aufs Geld zu sprechen. Vermutlich hat Christiane in ihren – verloren gegangenen – Briefen sich zwar über alles gefreut, aber auch zu Sparsamkeit gemahnt. Er will es anders: »Noch ein paar Worte von eigner Hand, um Dir zu sagen, daß mich herzlich verlangt, wieder bei Dir zu sein ... Was Deine Ausgaben betrifft, so mach sie nach Deiner Überzeugung, ich billige alles. Ich habe mir etwas von Leipzig kommen lassen, weil ich manches kaufte. Übrigens bin ich fleißig gewesen, habe viel dictirt und bringe gewiß für das Doppelte meiner Ausgaben Manuscripte zurück, an Romanen und kleinen Erzählungen. Auch darüber habe ich mir Plane gemacht. Wie mir denn überhaupt meine hiesige Einsamkeit manchen guten Gedanken zugeführt hat. Ich lege abermals ein Endchen Spitze bei, daß ja keine Sendung ohne eine kleine Gabe komme. Lebe recht wohl, liebe mich und bereite mir einen geselligen Winter. G.«

Nach zwanzig Jahren Ehe erneuert Goethe das Porzellan, die Gläser und Schüsseln aus Glas. Alles muss à la mode sein, selbst die Salzfässchen will er im modernsten Design haben. Wer bei ihm am Frauenplan zu Gast ist, soll das Besondere sehen, das Ambiente, in dem er und Christiane sich wohl fühlen. Dazu gehört jedoch nicht nur seine eigene Garderobe – Goethe war immer eitel –, sondern auch die seiner Frau. Für ihre diesbezüglichen Wünsche hat er immer ein offenes Ohr, ja er nimmt sich sogar viel Zeit, um das Allerschönste, das Allermodernste und das Nicht-Alltägliche für sie zu finden. Auch der Kauf eines Schals als Schmuckwerk für die

Hochzeit im herzoglichen Haus beschäftigt ihn in seinen Briefen nach Weimar anhaltend.

Am 16. Mai 1810 reiste Goethe von Jena nach Karlsbad, das in diesem Jahr offensichtlich besonders unter den Folgen der Napoleonischen Kriege, der Einquartierungen und der Teuerung zu leiden hatte – und das an die Kurgäste weitergab. Schon aus Pößneck, der ersten Poststation, schreibt er nach Weimar, schildert Christiane die Erlebnisse der Reise in Tagebuch-Form. Bereits von Franzensbrunn (heute Franzensbad) – kurz vor Karlsbad – aus schickt er achtzehn Flaschen Egerwasser (mineralhaltiges Wasser zum Kuren) nach Hause. Am 19. Mai kommt er mit dem Sekretär Riemer und dem Diener Karl endlich am Ziel an und berichtet über die letzte Etappe:

»Heute fuhren wir bei guter Zeit ab, und hätten beim schönsten Tage auch den schönsten Weg gehabt, denn es hat in langer Zeit hier nicht geregnet, wenn man nicht unglücklicher Weise hier zu Lande die Chausséen besserte, wobei es denn manchen Umweg und manche Stöße gab. Indessen sind wir glücklich und froh hier angelangt, haben unser Quartier frei und Karlsbad wie sonst, ja verschönert gefunden. Mehr nicht für heute, weil wir noch Stecknadel-Commissionen besorgen und uns einrichten müssen. An Madame Herder gib die drei Pakete mit beiliegendem Papier. Ich schicke Dir auch ein Dutzend zinnerne Löffel zum Spaß; es kostet 5 Kopfstückchen. Seitdem die guten Leute ihr Silber hingeben mußten (denn niemand darf außer den Löffeln etwas Silbernes im Hause haben), so raffiniren die Zinnarbeiter auf alle Weise und machen die schönsten Sachen. Wenn sie nicht so beschwerlich zu transportieren wären, so schickte ich Dir in der Folge noch manches. Von den Stecknadeln kommt nur ein halb ℔, weil man, bei dem Verhältnis des Papiergeldes zum Silber, nicht so geschwind überschlagen kann, wie es sich gegen die vorigen Jahre verhält, und ob die Leute einen freventlich übertheuern, weil man Eile hat.

Doch habe ich nicht unterlassen wollen, Dir auch noch ein paar hundert Nähnadeln zu schicken: es sind die beiden größten Sorten. Unter diesen sind noch drei Nummern 6, 5, 4; könnt ihr von diesen etwas brauchen, so schreibe es nur ...

Versäume nur nicht, an den Merseburger Arzt zu schreiben, und behandle Deine Cur hübsch regelmäßig. An Egerwasser fehlt Dirs nicht; ich bin überzeugt, daß es überhaupt und Dir besonders heilsam ist.

Schreibe mir ja bald und grüße Deinen lieben Secretarius [Caroline Ulrich], dem von den Steck- und Nähnadeln ohnehin sein Theil werden wird. Auch liegen Stricknadeln bei; wenn sie nicht recht sind, so schreibe nur.

Augustens Krug ist eingepackt, der Fuhrmann soll ihm denselben in Jena übergeben. Mehr kann ich nicht sagen: denn das Packet muß geschlossen sein. G.«

»Weimar, den 24. Mai 1810.

Lieber Geheimerath,
Dein lieber Brief hat mich recht aufgeheitert, weil ich daraus ersehe, daß Du wohl und vergnügt angekommen bist. Ich habe meine Recepte wiedergefunden und befinde mich schon etwas besser; auch habe ich schon von dem Egerwasser, welches ich gleich den Tag nebst Deinem Brief erhielt, getrunken. Feuerstein hat mir 9 große Bouteillen geschickt; die erste, welche wir aufmachten, war so vortrefflich, daß ich sie mit Caroline ausgetrun-ken habe. Doch kommt es mir sehr theuer vor; ich habe ihm für die 9 Flaschen 3 Thaler 6 Groschen 9 Pfennige bezahlen müssen. Doch sagte er mir, daß er in 14 Tagen wieder hinfahre, und weil er da ein Packet mitnehmen kann, so will ich Dir alle Briefe und Zeitungen schicken. Da bitte ich Dich, wenn es möglich ist, mir einen Wie-

ner Shawl zu schicken, damit ich ihn noch zur Vermählung [des Erbprinzen] hätte. Für die schönen Steck-, Näh- und Stricknadeln danken wir; von letztern könnten wir einige Gestricke etwas stärker brauchen, von den Nähnadeln könnten wir die folgenden Nummern auch brauchen. Dieses könnte Feuerstein alles wieder mitbringen ...

Gleich nach der Rückkehr aus Jena bekam ich einen Besuch von einem Meerweibchen und befand mich auch gleich besser und zufriedener. Ich habe auch viel Vertrauen zu dem Egerwasser. Und die Medicin, das wird ja alles wohl wieder in Ordnung bringen. Ist denn die Bettina [Bettina von Arnim-Brentano] in Karlsbad angekommen und die Frau von Eybenberg? Und hier sagt man, die Silvie und Gottern gingen auch hin. Was willst Du denn mit allen Äuglichen anfangen? Das wird zu viel. Vergiß nur nicht ganz Dein ältestes, mich, ich bitte Dich, denke doch auch zuweilen an mich. Ich will indeß fest auf Dich vertrauen, man mag sagen, was man will. Denn Du bist es doch allein, der meiner gedenkt.

Lebe wohl und behalt lieb C. v. Goethe.«

»Karlsbad, den 3. Juni 1810.

Dein lieber Brief vom 24. Mai ist acht Tage gelaufen. Einen von Deinem Bruder habe ich in fünfen erhalten. Man muß also nur schreiben, am Ende kommen die Blätter doch an.

Einen Shawl habe ich Dir gekauft bei einem Händler, der unmittelbar von Wien kam. Er gefällt mir besser als alle, die, welche die Damen jetzt hier umhaben, davon die meisten noch mit den langen, garstigen, geschwänzten Blumen sind. Diese ist man nun endlich einmal los, und die neuen Bordüren sind sehr viel schöner. Die Shawls sind jetzt viereckt, und ich hoffe, dieser soll Dir gefallen. Ich habe mich entschlossen, Dir ihn wohl eingepackt auf der fahrenden Post zu schicken. Er soll Donnerstag, den 7., hier abgehen. Wenn er ankommt, schreibe mir das Datum der Ankunft und auch, was das Porto macht, damit man sich in andern Fällen darnach richten kann. Es ist freilich hier eine böse Sache mit den Posten und der Versendung durch dieselben. Ich lege ein kleines Halstuch für Carolinchen bei, welches recht hasig ist und ihr Freude machen wird. Von Nadeln und andern Dingen soll nächstens die Rede sein ...

Dienstag, den 5. Juni.

Dieser Brief ist liegen geblieben und geht nur erst einen Tag vor dem Shawl ab, welcher also wohl bald nachfolgen wird. Was das kleine Tüchelchen für Carolinen betrifft, so wird es nur an den Seiten gesäumt, wo es abgeschnitten ist. Die Franzen bleiben, wie sie sind, und dienen zum Zierrat ... G.«

»Karls-Bad, den 6. Juni 1810.

In diesem Briefchen, das den Shawl begleiten soll, will ich aber auch einmal eigenhändig sagen: daß ich recht oft und in herzlicher Liebe Dein gedenke und Plane mache, wie wir künftiges Jahr einige Zeit hier zusammen zubringen können. Für dießmal kommt der Schleier, der Dir gewiß gefallen wird, wenigstens haben wir alle drei ihn für den schönsten gehalten. Ich wünsche, daß er glücklich ankommt, schreibe mir seinen Empfang. Versäume ja nicht, diesen Sommer alle Arten von Cur in Weimar und Lauchstädt. Am letzten Orte laß Dir das Baden empfohlen sein. Grüße August, von dem ich noch nichts vernommen habe. Auch Carolinchen grüße, sie soll sich in meinem Namen mit dem Tüchelchen putzen. Schreibe mir auch, wie hoch man den Shawl bei euch schätzt. Lebe recht wohl und gedenke mein in Liebe. G.«

»Weimar, den 6. Juni 1810.

... Bei uns ist hier Jahrmarkt, er ist so brillant, als ich noch keinen erlebt habe. Ich habe da beinah alle Damen vom Hof und Adel gesprochen und gesehen, welche Dich alle herzlich grüßen und sich nach Deinem Wohl bei mir erkundigt haben. Die Kaufleute hatten alles Mögliche zu verkaufen, nur keine Shawls, welche mir gefallen hätten, sie waren so gewöhnlich; und doch haben die Damen hier die allerschönsten, weil sie sich alle welche von Leipzig verschrieben haben oder daselbst eingekauft. Ich wage daher meine Bitte nochmals, Dich um einen zu bitten, und wenn Du vielleicht Gelegenheit hast, nach Leipzig, früher als Feuerstein hinkommt, ihn mir zu schicken, weil ich ihn sehr nothwendig brauche, und hier gar kein hübscher zu haben ist. Du hattest dem kleinen Secretarius eine Artigkeit zugedacht. Diesem habe ich das Jahrmarkt einen schönen Hut gekauft, vor welchen sie ihren freundlichen Dank abstattet ... Ich habe immer vergessen Dir zu schreiben, daß mir die zinnernen Löffel viel Freude gemacht haben, und ich es mache wie die gute Mutter, und habe das Silber bei Seite gelegt. Wenn niemand bei mir ist oder nur gute Freunde, so esse ich mit Zinn, und dieses Jahrmarkt will ich mir auch noch einen Vorlegelöffel kaufen, und ich habe mir fest vorgenommen, nicht eher wieder mit Silber zu essen, bis Du zu uns zurückkehrst, welcher Tag bei uns festlich begangen werden soll. Bedenke aber auch den 12. Juli [der Hochzeitstag von Goethe und Christiane], da wollen wir Deine Gesundheit trinken, und Du wirst mit Riemer die meinige trinken. Lebe wohl und behalte mich lieb. C. v. Goethe.«

»Karlsbad, den 12. Juni 1810.

... Prinz Bernhard, der auf einige Tage hier war, um der Kaiserin [von Österreich] aufzuwarten, geht unmittelbar nach Weimar und nimmt diesen Brief mit, begleitet von einem Korbe mit Trüffeln und getrockneten Schwämmen* und einem Packetchen für August. Hätte ich gewußt, daß so eine schöne Gelegenheit kommen könn-

* Schwämme oder Schwammerl ist das im süddeutschen Raum gebräuchliche Wort für Pilze.

te, hätte ich den Shawl noch zurückbehalten; er ist aber den 7. Juni schon abgegangen mit der fahrenden Post und kommt vielleicht zugleich mit diesem in Deine Hände …

Da die zinnernen Löffel Beifall erhalten haben, so schaffe ich vielleicht noch etwas von Zinn an: denn sie machen es gar so hübsch … G.

Ich lege auch noch ein paar Hundert Nadeln bei, welche sie hier Stopfnadeln nennen und noch einmal so theuer verkaufen als die anderen. Schreibt mir, wie es damit ist, und wiefern ihr sie brauchen könnt; es gibt noch eine größere und mehrere kleinere Sorten, alle von gleichem Preis.«

»Weimar, den 19. Juni 1810.

Lieber, bester Geheimerath,
Dein lieber, eigenhändiger Brief nebst dem schönen Shawl hat mich ganz glücklich gemacht, denn so einen liebenswürdigen, schönen Shawl habe ich, so lange ich lebe, nicht gehabt; auch das kleine Tüchelchen ist ganz vortrefflich. Ich und Caroline haben beim Auspacken unsere Freude so laut werden lassen, daß August um Ruhe bitten mußte, damit er ins Postbuch quittiren konnte; er kam den 18. an und kostet ohngefähr 19 Groschen Porto. Soeben besuchte mich Herr Regierungsrath von Müller, er freute sich mit mir und sagte, daß er bestimmt hier unter 10 Carolin nicht gekauft würde …

Jetzt sind wir beschäftigt, sowohl unsern Putz zum Vogelschießen, welches heute seinen Anfang nimmt, zu ordnen, als auch zu den Festlichkeiten, die nun kommen sollen. Doch gestehe ich Dir ganz aufrichtig, daß ich sehr zufrieden bin, nicht unter die Damen zu gehören, welche immer an Hof gehen müssen, denn die Ausgaben von Kleinigkeiten könnten leicht meine Casse ruiniren; denn da ist bald der Fächer aus der Mode, und die Krause kann man nicht an Hof tragen und jenen Kragen nicht, so daß man ganz confus wird. Doch für einmal will ich alles mitmachen, und wir geben uns alle mögliche Mühe, nicht proper, aber doch sauber und modern zu erscheinen ...

Der Shawl, so wie das Tüchelchen, wird sehr bewundert, und Du wirst gelobt, und wir sagen Dir nochmals unsern wärmsten Dank dafür. Und da wir noch immer bitten dürfen, so bitten wir nur um einige Schönstifte*, welche bei uns ganz ausgegangen sind ...«

»Karlsbad, den 27. Juni 1810.

Nachdem mir lange Zeit die Briefe ausgeblieben waren, so kamen sie endlich alle an Einem Morgen und machten mir um desto mehr Vergnügen. Ich konnte hoffen, daß der Shawl und das Tüchelchen würden gute Aufnahme finden. Sie sind, Gott sei Dank! um vieles wohlfeiler als die Schätzung, die Du mir schreibst. In ähnlichen Dingen, als kleinern Shawls, Halstüchern und Kleidern dieser Art, ist wieder aufs neue so viel Lustiges angekommen, daß man sich wirklich enthalten muß, kein Geld auszugeben. Auf alle Fälle soll August eine solche Weste haben: denn ich hatte mir selbst eine zugedacht.

Was ich aber nicht ganz loben kann, das ist, daß ihr gar nichts meldet von der freundlichen Sendung, die ich durch die Leute des Prinzen Bernhard gemacht habe, so daß ich also gar nicht weiß, ob sie zu euch gekommen ist. Augusten hatte der Schreiber dieses ein Schwänchen zusammengemacht von Stecknadeln, Ohr-Kleinigkeiten; auch waren Nähnadeln dabei. Von allem diesem hören wir nichts. Auch hatten wir einen schönen Rohrkorb mit getrockneten Trüffeln und Schwämmen dazu gethan. Aller dieser guten Gaben erwähnt ihr mit keinem Wort, und wir müssen nur hoffen, daß sie glücklich zu euch gekommen sind ... G.«

---

* Make-up-Stifte

»Karls-Bad, den 3. Juli 1810.
Vor einigen Tagen sendete ich durch Herrn von Helldorf ein Packet* an Dich ab, das allerlei Gutes enthält und das Du wahrscheinlich gleichzeitig mit dem gegenwärtigen Blatte erhalten wirst. Gedenket meiner bei einer Tasse Chocolade, und wenn im Theater ein Pfefferminzkügelchen genommen wird. Dein ausführlicher Brief vom 25. Juni hat mir viel Vergnügen gemacht, schreibe mir von Lauchstädt dergleichen. Carolinchen soll geliebt sein, daß sie so viel auf ein Blatt bringt ... G.«

»Weimar, den 3. Juli 1810.
Lieber Geheimerath,
daß wir nichts von der Ankunft der Trüffeln und Schwämme gemeldet haben, worüber ich mich sehr gefreut, war bloß die Ankunft des Shawls und Tüchelchens Schuld, weil beides zugleich ankam, und ich und Caroline waren für Freude keine Menschen, ich habe nicht leicht etwas so lieb gehabt als diesen Shawl, und da wirst Du wohl verzeihen ... C. v. Goethe.«

Nicht nur durch Geschenke, Kleider und die stete Sorge um Christianes sich zunehmend verschlechternde Gesundheit gab Goethe seiner Frau permanent das Gefühl der Geborgenheit. Er half ihr auch, die unaufrichtigen, sie immer herabwürdigenden Äußerungen derer zu ertragen, die sich Goethe gegenüber als Freunde verstanden wissen wollten, regelmäßig in seinem Haus zu Gast waren. Dazu gehörte auch Friedrich Schiller, der Christiane immer bestenfalls nur als Haushälterin betrachtete. Mag sein, dass er es aus Rücksicht auf die Animositäten seiner eigenen Frau tat. Goethe gegenü-

* In seinem Tagebuch schreibt Goethe unter dem 29. Juni 1810: »Paket nach Lauchstädt an meine Frau durch Herrn von Helldorf, mit Schokolade, Peffermünze und einem Glase nebst Brief.«

ber, dem er letztlich seine Karriere in Weimar verdankte, aber war es unaufrichtig – unfair.

Im Juli 1803 ist Christiane wieder in Bad Lauchstädt und vergnügt sich mit dem Kur-Programm. Auch Schiller ist dort. Goethe erfährt in ihrem Tagebuch-Brief vom 4. bis 10. Juli 1803, dass seine Frau den Dichter-Kollegen oft im geselligen Kreis getroffen hat. »Ich sprach lang mit dem Herrn Hofrath Schiller«, heißt es da. »Und als die Herren Offiziere zu lustig wurden, so gingen wir mit unserer Gesellschaft weg und fuhren noch bei Mondenschein auf dem Kahn.« »Schiller scheint sich hier gut zu amüsieren.« »Schiller ist bei allem.« »Wir waren im Salon sehr lustig. Wir speisten im Salon und mit dem Herrn Hofrath Schiller an einem kleinen runden Tische, wo es mir sehr gefallen hat. Aber Herr Hofrath will fort, weil er hört, daß Du nicht kömmst.«

Da Schiller sich im selben Kreis von Kurgästen wie Christiane bewegte, an Gesellschaftsspielen wie einer Schlacht teilnahm, zwangsläufig sich mit ihr unterhalten musste, könnte das alles nach normalen Umgangsformen aussehen. So bleibt nur noch die Frage, wo Schiller sich verstellt, wenn er am 6. Juli 1803 aus Bad Lauchstädt an seine Frau schreibt: »Aus Weimar ist die Oberforstmeisterin Stein und ihre Mutter hier, … sonst ist außer dem Theater nichts von weiblicher Welt aus Weimar hier.« Charlotte Schiller gehörte zu jenem Damenkränzchen, das in Weimar, in Goethes Haus, zwar Höflichkeit gegenüber Christiane heuchelte – um überhaupt gebeten zu werden. Sonst aber schlug sie andere Töne an. Am 25. August 1811 – Christiane verbrachte einige Wochen zusammen mit Goethe in dem böhmischen Bad – schreibt sie aus Karlsbad an Prinzessin Caroline: »Ich muß Ihnen doch auch berichten, wie klug der Meister ist. Da er einmal seine dicke Hälfte im Bad mit hatte, so empfahl er sie der Obhut der Frau von der Recke, der berühmten nämlich. Diese und ihre Nichte, die

Böhmische Flusslandschaft mit Gehöft, 1809.

Fürstin Hohenzollern, haben sie protegiert und an alle öffentlichen Plätzen eingeführt. Unter dieser Ägide ist ihr Ansehn und Ruf trefflich geblieben, und der Meister weiß seine Freunde zu brauchen.«

Da man Goethes Frau ja nun mit Frau Geheimrat anreden musste, zogen die Standesunterschiede nicht mehr als Argument. Christianes Korpulenz, gegen die die jetzt 46-Jährige schon seit langem kämpfte, musste nun für Spott-Tiraden herhalten. Für den zweifellos größten Eklat um Christane von Goethe sorgte jedoch ausgerechnet eine der Verehrerinnen des Dichters, die er vor allem auf Bitten seiner Mutter immer wieder in Weimar empfangen hat: Bettina Brentano, die spätere Frau von Achim von Arnim. Goethe sah in ihr nie mehr als das Kind, das früher einmal auf seinem Schoß gesessen hatte – und es auch jetzt noch tat, wenn sie ihn auf dem Frauenplan besuchte. Aber nicht nur dort.

»Karlsbad, den 22. Juli 1810.
Von Bettinen habe ich einen Brief ohne Ort und Datum; sie ist in Böhmen, … Doch aufrichtig gesprochen, so will es nicht mehr mit uns fort wie sonst; sie ist ganz unendlich politisch und auf eine Weise, daß wir nicht eben zusammenstimmen. Da schweigt man denn lieber, und bei Ermanglung anderes Interesses wird die Unterhaltung ein wenig lahm.

Ich freue mich, Dich wiederzusehen, um einmal wieder ganz offen mich mittheilen und ausreden zu können …«

»Töplitz [Teplitz], den 8. August 1810.
… Vor allen Dingen muß ich Dir ein Abenteuer erzählen. Ich war eben in ein neues Quartier gezogen und saß ganz ruhig auf meinem Zimmer. Da geht die Thüre auf, und ein Frauenzimmer kommt herein. Ich denke, es hat sich jemand von unseren Mitbewohnern verirrt; aber siehe, es ist Bettine, die auf mich zugesprungen kommt und noch völlig ist, wie wir sie gekannt haben. Sie geht mit Savignys nach Berlin und kommt mit diesen auf dem Weg nach Prag hier durch. Morgen gehen sie wieder weg. Sie hat mir Unendliches erzählt von alten und neuen Abenteuern. Am Ende geht es denn doch wohl auf eine Heirat mit Arnim aus. …« Am 5. August 1812 wird Goethe aus Karlsbad über die exzentrische Bettina und ihren Achim von Arnim an Christiane schreiben: »Von Arnims nehme ich nicht die mindestes Notiz, ich bin sehr froh, daß ich die Tollhäusler los bin.«

Im September 1811 sind Bettina Brentano und ihr Mann zu Gast in Weimar. Im Tagebuch hält Goethe unter dem 5. September fest, dass er die Ausstellung von Hofrat Meyer, seinem Kunscht-Meyer, gesehen habe. Danach: »Zu Tische unter uns. Nach Tische zu Arnims.« Am Abend darauf kommt Bettina in Goethes Haus und unterhält ihn mit »Erzählungen von meiner Mutter«. Und auch einen dritten Abend verbringt er mit ihr: »Frau von Arnim, ihre Geschichten mit Tieck. Der klarste Sternenhimmel und große Deutlichkeit des Kometen.« Am 8. September ist es der Nachmittag, den Bettina von Arnim auf dem Frauenplan verbringt.

Danach hat Goethe offensichtlich keine Zeit für die Tochter der Brentanos, die auch seine und Christianes Freunde in Frankfurt waren. Doch was an diesem 11. September wirklich geschah, lässt sich nur mühsam rekonstruieren. Eigentlich nur aus dem Tratsch, denn die Hauptbetroffenen – Goethes und Heinrich Meyer – schwiegen. Christiane soll Bettina von Arnim in die Ausstellung der Werke Meyers in der Kunstakademie begleitet haben. Schon das muss Bettina gestört haben, denn eigentlich hatte sie erwartet, dass der Dichter selbst sie führen würde.

Die beiden Damen waren offensichtlich nicht einer Meinung über den Wert der Meyerschen Kunst. Mit spitzer Zunge mokierte sich Bettina von Arnim über ein Porträt von Christiane und Sohn August, aber auch über eines von Goethe. Doch dabei scheint es nicht geblieben zu sein. Die Beleidigungen ihres Mannes müssen für Christiane so schockierend gewesen sein, dass sie Bettina am Kragen gepackt haben soll, wobei das Lorgnon der Spötterin zu Bruch ging. »Betreten Sie nie wieder mein Haus«, weiß die Fama als Abschiedsworte Christiane von Goethes zu berichten.

Und was keiner bei dem Harmonie suchenden Meister für möglich gehalten hätte, wurde Wahrheit: Goethe hat Bettina von Arnim nie mehr in sein Haus gelassen. Sein sonst so genaues Tagebuch schweigt über diesen Vorfall; nur Heinrich Meyer ist in den nächsten Tagen häufig bei Goethes zum Abendessen. Die Weimarer Society aber hatte ihren Skandal, den sie genüßlich und mit Ausdauer besprach.

Charlotte von Schiller an Prinzessin Caroline – 19. September 1811
»Seit vierzehn Tagen sind Arnims hier. Er ist graziös, liebenswürdig wie sonst, schreibt aber, unter uns gesagt, auch wie sonst und schreitet nicht vor; doch muß man ihn lieb haben und die einzelnen Aperçus seiner geistigen Geburten auch. Mit seiner Frau ist er so graziös und mild, daß es mich freut. Die Frau ist recht geistreich und lebendig, und erzählt vortrefflich. Sie ist viel stiller geworden, als sie sonst war, und da kann ich auch mit ihr fortkommen. Sie liebt den Meister auf eine rührende Weise, aber denken Sie nur, daß ihr die dicke Hälfte [am 11. September] das Haus verboten, de but en blanc eine Zänkerei in der Ausstellung angefangen und ihr gesagt hat, sie würde sie nicht mehr sehen usw. Die Bettina ist eigentlich bloß des Meisters wegen hier, freute sich auf ihn, sehnte sich ihn zu sehen, und seit diesem Vorfall nimmt er auch keine Notiz von ihr. Sie hat ihm vorgestern geschrieben, gesagt, sie wollte der Frau ihr Betragen ganz vergessen, er würde ihr immer lieb bleiben, und er antwortet nicht, kommt nicht.«

Marie Helene von Kügelgen an Johann Jakob Volkmann – 12. Oktober 1812
»Ich muß Euch noch einiges von der Frau von Arnim erzählen, die mir als das originellste Wesen erschienen ist ... Als sie vor einem Jahr den heftigen Streit mit der Goethe hatte, der so viel Aufsehen machte, hat sie in ganz Weimar erzählt: es wäre eine Blutwurst toll geworden und hätte sie gebissen. Und wirklich soll die Goethe keinem Ding so ähnlich sehen als einer Blutwurst.«

Achim von Arnim an Goethe – 19. oder 20. September 1811
»Empfangen Euer Exzellenz bei meiner auf morgen bestimmten Abreise den innigsten Dank für alle Zeichen Ihrer Güte gegen mich und meine Frau. Es bedarf keiner Versicherung, wie leid es mir getan, daß die öffentlichen Schimpfreden, welche die Frau Geheimerätin über meine Frau ergossen, und die Folgen derselben

auf die Gesundheit meiner Frau und auf das Stadtgespräch eine Trennung des Umgangs in den letzten Tagen notwendig machten. Euer Exzellenz könnten mir vielleicht heimlich den Vorwurf machen, daß ich durch zweckmäßige Beruhigung zur rechten Zeit die fatale Szene auf der Ausstellung hätte hindern sollen, ich kann mich dagegen leicht rechtfertigen. Frau v. Pogwisch ist mein Zeuge, daß ich bis zu dem lärmenden Auszuge der Frau Geheimerätin aus den Zimmern nichts ... vernommen – sie hatte vorher wiederholt mit uns allen bei Lächerlichem gelacht –, weil ich im Nebenzimmer stand, meine Frau fand ich darauf bleich und zitternd wieder zwischen einer Menge Unbekannten, die sich teilnehmend um sie bemühten und sie ausfragten. Es war also nichts zu machen, als meine Frau eilig aus der neugierigen Menge herauszuführen und durch eine Bewegung den Schrecken zu vertreiben.«

Achim von Arnim an Riemer – 28. Oktober 1811
»Es tat mir herzlich leid, daß ich nicht zu Hause war, als Sie uns am letzten Tage das Vergnügen Ihres Besuchs schenkten, inzwischen wird Ihnen meine Frau ausführlich die sonderbaren Begebenheiten erzählt haben, die uns in den letzten Tagen aus der Nähe der Geheimerätin bannten. Daß es Goethe leicht gewesen wäre, ohne seiner Frau etwas zu vergeben, meine Frau für ihre lang gehegte fromme Anhänglichkeit tröstend zu belohnen und mit ein paar Worten für die erlittene Kränkung zu entschädigen, wird Ihnen eingeleuchtet haben, vielleicht ist es aber schön in ihm, daß er die Kraft seiner Worte nicht kennt, die so vieles gut machen können; mir ist es eine traurige Erfahrung mehr gewesen, und ich habe schon schlimmere gemacht. Gern hätte ich ihm am Hofe noch ein paar Worte zum Abschiede gesagt, er vermied es aber, ungeachtet er mich freundlich begrüßte. ...«

Pauline Gotter an ihre Mutter – 25. September 1811
»Arnims sind von Weimar fort, und ich habe Euch eine köstliche Geschichte von ihnen zu erzählen: einen Zank betreffend zwischen Bettina und der Frau Gemeinerätin: Ihr lacht Euch tot, wenn Ihr's hört. Dank sei's der Vulpiade, ich habe nun nichts mehr von dieser Nebenbuhlerin zu befürchten. Goethe hat sie nicht wieder sehen wollen!«

Charlotte von Schiller an Prinzessin Caroline – 3. Oktober 1811
»... die ganze Stadt ist in Aufruhr, und alles erdichtet oder hört Geschichten über den Streit mit Arnims. Da die Bettina mit der dicken Hälfte doch viel war im Anfang und mit einer andern Macht [Frau von Heygendorf ?] auch, so mag eine unendliche Tiefe des Klatsches entstanden sein, da die beiden Damen sich doch des Theaters wegen nicht lieben. Wer da alles hineinverflochten ist, weiß der Himmel. Ich kann nichts tun, als schweigen und dem Meister dadurch zeigen, daß ich in kein unwürdiges Licht gegen ihn mich stellen mag, aber auch mir nichts vergeben kann.«

Charlotte von Stein an Knebel – 18. September 1811
»Eben hatte mich Goethe im Schreiben unterbrochen, und da er ging, trug er mir die schönsten Grüße an Sie auf. Ich war etwas im Streit mit ihm über Frau v. Arnim, eine geborene Brentano, die ihn anbetet, die er sogar veranlaßte, hierher zu kommen, und die er bitter gekränkt hat. Freilich mag wohl seine Frau schuld daran gewesen sein. Das kleine närrische Wesen, nämlich die Arnim, hat mir sehr wohl gefallen und allen, die sie gesehen haben. Auch hatte er sie mir sonst sehr gelobt. Er ist schlimm für seine Freunde, daß er alle Liebe für einen Irrtum des Herzens hält. Wir wollen ihn nicht so denken!«

Charlotte von Stein an ihren Sohn Fritz – 29. September 1811
»Goethe hat mir gestern einen Teil seiner Mémoires geschenkt, aber noch unter dem Siegel des Geheimnisses, und doch läßt er's drucken; vielleicht will er's noch an jemand Vornehmes dedizieren. Das Exemplar war ohne Titel irgend einer Art. Es ist sehr unterhaltend, aber ich könnte nicht gegen das Publikum so offen sein in seiner Stelle. Die Arnim mit ihrem Mann ist wieder abgereist, und hat sich mit Goethen entzweit, nach allem Vermuten durch einen Klatsch, den die Goethen gemacht hat. Die Arnim hat mich recht gedauert; sie sagte, es sei ihr, als wenn ihr das Liebste aus ihrem Herzen hier sei begraben worden; denn sie beten den Goethe an.«

Pauline Gotter an Friedrich von Schelling – 23. Oktober 1811
»...Wenige Wochen vor mir war auch die pilgernde Törin – Bettine in Weimar, doch soll sie etwas solider und vernünftiger als Frau von Arnim sich gezeigt haben. Goethen mochte ich nicht nach ihr fragen; er will nichts mehr von ihr hören und sehn, nach einem heftigen und pöbelhaften Streit, der sich zwischen ihr und Frau von Goethe an einem öffentlichen Orte begeben hat. Daß die Gemeinheit nur von Einer Seite obwaltete, hoffe ich zu Bettinens Ehre; wenigstens ist es nur von dieser zum Handgemenge gekommen, wenn man so sagen will, indem sie der unglücklichen Bettine die Brille von der Nase gerissen und auf dem Boden zertrümmert hat. Es währe wohl zu wünschen, daß sie jedermann so die Augen über sich öffnete, wenn auch auf eine etwas sanftmütigere Weise.«

Charlotte von Schiller an Prinzessin Caroline – 5. Januar 1812
»... Er will uns nur nicht zu Hause sehen, glaube ich, denn er ist selten sonst so freundlich, mild und liebenswürdig gewesen. Le bon ménage führt er auf wie auf Thespis' Karren, die erste dramatische Vorstellung der Sage nach. Er fährt mit der dicken Hälfte, und der

Sohn fährt, auf dem Schlitten nämlich. Den Sohn habe ich sehr lieb; er lebt aber ganz still und ernsthaft. Übrigens wird mancher Menschen gar nicht mehr gedacht bei ihm, zum Beispiel der Bettina ... Ich denke mir, er hat sein Haus schließen wollen für die gute Gesellschaft, denn Tänzer und Gaukler sieht er, wie in seinem Epigramm steht. Die Sonntagsgesellschaft wurde auch voriges Jahr gar zu bunt und vielleicht zu prosaisch.«

Charlotte von Stein an Charlotte von Schiller – Karlsbad, 19. Juni 1812
»Die Goethen ist auch nach Karlsbad, den 14. Juni, abgereist. Goethe sitzt in völliger Arbeit auf dem Parnaß, den zwei Kaiserinnen, die nach Karlsbad kommen, entgegen zu singen.«

Ob sich Christiane damals wirklich geärgert hat, dass sie Bettina von Arnim gegenüber die Kontenance verloren hatte? Es wird von der Goethe-Forschung gerne behauptet, weil es in ihr Bild von Christiane Vulpius als einer des Denkens kaum fähigen Frau ohne gesellschaftliche Manieren passt. Im Jahr 1811 hatte sie als Frau von Goethe doch immerhin schon so viel Selbstbewusstsein, dass sie ihrer Leidensfähigkeit im Hinblick auf öffentliche Beleidigungen auch Grenzen setzen konnte. Möglicherweise hat man es nicht von ihr, der Zurückhaltenden, erwartet – und sich deshalb in den Klatsch gegen sie geflüchtet. Mehr allerdings hat sich wohl das »Damenkränzchen« (Goethe) um Charlotte von Stein darüber geärgert, dass der hochverehrte Meister einfach schwieg – und sich noch mehr von ihnen zurückzog, als er es bisher schon getan hatte. Das Maß war endgültig voll. Hatte er doch schon am 2. Juli 1808 aus Karlsbad an Christiane geschrieben:

»Daß sie in Weimar gegen Frau von Staël Übels von Dir gesprochen, mußt Du Dich nicht anfechten lassen. Das ist in der Welt nun einmal nicht anders, keiner gönnt dem andern seine Vorzüge, von welcher Art sie auch seien; und da er sie ihm nicht nehmen kann, so verkleinert er oder läugnet sie, oder sagt gar das Gegentheil. Genieße also, was Dir das Glück gegönnt hat, und was Du Dir erworben hast, und suche Dirs zu erhalten. Wir wollen in unsrer Liebe verharren und uns immer knapper und besser einrichten, damit wir nach unserer Sinnesweise leben können, ohne uns um andre zu bekümmern. …«

Im Frühjahr 1813 hat Christiane sanften Druck auf ihren Geliebten ausgeübt und ihn zur Kur nach Teplitz geschickt. Rechtzeitig offenbar, denn Weimar lag wieder im Zentrum der Truppenbewegungen im neuen Krieg gegen Napoleon. Während die Seinigen zu Hause die Last der Einquartierungen zu bewältigen hatten, berichtet Goethe in seinem Brieftagebuch zwar von Verwüstungen schon auf dem Weg nach Böhmen, er selbst aber trifft nur wenige Kutschen unterwegs, was ihm ganz recht ist. Den 18. April verbrachte er in Leipzig:

»Abends gingen wir ins Declamatorium des Herrn Solbrig. Hohler, geist- und geschmackloser ist mir nicht leicht etwas vorgekommen; das Publicum aber hat mir gefallen. Es mochten gewiß an 300 Thaler eingekommen sein, sie applaudirten aber nur ein einzig Mal, als er den Kaiser Alexander hoch leben ließ. Hätte der arme Schlucker sein Handwerk verstanden, so hätte er gleich ›Wohl auf, Cameraden! aufs Pferd, aufs Pferd!‹ angestimmt, und hätte gewiß große Sensation erregt. Dagegen fing er mit jämmerlichem Ton das elendeste aller jammervollen deutschen Lieder zu recitiren an: ›Ich habe geliebet, nun lieb ich nicht mehr.‹ Es rührte sich aber hierauf keine Hand weiter, und wir machten uns in Zeiten davon. … Montag, den 19., fuhren wir ohne irgend ein Ereigniß bei guten und leeren Straßen auf Wurzen, wo wir neben der Fähre eine ganz neue Militärbrücke fanden. In Oschatz fanden wir einen leidlichen Gasthof zum ›Löwen‹ und schrieben daselbst eine

Parodie des Solbrigschen Lieds, sie beginnt: ›Ich habe geliebet, nun lieb ich erst recht!‹ und so geht es denn weiter. …«

In seinem Brief vom 1. Juni 1813 kann Christiane dann lesen: »Hierneben steht das verlangte Liedchen, dem man freilich Tag und Stunde nicht ansieht, wo es entstanden ist. Es findet sich leicht eine Melodie dazu. Wenn ich zurückkomme, soll mich die Engels damit empfangen. G.

Entsprungen in Leipzig, den 18. April 1813, in Solbrigs Declamatorium, geschrieben in Oschatz, den 19. April, bei einem sehr friedlichen Mittagessen.«

Ich habe geliebet, nun lieb ich erst recht;
Erst war ich der Diener, nun bin ich der Knecht,
Erst war ich der Diener von allen;
Nun fesselt mich diese charmante Person,
Sie thuet mir alles zur Liebe, zum Lohn;
Sie kann nur allein mir gefallen.

Ich habe geglaubet, nun glaub ich erst recht;
Und geht es auch wunderlich, geht es auch schlecht,
Ich bleibe beim gläubigen Orden.
So düster es oft und so dunkel es war
In drängenden Nöthen, in naher Gefahr,
Auf einmal ists lichter geworden.

Ich habe gespeiset, nun speis ich erst gut;
Bei heiterem Sinne, mit fröhlichem Blut
Ist alles an Tafel vergessen.
Die Jugend verschlingt nur, dann sauset sie fort;
Ich liebe zu tafeln am lustigen Ort,
Ich kost und ich schmecke beim Essen.

Ich habe getrunken, nun trink ich erst gern;
Der Wein, er erhöht uns, er macht uns zum Herrn
Und löset die sklavischen Zungen.
Ja! schonet nur nicht das erquickende Naß;
Denn schwindet der älteste Wein aus dem Faß,
So altern dagegen die jungen.

Ich habe getanzt und dem Tanze gelobt;
Und wird auch kein Schleifer, kein Walzer getobt,
So drehn wir ein sittiges Tänzchen.
Und wer sich der Blumen recht viele verflicht,
Und hält auch die ein' und die andere nicht,
Ihm bleibet ein munteres Kränzchen.

Drum frisch nur aufs neue, bedenke dich nicht!
Denn wer sich die Rosen, die blühenden, bricht,
Den kützeln fürwahr nur die Dornen.
So heute wie gestern es flimmert der Stern;
Nur halte von hängenden Köpfen dich fern
Und lebe dir immer von vornen.

»Schick mir deinen Schuh«

»Die Liebe das Beste!«, schrieb Johann Wolfgang von Goethe in seinem langen Brief vom 31. Mai bis zum 7. Juni 1815 aus Wiesbaden als fast schwörende Quintessenz nach Karlsbad an Christiane. Und es muss eine aufrichtige, tiefe Liebe und Zuneigung zu seiner Frau gewesen sein. Wie sonst nämlich hätte er in den zurückliegenden siebenundzwanzig Jahren ihrer Ehe sich immer wieder so schützend vor sie stellen, dem Weimarer Damenkränzchen solchermaßen die gesellschaftliche Stirn bieten können. Oft hat man den Eindruck, dass er eine gewisse Lust daran hatte, Charlotte von Stein oder Charlotte von Schiller zu provozieren.

Anders ist es kaum zu verstehen, wenn Charlotte von Stein am 8. März 1804 an ihren Sohn Fritz schreibt: »Goethe hat aus lauter Freude, daß die Staël fort war, seine ihm bequemere Donna zwei Tage nacheinander durch alle Straßen auf dem Schlitten gefahren. Ich wundere mich, daß er Dir nichts über Deine vorseiende Heirat geantwortet. Wenn er kein Herz hat, so sollte er doch Lebensart haben.«

Oder wenn Frau von Stein ihrer endlich wieder adlig gewordenen Freundin Schiller am 24. Juni 1805 nahezu angewidert mitteilt: »Von Goethe habe ich, seit Sie weg sind, nichts gesehen, gehört habe ich von der Göchhausen, daß Jacobi bei ihm ist ... Die Göchhausen ... ist mit mir von Tiefurt herausgefahren, bei mir abgestie-

Luise von Göchhausen, um 1776/78.

gen und in den Park gegangen, um Philosophen aufzusuchen, aber es begegnete uns nur einer, der Doyen Wieland, er hatte bei Goethe mit Jacobi und des Jacobi Schwester zu Mittag gegessen. Die Vulpia war von der Gesellschaft***. Am Tisch, sagt Wieland, habe er (der Hausherr) ihr mit zarten Attentionen begegnet, und doch ist's entweder Lüge, oder er müßte eine Analogie mit der Mägdenatur haben.«

Äußerungen wie diese werfen auch ein Licht auf ihre Verfasser. Sie akzeptieren nur die intellektuelle Frau in der Umgebung des Dichters – intellektuell allerdings auf ihrem Niveau. Wie viel mehr als die Oberfläche von Goethes Werken sie nämlich wirklich verstanden, ist aus ihren Briefen kaum zu erkennen. Sicher ist nur, dass sie

Weinbauernhaus im Rheingau, 1815.

die idealisierten Frauen-Figuren vor allem in seinen Dramen für Goethes reale Vorstellung von einer Frau hielten. Daraus erklärt sich dann natürlich ihre geradezu naive Ablehnung von Christiane Vulpius.

Was aber hätte das Damenkränzchen wohl gesagt, hätten sie gewusst, dass auch Christiane ihren liebsten, besten Schatz in ihren Briefen zuweilen mit Gedichten überraschte? In ihrem Brieftagebuch vom 15. bis 20. Juni 1803, das sie aus Bad Lauchstädt an Goethe in Weimar schickte, ist unter dem 17. Juni zu lesen: »Früh, wie mir aufstanden, haben mir dieses Gedicht gemacht,

»Schick mir deinen Schuh«

An diesem erfreulichen Tage
begrüßen recht freundlich wir dich!
Wirf von dir die größte Plage,
sei ein Procentchen recht glücklich;
nimm hin dies kleine Gedichte –
es ist zwar eine curiose Geschichte,
daß wir es wagen zu meditiren,
denn du verstehst leider mehr als multiplizieren.

Käme es nur von da drüben herüber,
es hilfe dir am Ende wohl gar vors Fieber;
jetzt aber mußt du dich begnügen,
sollt es auch nach Stümpern riechen.

Wir setzten die Worte gern recht scharmant,
wenn uns nur kämen die Musen zur Hand;
käm eine nur her, sich zu baden,
so wär uns gleich gerathen.

Genug, es muß dein Herz schon rühren,
wenn wir nur die Feder führen,
das sind wir überzeugt,
drum wirds uns auch so leicht.
So wünschen wir dir Glücks die Menge
in die Ferne, in die Breite und in die Länge;
wir wünschen dir zu sein recht froh
unter Palästen und Hütten von Stroh.

Nun aber müssen wir schließen,
um deine Augen zu schonen,
denn Thränen sehen wir fließen,
und dieß schon kann uns lohnen.«

Und Goethe schickte seiner Frau – hatte sie nicht angeblich nie ein Gedicht von ihm gelesen?! – am 25. Juli 1814 auf der Fahrt nach Wiesbaden aus Eisenach jene Verse, die er erst 1827 unter der Überschrift »Der neue Copernicus« bei Cotta veröffentlichte. Als Goethe es dichtete, ist sein Häuschen die Kutsche, von der aus er die Welt sieht:

Artges Häuschen hab ich klein,
Und, darin verstecket,
Bin ich vor der Sonne Schein,
Gar bequem bedecket:

Denn da gibt es Schalterlein,
Federchen und Lädchen;
Finde mich so wohl allein,
Als mit hübschen Mädchen.

Denn, o Wunder! mir zur Lust
Regen sich die Wälder,
Drückte gern an meine Brust
Die beblümten Felder.
Und so tanzen auch vorbei
Die vollkommnen Berge;
Fehlt nur noch das Lustgeschrei
Der vertrackten Zwerge.

Doch so gänzlich still und stumm
Rennt es mir vorüber,
Meistens grad und oft auch krumm,
Und so ist mirs lieber.

Wenn ichs recht betrachten will
Und es ernst gewahre,
Steht vielleicht das alles still,
Und ich selber fahre.

Eisenach, den 25. Juli 1814
Abends 6 Uhr G.«

Goethes Haus am Frauenplan liegt mitten in der Stadt Weimar. Der Weg zum Schloss ist nicht viel weiter als zum Palais der Frau von Stein oder zum Gartenhaus an der Ilm. Man begegnet sich also unweigerlich, hat wenig Möglichkeiten, einander auszuweichen. Der in seinem Privatleben eigenwillige Dichter wie der Minister des Herzogs Karl August konnte demnach wenig vor der Öffentlichkeit verbergen. Doch waren die Menschen in Weimar nicht ausschließlich Höflinge oder solche, die es gerne sein wollten. Es gab naturgemäß sehr viel mehr normale Bürger. Und es gab das Theater mit seinen Schauspielern, Dirigenten und Musikern.

Die Gaukler, wie man sie damals nicht nur freundlich nannte, waren in ihrer Auffassung von Moral bei zwischenmenschlichen Beziehungen liberaler, großzügiger. Ihr von manchen Freiheiten bestimmtes Leben ist nicht nur in Goethes »Wilhelm Meister« nachzulesen. Goethe hatte es als Theaterdirektor hautnah erlebt. 1791 war er zum Leiter des neu errichteten Weimarer Hoftheaters ernannt worden. Schauspiele und Opern wurden hier gleichermaßen aufgeführt. Und oft musste der Intendant selbst zur Feder greifen, um Repertoire für den Spielplan zu schaffen. Er schrieb eigene Schauspiele, übersetzte Stücke – oft erfüllte er damit Wünsche des Herzogs – aus anderen Sprachen. Wenn es sein musste, dichtete er allerdings auch Libretti für Opern und Singspiele, die dann meist der Weimarer Kapellmeister komponierte.

Oberster Chef eines Theaters zu sein, hieß allerdings im 18. und auch im 19. Jahrhundert nicht, dass der »Chef« permanent da war – er musste nur immer gefragt werden. Auch bei Goethe hieß das für den, der den Spielbetrieb sicherte, dass er viel schreiben musste, um zu wissen, ob er einen neuen Schauspieler – er musste gleichzeitig Sänger sein – anstellen konnte oder nicht, was er ihm bezahlen durfte. Streit, existenzbedrohende Kräche konnten da nicht ausbleiben. Selbst ein Goethe musste mit dem Diven-Hochmut leben. Und nicht nur für Caroline Jagemann (die spätere Frau von Heygendorf) zog er besser die Samthandschuhe an, zumal sie obendrein noch die Geliebte seines Herzogs war.

Um die alltäglichen Intrigen und sonstige Diskussionen wegen Kleinigkeiten im Theater mochte sich Goethe offenbar weniger kümmern. Er war letztlich wohl in diesem Metier nicht der Diplomat, der er auf dem politischen und gesellschaftlichen Parkett sein konnte. Wohl aber begeisterte er Christiane fürs Theater. Besonders wenn Goethe nicht in Weimar war, ging sie fast jeden Abend in die Komödie, wie das Theater genannt wurde. Goethe hatte seine eigene Bank, so dass Christiane sich immer auch eine Begleitung mitnehmen konnte. In ihren Briefen berichtet sie dann ausführlich über die Aufführung. Christiane sagt deutlich ihre Meinung von der Leistung der Darsteller, erzählt auch aus dem Privatleben der Schauspieler, deren Sorgen. Schon bald kommen die Mitglieder des Theaters zu ihr und bitten um Vermittlung beim Geheimrat. Meist sind es Gehaltszulagen oder bessere Rollen. Entsprechende Anweisungen gibt Goethe dann selbst an seinen Vertreter vor Ort.

Da Theaterleute zur damaligen Zeit an einem kleinen Hof wie Weimar ziemlich schlecht bezahlt wurden, sie kein so festes Engagement wie vergleichsweise heute hatten, mussten sie jede Möglichkeit, auf der Bühne zu stehen, wahrnehmen. Die Weimarer Schauspieler hatten insofern Glück, als ihre Truppe schon ab Ende August in Rudolstadt, einer weiteren Residenz des Herzogs, gastieren konnten. Im Sommer aber mussten sie sich mit Gastverpflichtungen an anderen Orten durchschlagen. Damit gingen Goethes Theater wohl häufig gute Kräfte verloren.

Was lag da näher als der Bau eines Sommertheaters in dem Kurbad, in dem vor allem »tout« Weimar die Zeit von Juni bis Mitte August verbrachte: Bad Lauchstädt. Goethe selbst hat das Theater über dem Grundriss einer Basilika konzipiert. Die Theatermaschinerie funktionierte so perfekt wie in Weimar, der Zuschauerraum (Parkett und ein Balkon) aber ist in schlichtem Holz ausgestattet. Der Raum scheint bewusst anspruchslos zu wirken, um das Theater als Unterhaltungs-Element zwischen den Trinkwasser-Kuren und den Soupers samt Bällen attraktiv zu machen.

Der Spielplan jedoch war nicht weniger anspruchsvoll als in Weimar. Schließlich hatte man einen Ruf zu verlieren – und die Gefahr, dass die Kurgäste nach Halle oder Leipzig auswichen war sehr wohl gegeben. Kaum nämlich war das Theater in Bad Lauchstädt vom Publikum akzeptiert, musste besonders Halle fürchten, dass seine Schauspieler wie die Zuschauer in das nur rund zwanzig Kilometer entfernte Theater abwanderten. Goethes Name war da offensichtlich schon eine Attraktion; heute wird das Goethe-Theater in Bad Lauchstädt in den Sommermonaten vom Stadttheater in Halle bespielt.

Am 21. Juni 1802, wenige Tage nach Augusts Konfirmation fuhr Goethe mit seiner Familie und dem Freund Heinrich Meyer nach Bad Lauchstädt, wo am 26. Juni das neue Theater eingeweiht wurde. Über die Eröffnungsfeier berichtet Christiane an Nikolaus Meyer:

»Im ersten Stück, das mit einem kleinen Vorspiel vom Geheimen Rath anfing, betitelt ›Was wir bringen‹, waren 8 hundert Menschen, wir waren auf dem Balcon in einer sehr schönen Loge, und wie das Vorspiel zu Ende war, so ruften die Studenten: ›Es lebe der größte Meister der Kunst, Goethe‹; er hatte sich ganz hinten hingesetzt, aber ich stand auf, und er mußte vor und sich bedanken. Nach der Komödie war Illumination und dem Geheimen Rath sein Bild illuminirt und sein Transparent, und wir speiseten im Salon, wo auch wieder alles illuminiert war und der ganze Saal mit Blumen-Guirlanden geschmücket.«

Nach den Eröffnungsfeierlichkeiten bleiben die Goethes noch einige Zeit in Bad Lauchstädt, um die Bäder zu nutzen – und zu tanzen. Christiane genießt es, von den Gästen hier mit Respekt behandelt zu werden. »Sie haben auf den Geheime Rath und mein Vivat gerufen«, berichtet sie an Nikolaus Meyer. Im Sommer 1803 reist Christiane allein nach Bad Lauchstädt. Zunächst trifft sie sich mit den Mitgliedern des Theaters, doch schnell findet sie auch in diesem Jahr wieder andere Gesellschafter. Einerseits nutzt Goethes von den vielen Geburten geschwächte Frau die Bäder und Trinkkuren, andererseits findet sie als begeisterte Tänzerin gerade hier mühelos gleichgesinnte Bekannte, von denen sie nicht mit ihrer unehelichen Beziehung zu Goethe belästigt wird. Da sie auch hier nur Adlige und Offiziere trifft, wächst sie unversehens in die Gesellschaft hinein. Sollte sie je ernsthafte Minderwertigkeitskomplexe gehabt haben, dann konnte Christiane sie hier abbauen.

In Bad Lauchstädt geht Christiane Vulpius noch häufiger ins Theater, berichtet noch genauer über die Leistungen der Weimarer Truppe, über die Reaktionen des Publikums – und vor allem über die Abendeinnahmen. Darüber hinaus aber lässt sie kein Vergnügen rund um die Kuranlagen aus. Sie scheint aufzublühen – und

Delphinreiter, um 1788/90.

Goethe bestärkt sie nach Kräften in ihren Aktivitäten, sorgt auch finanziell dafür, dass sie allen Spaß haben kann. Das allerdings macht ihn manchmal auch ziemlich eifersüchtig.

Am 3. Mai 1803 erreichte Goethe über den Umweg von Jena und Naumburg Bad Lauchstädt, um dort die zweite Saison in seinem Sommertheater vorzubereiten. Am 4. und 5. Mai berichtet er Christiane nach Weimar:

»Nachdem wir sehr böse Wege überstanden haben, sind wir glücklich in Lauchstädt angelangt. Die Pferde haben mich oft gedauert;

allein da der Kutscher auf jede Weise sorgfältig fuhr, so ist alles gut abgelaufen, und daß sie sich wohlbefinden, zeigt der gute Appetit. Es war ein Glück, daß wir trockenes Wetter hatten. Geist und Bloß [Goethes Schreiber und der Theaterinspizient] sind wohl den halben Weg gegangen, und ich habe mich auch oft auf die Beine gemacht.

Hier in Lauchstädt ist es ganz angenehm, die Linden theilweise grün, andere im Ausschlagen. Die Kastanienbäume fangen an zu blühen, und die sämmtlichen Obstpyramiden, um den Teich, stehen in voller Blüthe.

Der neue Gärtner hat sich sehr thätig bewiesen, und das Ganze wird ordentlicher und reinlicher aussehen als vorm Jahre. Besonders hat man den guten Einfall gehabt, das ganze Heckenwesen, unten im sogenannten Bosquet, wegzuschlagen, wodurch man eine freie Aussicht, über so viele schöne Lindengänge, bis hinaus auf die Wiese hat.

Zwischen dem Theater und der Landstraße haben sie eine Lindenanlage gemacht, die nicht ganz zu tadeln ist. Das alte Schauspielhaus ist abgebrochen, und es sieht aus, als wenn der Platz nunmehr planirt, und der alte Leimenhügel, der schon ziemlich geschmolzen ist, völlig abgetragen werden sollte. Genug, es sieht aus, als ob die Herren Sachsen sich, nach unserm Beispiel, auch einmal rühren wollten.

Das Haus hat sich den Winter durch recht gut gehalten, und wenn es nun noch abgeputzt wird, so, denke ich, soll sichs von außen auch gut ausnehmen.

Ferner wirst Du die Hallen neu angestrichen finden, und was dergleichen mehr ist, woraus Du siehst, daß man die Gäste gut zu empfangen denkt. Ich werde morgen, als den 5., nach Halle und Giebichenstein gehen. …

G.«

Die Spielzeit des Weimarer Theaters in Lauchstädt begann in diesem Jahr schon am 11. Juni. Am 13. Juni kommt Christiane dort an – als Badegast und Theater-Berichterstatter.

»Lauchstädt, 13. Juni 1803, Montag,
Abends 7 Uhr.

In Buttstädt kamen wir an, aßen etwas Kaltes und waren sehr vergnügt. Nach Tische kam Herr Schwarz und holte uns zu einem Punsch in sein Haus, wo wir recht vergnügt waren. Um 12 Uhr gingen wir unter Begleitung des Herrn Schwarz nach Hause, und es begegnete uns ein Abenteuer, wo sich unser Karl [Kutscher und Diener] recht herzhaft bezeigt hat. Es kam nämlich der närrische Creutzburg hinter uns drein mit einem großen Dolch unterm Rocke. Und als wir ins Haus waren, so kam er auch und wollte zu Lauterbach, und als der kam, wollte er ihn erstechen und brachte den Dolch unter dem Rocke vor und wurde ganz wüthend. Karl aber verhinderte es; ich lief in mein Zimmer und schloß mich ein. Nun wollte er zu mir, und ich stand Todesangst aus. Am Ende brachte ihn Karl in Güte noch fort. Ich konnte aber vor Angst die ganze Nacht nicht schlafen, und halb 3 Uhr stand ich auf, weckete alles, um 5 Uhr fuhren wir fort, bekamen schönes Wetter, und es fiel nichts vor, und wir waren recht vergnügt. Als wir nach Schäffstädt kamen, stieg ein sehr schöner Luftballon so hoch und weit, als ich noch keinen gesehen habe. Und um 4 Uhr waren wir in Lauchstädt. Der Weg war nicht zum besten, und wir sind sehr langsam gefahren, um den Pferden nichts zu Leide zu thun. Sie befinden sich auch recht wohl, und es schmeckt ihnen gar herrlich. Ich packte aus, zog mein Reitkleidchen an, und als ich angezogen war, so erschienen die jungen Herrn vom Theater und bewillkommten mich alle. Und Unzelmann ist ganz glücklich, und er soll sich recht gut betragen. Es ist ihm auch schon 2 Mal bravo gerufen worden, in der ›Braut von Messina‹ und in ›Alte und Neue Zeit‹. Und als wir am Tische saßen und speisten, so ließen mir die Herrn ein Ständchen bringen. Wir gingen in die Allee, und ich sprach den Herrn von Heinitz, der außerordentlich artig war. Wir freuten uns, einander wiederzusehen, und versprachen uns hier sehr viel Vergnügen. Um 10 Uhr legten wir uns zu Bette, und um 11 Uhr bekamen wir wieder ein Ständchen, das gar nicht enden wollte; es wurden 9 Tänze gespielt, die ganz neu waren. Und so müde als man war, mußte man doch aufstehen und ein bißchen huppen [hüpfen, tanzen]. Und um 1 Uhr bekamen wir eins mit lauter Clarinetten und Flöten, ›Es waren so selige Tage‹ und so weiter.

Viel Badegäste sind noch gar nicht hier, aber es ist alles bestellt und fast kein Quartier mehr zu haben. Alles aber erwartet Sie und Schiller. Ich habe auch gesagt, daß Sie beide so bald, als es Ihre Geschäfte zuließen, kommen würden. Ich bin sehr heiter und vergnügt; es ist mir, als hätte ich wieder ganz neues Leben bekommen. Und dieß danke ich alles Dir, Lieber, und werde ewig dankbar sein.

Dienstag, den 14.

Heute frühe gingen wir in die Alle, und es wurde eine Wasserfahrt gemacht, und wir waren alle recht vergnügt. Der Her von Firks ließ uns Musik dazu kommen. Nach Tische gab ich in der Alle eine Chocolade, und wir gingen nach Schottendorf. Wie ich zurückkomme, sehe ich die Jagemann … Leb wohl und behalte mich nur recht lieb. Das bittet Dich Dein treuer Schatz Ch. V.«

»Lauchstädt, 15./20. Juni 1803.

Mittewoch, den 15., Abends kam die Mamsell Jagemann zu uns. Nach Tische gingen wir in die Alle und wurden zu dem Italiener, der auf dem Kohlkopf wohnt, eingeladen. Und als wir hinkamen, fanden wir viele Gesellschaft, sehr guten rothen Champagner und waren recht vergnügt; wovon ich Dir mündlich allerhand erzählen will.

Donnerstag, den 16., haben wir in der Eisbude gefrühstückt. ... Wir, ich und die Silie, fuhren in die Komödie hinein, es war ›Nathan der Weise‹. Die Einnahme betrug nur 50 Thaler. Aber das Stück wurde sehr gut gegeben, außer der Maaß, die spielte mit einer abscheulichen Kälte. ...

Freitag, den 17., machten wir Mamsell Jagemann die Gegenvisite und waren recht ausgelassen. ...

Sonnabend, den 18., ... Die Oper [›Opferfest‹] ging recht gut, die Silie wurde applaudirt, und die Jagemann und ihre Gespielen mußten das Quartett ›Kind, höre meine Lehren‹ da capo singen, und die Jagemann hat großen Beifall eingeerntet. ... die Einnahme betrug 106 Thaler.

Sonntag, den 19. Heute wollen wir sehen, wie es gehen wird, ob auch ein Bällchen zum Vorschein kommt. ...

Montag, 20., waren wir wieder in Merseburg und haben in der Kirche und auf dem Schlosse sehr schöne Sachen von Lukas Cranach gesehen, welche Du, wenn Du herkömmst, sehen mußt. ...«

»Lauchstädt, 20./26. Juni 1803.

Alleweile komm ich aus ›Maria Stuart‹, welches ganz vortrefflich vorgestellt wurde. Die Jagemann hat so noch nicht gespielt, auch Cordemann und alle. Die Herrn Offiziere haben fast alle geweint. Herr Grimmer hat als französischer Gesandter sich sehr gut producirt und hat eine recht angenehme Sprache. Seine Figur ist noch besser als Haide; er wird aber auch schon recht beneidet. Die Einnahme war 192 Thaler. ...

Dienstag, den 21., waren wir in Halle. ...

Den Mittewoch, den 22., wie ich frühe aufwachte, war ich sehr krank und wußte nicht, wovon. Ich hielt mich im Bette und curirte mich nach meiner Art mit Portwein. Und heute, den 23., frühe habe ich mir von dem Italiener einen Sardellensalat holen lassen, und bin wieder ganz wohl. … Wir speisten im Salon und waren sehr vergnügt. Alsdann ging ich zu Hause, und auf dem Wege kamen Cotta und Hain zu mir und sagten mir, daß sie schon 2 Mal zu Hause bei mir gewesen wären, es wär Gesellschaft bei Sangusto, die Silie wär auch da. Ich ging hin und hörte wieder allerlei Meinung, welche ich Dir in Schlampamps-Stündchen alles mittheilen will. …

Sonnabend, den 25.

Itzo kommen auch Kirschen die Menge. Auch habe ich hier allerlei bei dem Italiener entdeckt: Lachs, Hamburger Rindfleisch, Zungen. Wenn Du herkommst, so können wir uns allerlei mitnehmen. …

Heute nach Tische ging ich in die Alle und fand auch 2 Hallenser, die vorm Jahr da waren, und die Bekanntschaften wurden erneuert. Und es wurden viele Bälle versprochen. … Die heutige Vorstellung war die ›Offene Fehde‹ und ›Scherz und Ernst‹; beide Vorstellungen gefielen sehr, besonders die Jagemann in letzterm. Die Einnahme war 16 Thaler. Nach der Komödie gingen wir in den Salon, auch wurde zum ersten Mal getanzet; und speisten da und waren besonders lustig, und da man weiter nichts zu thun hat, so kann man sich Mühe geben, gut zu sprechen und vorher allerlei zu überlegen. Weil man schon allenfalls weiß, mit wem man in Gesellschaft kommt, so geht es mir itzo recht gut vom Munde, und ich muß oft der Silie durchhelfen. Besonders die Herren Offiziere machen uns viel zu schaffen; sie sind aber sehr artig, und wir haben manchen Spaß. … Lustig bin ich, wie Du nicht glauben kannst, und solche Einfälle, als ich hier habe, kommt mir kein einziger in Weimar in die Gedanken. …«

Ausführlich und mit besonderer Lust erzählt Christiane ihrem Schatz daheim nicht nur vom Theater, sondern vor allem von den »Äuglichen der ganz jungen Art«. Sie flirtet ungeniert, hat ihre

Freude daran – und hätte doch wohl auch ganz gerne, dass Goethe ein bisschen eifersüchtig wird. Doch Goethe reagiert noch nicht. Er ist mit dem Verkauf des Gutes in Ober-Roßla beschäftigt, mit August – und mit seiner Arbeit. Am 28. Juni 1803 schreibt er seinem kleinen Naturwesen:

»Du bist recht lieb und gut, daß Du so viel schreibst, fahr nur fort, denn es macht mir viel Vergnügen, auch im Einzelnen zu wissen, wie Dirs geht. Bleibe nur in Lauchstädt, so lange Du Lust hast; auf alle Fälle sehe ich gern, wenn Du Dich den ganzen Monat Juli dort aufhältst, denn ich habe eine wichtige Arbeit vorgenommen, wobei mir die Einsamkeit wohlthut, ob ich mich gleich oft genug nach Dir sehne. Bin ich damit zu Stande, so komme ich, Dich abzuholen, das mir auch gut sein wird. …

Der guten Mutter ist eine große Freude begegnet, wie Du aus beiliegendem Blatt sehn kannst. Zeige das Blatt niemand, ob Du gleich das Allgemeine der Geschichte erzählen kannst. … G.

Wenn Du Geld brauchst, kannst Du Dir das Nöthige vom Cassier geben lassen.«

Und am 3. Juli 1803 ergänzt Goethe: »Heute, Sonntag, wird es wohl sehr brillant bei euch sein. Herr Hofrath von Schiller ist nun auch dort, und ich wünsche Dir viel Vergnügen. … Lebe wohl, gedenke mein! Ich liebe Dich herzlich und verlange sehr, Dich wieder zu besitzen. Goethe.«

Goethe ist stolz auf seine Mutter in Frankfurt. Dass er Christiane dringlich bittet, den Brief nicht aus der Hand zu geben, mag an der äußerst eigenwilligen und zufälligen Orthographie von Frau Aja liegen. Nicht dass sich Goethe dieser Schwächen seiner Mutter schämt, er scheint wohl eher den Klatsch und Tratsch der so genannten Intellektuellen zu fürchten. Aus dem siebten Himmel der Glückseligkeit nämlich hatte Katharina Elisabeth Goethe am 24. Juni 1803 nach Weimar geschrieben:

»Die große Freude die mir am Sontag den 19$^{\underline{\text{ten}}}$ Juni zutheil geworden ist, würde ich mich Sünde fürchten dir zu verschweigen also vernim was sich zugetragen hat. Der König und die Königin von Preußen waren am Willhelmsbaad – die Königin äußerte daß Sie die Räthin Goethe sehen und sprechen müßte – und daß demnach Anstalten getroffen werden mögten mich hinzubringen – die gräffin von Leiningen ließe mir den Befehl von Ihro Majestätt demnach zu wißen thun, und kamen um 2 Uhr Mittags mich in einem schönen Wagen bespant mit 4 raschen Pferden abzuholen. 4 $^{1}/_{2}$ uhr waren wir im Willhelmsbaad – ich wurde in ein schönes Zimmer geführt da erschien die Königin wie die Sonne unter den Sternen – freute Sich hertzlich mich zu sehen presentirte mich an Dero 3 Schwestern die Herzogin von Hillburghaußen – Erbprintzses von Turn und Taxis – Fürstin von Solms – letztere und die Königin erinnerten Sich noch mit vieler Freude der Zeiten der Krönungen [der Kaiserkrönungen in Frankfurt, zuletzt 1791], meines Haußes u d g. Da ich so recht zum Jubel gestimt war wer kam da dazu? Unser Hertzog von Weimar! Gott!!! welche Freude vor mich – O! wie viel liebes und gutes Hat Er von dir gesagt – ich dancke Ihm mit gerührtem hertzen vor die Gnade die Er dir in der letzen fatalen Kranckheit erwißen Er sagte /: auch sehr gerührt :/ das hat Er auch an mir gethan – schon 30 Jahre gehen wir miteinander und tragen miteinander. Ich war so aufgespant daß ich hätte lachen und weinen zu gleicher Zeit mögen – in dieser Stimmung ließe mich die Königin in ein anders Zimmer rufen – da kam auch der König – die Königin ging an einen Schranck und brachte ein kostbahres goldenes Halsgeschmeide und nun erstaune!!! Befestigte es um meinen Hals mit Ihren eigenen Händen – biß zu Thränen gerührt – konnte ich nur schlecht dancken. In diesem kostbahren Schmuck kam ich wieder in Zimmer wo unser vortreflicher Hertzog und die 3 Schwestern der Königin waren – die dann große Freude ob meiner prächtigen Verwandlung bezeigten. Alle zu erschöpfen was an diesem Tag vor mich so gloreichen Tag geschah ist ohnmöglich – genug, ich kam Abens um 10 Uhr vergnügt und Seelig im goldenen Brunnen* an. ...«

Auch Christiane Vulpius hatte das preußische Königspaar – Friedrich Wilhelm III. und Königin Luise – in diesen Tagen gesehen. Von Lauchstädt aus fuhren sie am 28. Juni nach Delitz, wo die königliche Equipage die Pferde wechselte und die Majestäten mit denen sprachen, die als »Schlachtenbummler« gekommen waren. Natürlich war Christiane stolz, als sie schon wenig später den Freunden und Kurgästen in Lauchstädt erzählen konnte, wie sehr ihre Schwiegermutter von der preußischen Königin geehrt worden war. In ihrem Bericht vom 27. Juni bis 4. Juli 1803 schildert sie Goethe jedoch nicht nur die Tanzvergnügungen, sondern preist auch die Ankunft eines neuen Gastes: »Daß Schiller hier ist, gibt gleich ein anderes Leben. Nur wünschet man auch Dich; wenn Dir es möglich ist, komm ja. ... Sehr schöne ist es hier; es sind noch mehr Bade-Gäste hier, und man ist noch artiger als voriges Jahr gegen mich. Das macht aber auch der Bediente, Kutscher und die schönen Pferde.«

In Weimar scheint man die munteren Berichte der Hausfrau gern zu lesen, denn Goethe schreibt ihr am 7. Juli 1803: »Fahre ja fort, mir täglich zu schreiben, was Dir begegnet, wir lesen alsdann zusammen das Tagebuch, und manches fällt Dir dabei wieder ein.« Die kleine Warnung vor einem zu heftigen Flirt ist sicher nicht allzu

* Nachdem Frau Aja das Haus im Hirschgraben verkauft hatte, wohnte sie in einer Wohnung im Goldenen Brunnen am Roßmarkt.

ernst gemeint: »Mit den Äugelchen geht es, merke ich, ein wenig stark, nimm Dich nur in Acht, daß keine Augen daraus werden. Nach Deiner Beschreibung muß es jetzt sehr artig in Lauchstädt sein; da Du leicht in die Nachbarschaft fahren kannst, so gibt es doch auch Abwechslung genug. Genieße das alles mit frohem Herzen.« Aber er fügt auch eine für ihn typische Liebeserklärung an: »Wie sehr ich Dich von Herzen liebe, fühle ich erst recht, da ich mich an Deiner Freude und Zufriedenheit erfreuen kann.«

»Lauchstädt, 4./10. Juli 1803.
Montag Abends.

›Die natürliche Tochter‹ hat sehr gefallen und allgemein, aber man wünschte sie nur noch einmal zu sehen. Sie haben auch alle recht gut gespielt, besonders Graff und die Miller haben besser als in Weimar gespielt. Und man wünschte nur, daß Du hier sein möchtest. Niemeyers waren bei mir in der Loge. Und ich ging mit der Silie in Salon. ... Es gefiel uns nicht recht bei Tische, und wir wollten nach Hause. Da kam Hain, Bode und der Herr von Wangenhein und ein Geheimer Rath Schmalz aus Königsberg. Und wir mußten mit zu Sangusto gehen, wo wir noch Sardellen-Salat und Wein verzehrten; und es wurde sehr viel Anekdoten von dem König und der Königin erzählet, und wir waren recht vergnügt. Auch wurde das von der guten Mutter mit dem Halsband erzählt; es steht gewiß in der Zeitung. ... Die Einnahme der ›Natürlichen Tochter‹ war 209 [Thaler].

Dienstag, den 5. Wein habe ich erhalten 6 von dem Professor Gentz, 6 von Herrn Hofrath Schiller, vom Stallmeister Müller und 3 von Mademoiselle Probst, wofür ich Dir den besten Dank sage. Man gibt mir Schuld, ich brauche eine Weincur; es ist aber auch zu viel. Von dem bessern sollst Du, wenn Du kömmst, noch finden. ... Lebe wohl und behalte mich lieb. Denn hier unter allen denen ist kein Mann wie Du; wenn man sie näher kennt, kann man sie alle nicht achten. Lustig aber bin ich sehr und habe Dir sehr viel zu erzählen. ...

Mittewoch den 6. ... Trotz dem vielen Vergnügen fällt mir sehr oft ein, daß ich nun schon lange hier bin, und daß es Dir doch auch viel kostet. Darum bitte ich Dich, wenn Du wieder von Jena zurück bist, so schreibe mir, ob Du noch Lust hast zu kommen. Denn ich weiß wohl, daß es Dir keinen Spaß macht hier. Sobald Du mir dieß ordentlich schreibst, so komm ich auch gleich. Denn mit dem Kutscher und allem ist es doch ein bißchen zu viel, daß ich die Ausgabe allein mache. Ich weiß wohl, daß Du sehr gut bist und mir alles gerne gönnest; aber mir ist es selbst nicht recht und habe Vergnügen genug gehabt. Sei also ja so gut und schreibe mir. Denn wenn Du nicht kömmst, so denke ich etwa so gegen den 20. Abzureisen, und da wird es wohl recht sein. Schreibe mir ja Deine Meinung.«

Das gesellschaftliche Leben beschäftigt Christiane in Bad Lauchstädt also sozusagen rund um die Uhr. Frühstück beim offenbar in diesem Jahr gerade modernen Italiener Sangusto, Mittagessen, Zwischenmahlzeiten in der Allee – den Wandelwegen rund ums Kurhaus –, die Thés dansants, die Soupers, die Komödie und anschließend die Bälle; dazwischen noch die vielen Einladungen privat oder im Restaurant. Wenn sie mal zu Hause ist, dann fast nur, um die Garderobe für den nächsten Ball wieder herzurichten. Ihr Domizil scheint eine kleine Wohnung in einem Haus mit angrenzender Landwirtschaft zu sein, denn sie berichtet Goethe, dass sie die Damen und Herren, von denen sie hier ständig eingeladen und unterhalten wird, zu sich zum Mittagessen bitten will. Die Mutter der Schauspielerin Silie, die mit ihr zusammenwohnt, mache ihr das alles sehr preisgünstig. Und die Enten, die sie servieren möchte, »füttern wir schon lange selbst« (9. Juli 1803). Und am 11. Juli 1803 berichtet Christiane glückselig ins Haus auf dem Frauenplan:

» … Nach der Komödie speisten wir im Salon, wo ich mit einer Fräulein von Biedersee Bekanntschaft machte und mit mehreren Damen, die ich noch werde alle kennen lernen. Überhaupt, man ist hier sehr artig gegen mich; ich kann sagen, man ist artiger gegen mich als gegen andere Leute. – Mich hat es sehr gefreut, daß so viele Weimarer hier sind, die dieses alles mit ansehen. Der Ball war so schön, als ich hier noch einen erlebt habe; es waren gewiß 100 Frauenzimmer und meistens lauter Fräulein und Comtessen, und ich habe alles getanzet, was getanzet worden. Ich weiß auch gar nicht, wie es dieß Jahr ist, das Tanzen wird mir so leicht, ich fliege nur so, und vergnügt bin ich immer sehr. … Heute ist ›Die Jungfrau von Orléans‹, und es wird unmenschlich voll werden. Nach der Komödie haben uns die Herren Offiziere und der Herr Hofrath Schiller zu einem Soupé und Ball bei Chryselius eingeladen. … Mein Breslauer Äuglichen hat sich so stattlich herausgeputzt, daß es sehr gut aussieht, und tanzen thut es auch sehr gut. Genug, die Weimaraner waren erstaunt. …«

»Lauchstädt, 12. und 13. Juli 1803.

… Heute frühe gingen wir in die Allee, denn ich mußte mir Schuhe kaufen, weil sie alle durchgetanzt sind. … Nach Tische gingen wir in die Allee, wo uns Herr Von Nostitz und mehrere erwarteten und uns zum Thé dansant führten, wo es sehr schön war, und wo ich auf der Stelle die neuen Schuhe durchgetanzt habe. …«

Goethes und Christianes Briefe überschneiden sich wieder einmal. Ebenfalls am 12. Juli 1803 ermuntert er sie zu einer Reise nach Dessau und Wörlitz und teilt ihr mit, dass er nicht nach Lauchstädt kommen könne und auch nicht wolle, »wo ich ohnehin, außer Dir, nichts zu suchen habe« (12. Juli 1803). »Daß Dir alles glücklich von statten geht, freut mich sehr, Du verdienst es aber auch, da Du Dich so klug und zierlich zu betragen weißt. Mache Dir wegen der Ausgaben kein Gewissen, ich gebe alles gern, und Du wirst zeitig genug in die Sorglichkeiten der Haushaltung zurückkehren. … Mein Wunsch ist, daß Du heiter und liebend zurückkommst. …«

Am 14. Juli vollendet Goethe den Brief mit mehreren Ergänzungen und schickt ihn mitsamt August nach Bad Lauchstädt. Eine Überraschung sozusagen. Da der Dichter nun aber ganz allein in Weimar ist. »Jetzt, da Du Augusten hast, besinne Dich nicht lange und fahre auf Dessau und wieder auf Lauchstädt zurück, bleibe noch etliche Tage und komme Ende des Monats wieder; so hast Du einen hübschen Genuß gehabt, und ich werde mich an Deiner Erzählung nachfreuen.

Schicke mir mit nächster Gelegenheit Deine letzten, neuen, schon durchgetanzten Schuhe, von denen Du mir schreibst, daß ich nur wieder etwas von Dir habe und an mein Herz drücken kann. … G.«

Am 18. Juli 1803 bilanziert Christiane die vielen Wochen, die sie jetzt schon in Bad Lauchstädt ist: »… Überhaupt, was ich die 5 Wochen Erfahrungen gemacht habe, die sind was werth. Wenn man nicht von Hause wegkommt, so ist man gar nichts werth. Ich kann Dir es niemals verdanken, daß Du dieß alles an mich wendest. …« Am 26. Juli vermerkt Goethe dann in seinem Tagebuch: »Kamen die Meinigen aus Lauchstädt.« Doch diesmal scheint es Christiane zu sein, die es nicht auf dem Frauenplan hält. Mitte August fährt sie mit ihrem Bruder August nach Jena. Mit einem Augenzwinkern schreibt Goethe ihr spitzzüngig am 20. August: »… Damit Du aber siehst, daß es nicht gut ist, wenn man immer in der Welt herumfährt und gar nicht zu Hause bleiben kann, so vermelde ich Dir, daß gestern das Schwarzköpfchen hier gewesen ist und sich eine ganz Hand voll Haare ausgerissen hat, als er Dich nicht fand.

Lebe indessen wohl und vergnügt. Gustel grüßt. G.«

In den beiden darauf folgenden Jahren verbringt Christiane wieder mehrere Wochen in Bad Lauchstädt. Auch Goethe geht diesmal für einige Zeit mit, um seine Krankheiten – mit verursacht wohl durch zu schweres Essen, den Wein und die mangelnde Bewegung – mit den schwefelhaltigen Bädern und dem mineralreichen Wasser zu kurieren. Er konnte dabei auch beobachten, wie geschickt Christiane in Theaterfragen und -problemen war. Darüber berichtet Christiane am 19. September 1804 an Nikolaus Meyer: »Wir sind in Lauchstädt und Halle gewesen. Zuerst ich allein auf 4 Wochen, dann noch auf 14 Tage mit dem Herrn Geheime Rath... Auch hat der Geheime Rath seinen ›Götz von Berlichingen‹ ganz umgearbeitet, die diese Woche [22. September 1804] zum ersten Mal gegeben wird.«

Als Goethe dann 1808 wieder in Karlsbad ist, weil die Lauchstädter Quellen ihm nicht allzu viel genutzt haben, schreibt er am 7. August an seine Frau im sächsischen Kurbad:

»... Du thust wohl, in Lauchstädt bis zu Ende zu bleiben, und mir geschieht eine große Liebe. Denn ohne Dich, weißt Du wohl, könnte und möchte ich das Theaterwesen nicht weiterführen. Wenn wir wieder zusammenkommen, machst Du mich mit den Ereignissen des Sommers bekannt, und über den Winter wollen wir auch hinauskommen. ...«

Das waren keine Schmeicheleien, die der Herr Theaterdirektor da an seine Frau schrieb, um sie bei Laune zu halten und ihre Aufmerksamkeit anzustacheln. Christiane wurde in Lauchstädt tatsächlich gebraucht, damit Goethe bei diesem Gastspiel jemand hatte, der ihm ohne Eigeninteressen berichtete. Und das tat seine Frau. Selbst bei seinen eigenen Stücken vermeldet sie korrekt auch die Akzeptanz durch das Publikum, auch wenn der Rapport dann zuweilen kürzer ausfällt, weil es ihr natürlich auch nicht passt, dass die Theaterstücke ihres Mannes vielleicht weniger Erfolg haben könnten.

Der Sommer 1810 ist wohl das letzte Jahr, in dem sie die Weimarer Theater-Truppe nach Bad Lauchstädt begleitet. Danach reist sie mit ihrem Mann oder auch alleine nach Karlsbad, weil die dortigen Quellen ihrer Gesundheit zuträglicher sind. Caroline Ulrich ist sowohl ihre Gesellschafterin als auch ihr kleiner Secretarius, dem sie die Briefe an Goethe diktiert.

»Lauchstädt, den 11. Juli 1810.

Lieber, bester Geheimerath,

... Im Theater hab ich es freilich noch nicht voll gesehen; das kommt dadurch, daß die Gesellschaft in Halle fast täglich spielt, so auch die Sonntage, so daß beinahe niemand von Halle kommt. Die Freitage und Dienstage, wo hier nicht gespielt wird, machen sowohl die Schauspieler, als auch die Badegäste Partien nach Halle.«

Am Ende dieses Briefes ist Christiane sehr pessimistisch, was die Zukunft des Sommertheaters anbelangt: »... Denn hier kann es nie wieder für das Theater etwas werden, wegen der Gesellschaft in Halle, denn alles von Halle und den umliegenden Gegenden geht in das Hallische Theater. Es wird jetzt eine große Kirche dazu eingerichtet, und es soll sehr schön werden, wie mir Niemeyer sagt. Auch in dem Hallischen Bade sollen so viel Gäste wieder sein; sobald wir da gewesen sind, wollen wir Dir alles bestimmt schreiben, wie es aussieht. ...«

»Lauchstädt, 15. Juli 1810.

Lieber Geheimerath,

es hat sich nach und nach von Badegästen hier so angefüllt, daß über 200 Personen hier sind und viele Fremde, die immer ab- und zugehen. Nun wissen sie sich beim Theater nicht zu helfen und geben gewöhnlich, wegen Abgang [Tod] der Madame Teller, kleine und nicht gern gesehene Stücke, und das bloß, weil sie der Engels in den neuen Rollen die Kleider von der Teller hier nicht geben wollen; und ohne Kleider kann sie doch die Rollen nicht übernehmen, denn ihre Garderobe ist doch nicht darauf eingerichtet. Und weil, wie Du weißt, wie immer kein Entschluß von Weimar kommt, so werden darüber auch die guten Stücke vorenthalten. Gestern war ›Egmont‹; da war es wohl voll, und es wurde recht gut und zur Zufriedenheit aller Zuschauer gegeben. Die Scene mit Egmont und Clärchen ist außerordentlich gut gegangen, und ich und Caroline haben uns an diesem Stück einmal wieder recht erbaut. ... Vorigen Freitag fuhr eine große Gesellschaft nach Halle; wir ließen uns auch bereden, mit Herrn Riquet dahin zu fahren. ... Wir gingen ins Theater, welches aber nicht wie ein Theater, sondern wie ein Pferdestall aussieht, denn es ist eine alte Reitbahn gewesen. Es wird aber ein sehr großes, neues Theater in einer Kirche eingerichtet, wo nach 4 Wochen schon gespielt werden soll. Es wurde die Oper ›Das Sonntagskind‹ aufgeführt; doch wurde so schlecht gesungen und gespielt, daß wir nur einen Act aushalten konnten. Doch haben wir uns einmal recht ausgelacht. Einige Männer darunter könnten wohl gut sein, doch das weibliche Personal ist gar nicht zum ansehen ...«

»Lauchstädt, den 24. Juli 1810.

Lieber Geheimerath,

... Sonnabend wurde ›So sind sie alle‹ [Mozarts ›Così fan tutte‹] gegeben, unser Capellmeister Müller dirigirte diese Oper, und sie wurde mit diesem kleinen Orchester zum Verwundern gut gegeben. Die kleine Genast spielte die Rolle von dem Kammermädchen, welche nachher als Doctor kömmt, recht niedlich. Mamsell Häßler erntete großen Beifall ein. Die Einnahme war an diesem Tag 250 Thaler. ... Nach Tische unterhielten das Publicum die Leipziger Hoboisten; um 6 Uhr wurde das Theater eröffnet, wo das Gedränge so war, daß über 200 wieder weggehen mußten; und man weiß sich sogar bei der Eröffnung zu erinnern, daß die Einnahme nicht so stark gewesen sei: sie haben nämlich 417 Thaler eingenommen. Es wurde ›Die Junggesellen-Wirthschaft‹ recht gut gegeben; vorher ging ›Haß den Frauen‹, welches hätte besser gehen können; zuletzt ein Epilog von Herrn Blümner, welches ein ländliches Fest vorstellte, wo Bauern und Bäuerinnen erschienen, welche den Baum bekränzten, die Lortzing als Nymphe über dem Brunnen nahm sich recht gut aus. Madame Wolff sprach den Epilog wie immer sehr gut. Den Epilog wirst Du wahrscheinlich zu lesen bekommen; mir kam es vor, als hätte man Deine Gedichte aus dem Karlsbad sehr dabei benutzt, doch bleibt dieß unter uns. ... Schreib mir doch, ob Du von August aus Jena einen Brief bekommen hast, der Dämmerfürst hat mir bloß durch seine Freunde einige Grüße bringen lassen, aber weiter nichts. ...«

»Karlsbad, den 1. August 1810.

... Lortzings grüße, auch Denys. Ich habe gegen sie alle den besten Willen. Was sich zu Michael thun und machen läßt, wollen wir sehen. Es ist mir von großem Werth, daß Du wieder in Lauchstädt warst. Denn gewöhnlich kochen sie im Sommer einen garstigen Hexenbrei, den ich im Winter schmackhaft machen soll. ... G.«

Aus dem Hexenbrei entstand im Herbst 1808 ein heftiger Theaterkrach in Weimar – angezettelt von Caroline Jagemann, der Geliebten des Herzogs. Goethe wollte von seinem Amt als Leiter des Theaters zurücktreten, während Christiane eher dazu neigte, Oper und Schauspiel von einander zu trennen, das heißt, für die Oper anderes Personal einzustellen. Das notierte Riemer am 2. Dezember 1808 in seinem Tagebuch und berichtet, dass die Jagemann, aber auch der Herzog damit einverstanden wären.

Christiane von Goethe an ihren Sohn – 30. November 1808
»Der Geheimrat hat das Theater völlig niedergelegt, aber der Herzog will es durchaus nicht zugeben; man schickt täglich sowohl an mich als an den Geheimerat Leute ab, die ihn bereden sollen, es nicht aufzugeben; aber sein Entschluß ist fest, daß er es entweder ganz allein haben will oder gar nicht. Ich bin es sehr wohl zufrieden und sehe ein, daß es durchaus nicht anders angeht. Die Sache ist nämlich so. Es hat sollen Sargin gegeben werden, Morhard hat aber so einen fürchterlichen Katarrh bekommen, daß es ohnmöglich war. Die Jagemann hat aber geäußert: ›Wenn der Hund nicht singen kann, so soll er bellen, und er muß singen.‹ Da das aber nicht möglich war, und Morhard nicht in die Probe kam, so hat sie sich an den Herzog gewendet, und dieser hat Morhard noch denselben Abend wollen über die Grenze bringen lassen, wo ihm denn der Geheimerat nur geschwinde hat Wache geben lassen, um es zu mildern. So stehen jetzt die Sachen. Der Herzog ist am Dienstag nach Jena, und wir wissen nun noch nicht wie es werden wird.«

Christiane von Goethe an ihren Sohn – 30. oder 31. Dezember 1808
»Mit dem Theater hat es sich wieder so gut gemacht, da der Herzog Deinem Vater ein Reskript zugeschickt hat, daß er eigenmächtig machen kann, was er will; und ich sitze nicht mehr auf meiner alten Bank, welche Caroline [Ulrich] eingenommen hat, ich sitze in der Loge neben der Schopenhauern. Du kannst also aus diesem Brief ersehen, daß mein jetzige Existenz ganz anders als sonst ist.«

Bergige Flusslandschaft mit Bergturm und Mühle, 1765.

Mit dem Jahr 1810 endet zwar nicht Christianes Engagement für das Weimarer Theater, wohl aber dessen unauffällige Beaufsichtigung in Bad Lauchstädt. Den nächsten Sommer verbringt sie – teilweise mit Goethe – in Karlsbad. Die Heil-Quellen dort waren nicht nur für ihre Gesundheit vorteilhafter, auch der gesellschaftliche Umgang war wesentlich elitärer. Es hat sie offensichtlich wenig gestört, dass Goethe sie zwar mit vielen Damen des großen Adels bekannt machte, ihr auch die Umgebung zeigte, dann aber nach Teplitz zog, um sich neben der Kur in Ruhe seiner Arbeit widmen zu können. Goethes Freude am Tanzen war nicht so ausdauernd wie die seiner Frau. Zwei Sommer verbrachte das Ehepaar so gemeinsam in Böhmen, danach fuhr Christiane weiterhin nach Karlsbad,

Goethe aber erhoffte sich in Wiesbaden Linderung von seinen gesundheitlichen Beschwerden. Für gemeinsame Kuraufenthalte bevorzugten Goethes dann das nahe bei Weimar gelegene Bad Berka.

Dass Goethe gerne mit Christiane zusammen war, mit ihr nach Karlsbad reiste, sich aber immer wieder auch zu ihr nach Weimar zurücksehnte, konnten seine Freunde und Bekannten, seine Gesprächspartner für literarische und naturwissenschaftliche Themen nie verstehen. Wilhelm von Humboldt schrieb am 17. Juni 1812 aus Karlsbad an seine Frau:

»... Das Leben in Karlsbad muß schrecklich sein. Vom Physischen rede ich nicht. Von den Gütern der Erde mehr zu kosten, als die notdürftigste Lebensunterhaltung erfordert, habe ich bis zu meiner Rückkunft nach Wien ganz aufgegeben. Aber in Karlsbad ist nun der sogenannte Sprudel, an dem man ein bis zwei Stunden lang trinkt, auf einem Brettergerüst, das ungefähr 50 Menschen faßt. Dahinter ist eine schmale hölzerne Brücke, dann enge, fast nie von der Sonne beschienene Straßen, die Allee ist ziemlich weit. Auf diesen Brettern befindet sich nun Goethe alle Morgen mit der Elisa von der Recke, Tiedge, Geßler, die er alle nicht leiden kann, zusammen. Er nennt diesen Teil des Karlsbader Lebens selbst eine verruchte Existenz. Zu den Annehmlichkeiten Weimars, die er mir auch einmal hergezählt hat, rechnet er auch ›das Frauche‹. Das ist eins der schrecklichsten Dinge in der Ehe, daß man und Frau (je nachdem der eine oder andre überwiegend interessiert ist) sich durch Gewohnheit und die Befriedigung kleiner physischer Bedürfnisse so herabstimmen, daß sie das Mittelmäßige und sogar das Gemeine gut und selbst unentbehrlich finden.«

»*Zwei Seelen, ach, in meiner Brust*«

War Johann Wolfgang von Goethe glücklich verheiratet? Oder muss man eher die schon fast philosophische Frage stellen: Was ist eine glückliche Ehe? Gilt die Erkenntnis, dass man in einer glücklichen Ehe lebt für beide Partner gleichzeitig – oder nur jeweils für einen, wobei der andere über seine eigenen Vorstellungen von Glück vorsichtshalber nicht nachdenkt? Und wird schließlich das, was man selbst als Glück anerkennt, auch von den Mitmenschen als solches gesehen und verstanden?

»Zwei Seelen, ach, in meiner Brust«, lässt Goethe seinen Faust sagen. Der Wissenschaftler, der den Pakt mit Mephisto schließt, muss sich entscheiden – die zurückkehrende Jugend und das liebliche Gretchen gibt es nicht umsonst. Allein Goethes Willen verdankt Faust, dass er durch die liebende Frau vor der Hölle gerettet wird. Aber auch Faust ist eine der Kunstfiguren Goethes, von denen er sehr wohl weiß, dass sie mit der Realität wenig zu tun haben. Und trotzdem spiegelt sich zwangsläufig manches aus dem Leben des Dichters in Faust.

Der junge Goethe dichtet, forscht, sucht nach Geistes-Größen, mit denen er über alles bis hin zur Religion sprechen, diskutieren kann. Natürlich tanzt er auch, macht hübschen jungen Mädchen den Hof, verehrt sie in Gedichten, verlobt sich sogar. Doch immer ist er es, der sich zurückzieht. Es ist die eine Seele in seiner Brust, die

Freiheit sucht, unabhängig sein will; das schließt natürlich nicht aus, dass Goethe sich gerne zu Tisch bei Hofe bitten ließ, geschmeichelt war, dass Napoleon und die Kaiserin von Österreich mit ihm sprechen wollten. Die Sehnsucht nach Freiheit ließ Goethe 1786 aus dem engen Beamtengefüge des Weimarischen Hofes ausbrechen. Sein überaktiver Geist, sein Wissensdurst, sein Bedürfnis, vieles davon in Büchern zu veröffentlichen, verlangte nach Freiräumen – auch um den Preis, dass Goethe nach seiner Rückkehr von der ersten Italienischen Reise Geheimer Rat, Diplomat, Fachmann für Bergbau, Theaterdirektor und Dichter gleichzeitig sein musste.

Die andere Seele, oder Natur, wie es Charlotte von Stein sagen wird, in Goethe sucht die Geborgenheit einer Familie, wie er sie in seinem Elternhaus erlebt hatte. Und das war mehr, als dass ihm jemand den Haushalt führte. Für diese Bequemlichkeit hatte er in Weimar immer reichlich Personal. Er suchte eine Lebenspartnerin, mit der er gerade nicht ausschließlich über seine Arbeiten sprechen konnte oder musste. Um als Mensch vollkommen in seinem Verständnis zu sein, brauchte Goethe eine Frau, die bereit war, ihm alles zu geben – und trotzdem selbständig, auch allein leben konnte. Eine Frau, die willens war, die andere Seele in seiner Brust zu akzeptieren.

Für sein eigenes Leben wollte Goethe also eine so ideale Frau, wie er sie selbst in seinen Dichtungen kaum denken konnte. In Christiane Vulpius hatte er sie offensichtlich gefunden. Sie muss ihn so sehr geliebt, sich von ihm so geliebt gewusst haben, dass sie das für ihre Zeit gesellschaftlich Unmögliche tat: Sie ging mit Goethe eine Ehe ohne Trauschein ein, die Gewissensehe. Goethe selbst nahm dafür in Kauf, dass viele seiner Freunde und Bekannten, vor allem in Weimar, ihn nur noch mit seiner literarischen Seele gelten ließen, sich über seine Frau oft geradezu ungehörig äußerten. Er schützte Christiane so gut er konnte, machte nie einen Hehl aus dieser Verbindung – entschied sich zu einem Zeitpunkt für eine auch gesetzlich anerkannte Ehe, als er tatsächlich damit rechnen konnte, unerwartet zu sterben. Bis dahin hatte er so viele Affronts gegen Christiane erlebt, dass er sie über das Testament hinaus schützen wollte.

Charlotte von Stein, die Goethe aus Gesprächen und Briefen kannte wie kaum ein anderer in Weimar, hat ihm die Verbindung mit Christiane Vulpius immer übel genommen. Sie ließ auch an ihm kein gutes Haar – obwohl sie seinen Charakter erkannte. Am 15. Januar 1806 schreibt sie an ihren Sohn Fritz:

»Goethens Vorlesungen gehen alle Mittwoche ihren Weg, ein Viertelstündchen wird der Politik gewidmet oder vielmehr den jetzigen Begebenheiten, doch hat er das nicht gern. Vor acht Tagen war eben seine Schwägerin, die jüngere Schwester seiner Demoiselle, gestorben, und zwar wie wir eben da waren, aber alle Todesfälle in und außer seinem Haus läßt er sich verheimlichen, bis er so nach und nach dahinter kommt, doch soll er sie beweint haben, sie war schon lang an der Auszehrung krank, sein Bube kommt mir auch nicht vor, als könnte er lange leben, gebe der Himmel, daß er nicht vor ihm stirbt, seine Demoiselle, sagt man, betrinkt sich alle Tage, wird aber dick und fett, der arme Goethe, der lauter edle Umgebungen hätte haben sollen! Doch hat er auch zwei Naturen. …«

Louise Seidler urteilt in ihren Erinnerungen über Goethes Eheleben im Haus am Frauenplan (1811–1814):

»Noch muß ich des Verhältnisses gedenken, in welchem Goethe zu seiner Frau stand. Auch hier bewährte sich des großen Dichters

Neigung für das Natürliche, wenn dasselbe nur tüchtig war. Wie wenig passend das Benehmen der ›Frau Geheimde Rätin‹ auch außerhalb des Hauses bisweilen sein mochte, welche derben Ausdrücke sie auch gegen die Dienstboten oft gebrauchte: im Grunde ihres Herzens war sie doch gutmütig, dem Dichter gegenüber stets aufmerksam, sorglich pflegend, Unangenehmes abwehrend. Ihre durch nichts zu erschütternde, unbefangene Heiterkeit und ihr neckisches Geplauder waren Goethe ganz recht.«

C. Bertuch dagegen meint in seinem Brief an Böttiger geradezu angewidert (6. Juli 1812):

»Was den Groß-Cophta [Goethe] betrifft, so ist er jetzt, seitdem er seine Christel zur Exzellenz gemacht hat, für das gesellige Verhältnis in Weimar = 0, und Sie als Fremder werden ihn nirgends treffen. Daß Sie ihn in seinem Hause nicht aufsuchen werden, versteht sich von selbst.«

Je älter Goethe wird, desto häufiger versucht er diese beiden so auseinander strebenden Seelen in seiner Brust zu vereinen. Solche Momente scheinen es zu sein, wenn er an Christiane – sie ist in Frankfurt, um den Nachlass der Schwiegermutter zu regeln – Briefe wie diesen schreibt:

»Erfurt, Dienstag, den 4. October 1808.

Eh ich von Erfurt abgehe, muß ich Dir ein Wort sagen und Dir danken, daß Du mich herübergetrieben hast. Zum Schauspiel kam ich nicht; aber nachher fügte sich alles zum Besten. Ich habe dem Kaiser [Napoleon] aufgewartet, der sich auf die gnädigste Weise lange mit mir unterhielt. Nun geht's zu den Weimarischen Festen, wobei ich Dich wünschte. Manchmal ist mirs verdrießlich, daß Du so eigensinnig auf Deiner Reise bestandest. Dann denk ich wieder: es wird wohl gut ausfallen, da so vieles gut ausfällt. Lebe recht wohl. Grüße Deine Gesellschafterin und alle Freunde. G.«

Es schmeichelte Goethe, dass Napoleon mit ihm sprach. Dass sein Herzog dessen Gegner war – in der Politik wie auf dem Schlachtfeld –, scheint er in diesem Moment nicht bedacht zu haben. Freunde hat sich Goethe damit in Weimar wirklich nicht gemacht, schon gar nicht, als er auch noch dessen Orden annahm. Im Sommer 1810 erhofft er sich auch einen Orden der österreichischen Krone und schreibt am 3. Juli an Christiane: »... Die Gegenwart der Kaiserin wird für mich nicht ohne Folgen sein, man hat mir vertraut, daß sie mir eine Artigkeit erzeigen werde, die mich um so mehr freuen müsse, weil sie sich selbst etwas ausgedacht. Du sagst niemand davon, denn so etwas muß man abwarten. Es kann gar manches dazwischen kommen, das die besten Absichten der Großen hindert. ... G.«

Irgendetwas muss dazwischen gekommen sein, denn Goethe bekommt keinen österreichischen Orden oder sonst ein Geschenk dafür, dass er für die Majestäten in Karlsbad und Teplitz gedichtet und vorgelesen hat. Auf sich beruhen lassen wollte es Goethe allerdings offensichtlich auch nicht, denn am 27. Oktober 1813 beklagte sich Wilhelm von Humboldt bei seiner Frau über Goethes Schwachheiten:

»... Von Goethe könnte ich Dir noch lange erzählen. Er hat den Feldzeugmeister Colloredo zur Einquartierung gehabt, der auf Goethes Kosten alle Tage 24 Personen zu Tisch gehabt hat. Die Geheimrätin versicherte, das koste 2 bis 300 Taler, und der Koch hätte ihr noch gesagt, daß sie sehr geizig wäre. Wie Colloredo gekommen ist, hat Goethe noch die Legion getragen, und

Colloredo hat ihm gleich gesagt: ›Pfui Teufel, wie kann man so etwas tragen!‹ Heute früh hat er mich ernsthaft konsultiert, was er tragen solle, man könne doch einen Orden, durch den einen ein Kaiser ausgezeichnet habe, nicht ablegen, weil er eine Schlacht verloren habe. Ich dachte bei mir, daß es freilich schlimm ist, wenn man für das Ablegen der Legion keine besseren Gründe hat, und wollte ihm eben einen guten Rat geben, als er mich bat, zu machen, daß er einen österreichischen Orden bekäme. Es ist närrisch, daß wir immer dazu bestimmt sind, daß die Leute uns in das Vertrauen ihrer kleinen Schwachheiten setzen. Die Goetheschen tun mir umso mehr leid, als er äußerst gut und freundschaftlich mit mir ist.«

Der schon seit seiner Studentenzeit gelegentlich kränkelnde Goethe wechselt im Sommer 1814 auf Anraten seiner Ärzte die Kur. Nicht mehr Karlsbad, Teplitz oder Franzensbrunn wird ihm nun empfohlen, sondern Wiesbaden, der Rheingau. In den heimatlichen Gefilden fühlt er sich wohl; sicher auch, weil er hier die Intelligenzschicht trifft, mit der er in jungen Jahren häufig zusammen war. Er genießt die Fahrten durch die Weinbaugebiete und dichtet beim St.-Rochus-Fest übermütig:

Morgens rund,
Mittags gestampft,
Abends in Scheiben;
Dabei soll's bleiben,
Es ist gesund.

Die Kartoffel ist ihm dieses gereimte Rätsel wert. Gesund und wohlgelaunt kehrt Goethe Ende Oktober nach Weimar zurück. Auch Christiane, die in Karlsbad zur Kur war, schien keine Beschwerden zu haben. Doch Anfang Januar fällt ein Schatten auf die häusliche Ruhe, seinen Seelenfrieden. Christiane erleidet am 9. Januar 1815 einen Schlaganfall. Scheinbar lakonisch schrieb er in sein Tagebuch: »Doppelter Unfall. Mittag gestört. Herstellung.«

Für den Leser wenig deutlicher schreibt Goethe ein paar Tage später an den Minister von Voigt: »Freilich war der Unfall erzeugende Unfall, den mir ein wunderlich Geschick Dienstag zwischen 1 und 2 Uhr zudachte, etwas derb, und nur die liebevolle Theilnahme würdiger Freunde und Freundinnen (bei denen alles Gute verweilen möge!) konnte uns so schnell wieder aufrichten und herstellen, wenn ich gleich nicht leugnen will, daß die Nachempfindung mir noch in allen Gliedern liegt.«

Riemer schreibt am 14. Januar 1815 an Frommann in Jena weit weniger sensibel oder etwa mit dem Mann mitfühlend, in dessen Diensten er viele Jahre mit gutem Salär stand:

»Der Schlag oder eine Art von Schlag *im* Wagen hat seine Richtigkeit, wiewohl die Dame das selbst nicht weiß. Unterdeß ist alles wieder gut, und es sind schon Supplikationen angestellt worden, oder vielmehr herumgeschickt, Visiten-Karten mit der Inschrift: ›Für genommenen Anteil *höchlich* dankbar.‹ Das Gegenteil wäre für *ihn* vielleicht gut gewesen; für uns andre gewiß.«

Charlotte von Schiller an Karl Ludwig von Knebel – 8. Februar 1815
»Der arme Geheimerat Goethe hat jetzt viel Not. In der Nacht von Sonnabend (4. Februar) auf den Sonntag war die Frau einige Stunden (fast) tot, und Huschke hat dem Sohn im Vertrauen eröffnet, sie könnte nicht leben; doch hat es sich gebessert, aber der Anfall von Krampf kann immer bei jeden Veranlassungen wiederkommen. Ich fürchte für ihn; er kann das widerliche Leiden des Lebens nicht ertragen, ohne angegriffen zu werden, und viel Kräfte hat er nicht mehr. Ein guter Schutzgeist walte über unserm Freund!«

Christiane von Goethe war wieder einmal Stadtgespräch geworden. Und wieder denkt niemand an sie selbst oder den Verlust, den Goethe erleiden könnte. Mit ihr verliert die Welt in Weimar offensichtlich nichts. Das, was heute als Schlaganfall bezeichnet wird, war eine Überfülle des Blutes, die Christiane schon in früheren Jahren zu schaffen gemacht hatte. An den Arzt Kiefer schreibt Goethe am 27. Februar 1815: »Meine Frau wird in diesen Tagen nach Jena gehen, da ihr eine Ortsveränderung und Zerstreuung sehr nöthig thut. Haben Sie die Güte, ihr einige Aufmerksamkeit zu schenken. Herr Hofrath Stark ist von allem unterrichtet, es würde mir sehr erwünscht sein, wenn Sie mit ihm über ihren Zustand conferiren möchten.«

Am 1. März liest man in Goethes Tagebuch, dass sie zur Ader gelassen wurde. Am nächsten Tag fährt sie mit Madame Kirsch – ihrer Gesellschafterin, seit Caroline Ulrich mit Riemer verheiratet ist – nach Jena. Bis zum 13. März bleibt sie dort in ärztlicher Behandlung.

Schon am 4. März 1815 schreibt Goethe aus Weimar an Christiane:

»... Mein größter Wunsch ist, daß Du Dich glücklich wieder herstellen mögest. Grüße alle Freunde und entschuldige mich, daß ich nicht mehr schreibe; es gibt diesen Morgen gar viel zu thun.

Alles Gute und vergnügliche wünschend. G.«

Christianes Lebensmut und -wille lässt sie dem geliebten Mann so hoffnungsfroh antworten, dass er Vertrauen in die Jenaer Behandlung setzt. Ob sie selbst daran geglaubt hat, ist schwer zu sagen, denn am 9. Januar hatte sie in ihr Tagebuch geschrieben: »War ich sehr krank«.

Auch die Freunde informierten den besorgten Goethe in Weimar. So teilt Knebel Goethe am 3. März 1815 mit, die »wunderlich strenge Diät« der Weimarer Ärzte habe Christiane mitgenommen, die Jenaer Ärzte seien »milder«, und es sei kein Zweifel, daß das hypochondrische Wesen, das nur von Schwächung herrühre, sich einer »mäßigen, etwas geistigen Nahrung« verlieren werde.

Der von Goethe und seiner Familie in allen Gesundheitsdingen bemühte Jenaische Mediziner Johann Christian Stark schreibt am 8. März 1815 an Goethe:

»Seit dem Hiersein ist es recht gut gegangen. Alle Functionen sind in der besten Ordnung, das Gemüth ist heiter. Ich habe fleißige Bewegung in freier Luft empfohlen, welches treulich befolgt wird. Um 11 Uhr wird spazieren gefahren. Nach Tische eine Stunde gegangen. Die Strenge der Diät habe ich etwas vermindert, weil der Magen anfing zu leiden. Spuren von Lähmung oder Krampf haben sich gar nicht gezeigt. Das Wetter begünstigt den hiesigen Aufenthalt. Deshalb habe ich, ich hoffe mit Ew. Excellenz Genehmigung, geraten, so lange, als die Witterung gut und freundlich sein wird, den Aufenthalt zu verlängern, weil wirklich unsere gemischte Thal- und Bergluft den Nerven mehr zusagt als die Luft in Weimar.«

Christiane erholt sich tatsächlich wieder, kehrt arbeitswütig, wie Goethe sie nun schon so lange kennt, nach Weimar zurück. Im Sommer geht Christiane zur Kur nach Karlsbad, Goethe fährt wieder nach Wiesbaden. In den erhaltenen Briefen deutet nichts darauf hin, dass einer der beiden Eheleute an einer bedenklichen Krankheit leide. Im Oktober kehrt auch Goethe wieder nach Weimar zurück und man scheint einen ruhigen Winter verbracht zu haben. »In unserm Sinne«, wie Goethe so oft an Christiane geschrieben hatte. Erst am 11. Mai 1816 geht Goethe wieder nach Jena. Wie gewohnt erzählt Christiane in ihren Briefen vom Garten, beklagt am 18. Mai nur, dass so gar nichts in Weimar passieren würde, was sich lohnte, ihm zu erzählen.

Doch kaum ist dieser Brief auf dem Weg nach Jena, bekommt Christiane wieder einen Anfall, vergleichbar dem vom Januar 1815. Und ebenso schnell erholt sie sich.

»Weimar, den 22. Mai 1816.

Lieber Geheimerath!
Ich habe Dich um Verzeihung zu bitten, daß ich Deinen gut gemeinten Rath wegen des Aderlasses nicht schleunig genug nachgekommen, wodurch ich wahrscheinlich diesem Unfall entgangen wäre. Ich danke Gott, daß es so glücklich überstanden ist. Gegenwärtig befinde ich mich ziemlich wohl, der Kopf ist mir sehr leicht, alle Sinne sind frei und heiter, und nirgends ist mehr ein Druck oder eine betäubende Schwere zu merken. Nur die spanische Fliege* incomodirt mich noch etwas.

Leb nun wohl und gedenke mein.

Champagner ist dießmal in unserm Keller gar nicht zu finden, Ramann hat mir noch keinen geschickt. Wertheimer, 2 Bouteillen, folgen anbei. C. v. Goethe.«

Das ist der letzte der Briefe, der aus dem Briefwechsel zwischen Goethe und Christiane erhalten ist. Schon am 29. Mai erkrankt Christiane bedenklich. Goethe kommt sofort von Jena nach Weimar. Doch schon nach kurzer Besserung verschlimmert sich Chris-

* Die Spanische Fliege ist ein grüner Käfer, der als Pulver, Essenz, Tinktur, Salbe oder Pflaster verwendet wurde. Die Wirkung war relativ umfassend, denn man hatte die Spanische Fliege zu Hause und gebrauchte sie, wie man heute Aspirin verwendet.

tianes Zustand schnell. Es ist möglich, dass zu dem extremen Bluthochdruck auch noch eine Virus-Erkrankung kam, denn in diesen Tagen erkrankt auch das Personal in Goethes Haus. Er selbst wird von einem plötzlichen, heftigen Fieberanfall niedergeworfen. Im Tagebuch steht unter dem 5. Juni: »Den ganzen Tag im Bett zugebracht. Meine Frau in äußerster Gefahr. Die Köchin und Minchen leidlich. Mein Sohn Helfer, Rathgeber, ja einziger haltbarer Punct in dieser Verwirrung.«

Die schwere Krankheit Christianes macht offenbar auch die Weimaraner zumindest neugierig. Man scheint häufig an der Tür zu klingeln, denn die behandelnden Ärzte Stark und Huschke sehen sich genötigt, Bulletins herauszugeben.

»Bulletin« des Goethehauses – 5. Juni 1816
»Die Frau Geheimrätin befindet sich noch in demselben gefährlichen Zustande, ja noch matter als bisher.

Der Herr Staats-Minister, gestern abend von einem heftigen Fieber befallen, hat diese Nacht wohl geschlafen, und gut transpiriert. Dieselben sind hoffentlich bald wieder hergestellt.«

»Bulletin« des Goethehauses – 6. Juni 1816
»Die Frau Geheimrätin liegt noch immer äußerst schwach, besinnungslos, von fürchterlichen Krämpfen gefoltert darnieder, wahrscheinlich ist ihre Auflösung nicht mehr fern.

Der Herr Staats-Minister hat diese Nacht wohl geschlafen, der Kopf ist frei und leicht, wird aber dem ohngeachtet noch heute das Bett nicht verlassen.«

»Bulletin« des Goethehauses – 7. Juni 1816
»Gestern in der Mittagsstunde erschien der schmerzlich entscheidende Augenblick, der dem Leben der Frau Geheimerätin von

Goethe ein Ziel setzte. Die hierdurch erregte Bestürzung und daraus erfolgte Gemütsbewegung verstattet nicht, die höchst verehrlichen und dankbarlichst anzuerkennenden Beileidsbezeigungen persönlich zu erwidern, welches bessern Zeiten vorbehalten bleiben möge.«

Johann Wolfgang von Goethe schreibt an diesem 6. Juni 1816 in sein Tagebuch: »Gut geschlafen und viel besser. Nahes Ende meiner Frau. Letzter fürchterlicher Kampf ihrer Natur. Sie verschied gegen Mittag. Leere und Todtenstille in und außer mir. Ankunft und festlicher Einzug der Prinzessin Ida und Bernhards. Hfr. Meyer, Riemer. Abends brillante Illumination der Stadt. Meine Frau um 12 Uhr Nachts ins Leichenhaus. Ich den ganzen Tag im Bett.«

Am 7. Juni: »Nicht besonders geschlafen. Zahlreiche Kondolenzen. Außer Bett.«

Am 8. Juni: »Meine Frau früh um 4 Uhr begraben. ... Um 3 Uhr Collecte meiner Frau von Voigt gehalten.«

Der Sterbe-Eintrag im Kirchenbuch lautet:
»Die Hochwohlgeb. Frau, Frau Johanna Christiana Sophia von Göthe geb. Vulpius, Sr. Excellenz, des Herrn Johann Wolfgang von Göthe Großherzogl. S. Weimar. wirkl. Geheimen Raths Ehegattin starb Donnerstags, den 6. Juni Mittags halb 12 Uhr, 51 Jahr 5 Tage alt, am Blutschlag, und wurde Sonnabends, den 8. ej. früh 4 Uhr Standesmäßig vom Leichenhause, und zwar mit Gesang des Chores mit der Ganzen Schule erster Classe beerdiget, der gewöhnliche Leichen-Sermon aber Nachmittags 3 Uhr von dem Herrn Generalsuperintendenten Voigt in der Stadtkirche gehalten.«

Zwei Tage nach Christianes Tod teilte Goethe seinem Freund Zelter in Berlin die traurige Nachricht mit: »Wenn ich Dir, derber, geprüfter Erdensohn, vermelde, daß meine liebe, kleine Frau uns in diesen Tagen verlassen, so weißt Du, was es heißen will. Ich kann weiter keinen Gewinn des Lebens haben, als ihren Verlust zu bedauern.« Darauf folgt, rhythmisch umgebildet:

Du versuchst, o Sonne, vergebens
Durch die düstren Wolken zu scheinen!
Der ganze Gewinn meines Lebens
Ist, ihren Verlust zu beweinen.

In seinem Tagebuch dieser Tage und Wochen spiegelt sich, wie sehr Goethe der Arbeit nachlief. Er suchte Beschäftigung, Abwechslung. Denn er war zu sensibel, um nicht durch diesen Verlust, diesen Einschnitt nach fast achtundzwanzigjähriger Ehe selbst schwermütig zu werden. Er wurde in diesem Jahr siebenundsechzig Jahre alt und fühlte sich verlassen. Wenn 1817 August von Goethe Ottilie von Pogwisch heiratet, wird der Vater kaum noch in Weimar sein. Er mag die Schwiegertochter nicht sonderlich gern.

In Weimar aber zieht sich Goethe immer mehr aus dem gesellschaftlichen Leben zurück, wird auch kauziger. Nicht einmal im Tod nämlich lassen die, die sich für wichtig halten, Christiane gelten. Am 25. Juni 1816 klagt Johanna Schopenhauer in einem Brief an Elisa von der Recke, dass nach Christianes Tod niemand mehr etwas Gutes über sie sage, selbst die nicht, die ihr im Leben auf alle Weise schmeichelten. Und Johann Diederich Gries ließ am 21. Juni Gottlieb Hufeland wissen:

»Daß Goethe vor kurzem seine Frau verloren, werden Sie schon gehört haben. Dieser unerwartete Todesfall hat, wie es scheint, einen tiefen Eindruck bei ihm hinterlassen. Nicht als ob er die Verblichene eben sehr geliebt hätte, aber sie war doch die Mutter seines Sohnes und sollte, nach dem natürlichen Lauf der Dinge, die Pflegerin seines Alters sein. Ich fürchte, wir werden den Unersetzlichen nicht lange mehr behalten ...«

Goethe überlebte sein geliebtes kleines Naturwesen um sechzehn Jahre. Sein Haus am Frauenplan in Weimar hatte für ihn nicht mehr die Anziehungskraft wie bisher. War seine Ehe also glücklich gewesen? War seine Entscheidung gegen eine Frau aus dem Weimarer Kleinadel und für die vielleicht anfangs weniger mit Wissen angefüllte Christiane richtig gewesen? Hatte ihm die Herzensbildung der Tochter eines verarmten Weimarer Hofbeamten mehr bedeutetet, mehr geholfen als die Liste dessen, was andere Frauen glaubten gelesen zu haben? Noch als alter Mann dichtete er:

Gott hab ich und die Kleine
Im Lied erhalten reine.

So laßt mir das Gedächtniß
Als fröhliches Vermächtniß.

In den Briefen, die Goethe und Christiane wechselten, mag man heute eine glückliche Ehe erkennen. Dass auch in dieser Verbindung nicht alle Tage Sonnenschein gewesen sein wird, darf man ruhig annehmen. Doch mag es gerade die häufige Trennung gewesen sein, die es geraten sein ließ, Streit und Auseinandersetzungen möglichst schnell zu bereinigen. Wenn es denn überhaupt etwas gab, das das Streiten in der Zeit der Gemeinsamkeit lohnte. Die gegenseitige Liebe und Achtung mag wohl stärker gewesen sein. Wer bereit ist, diese Briefe nicht mit den Augen des 20. Jahrhunderts zu lesen, sondern die Gesellschaftsnormen des 18. und frühen 19. Jahrhunderts in Betracht zieht, muss wohl mit Goethe zu der Erkenntnis gelangen:

Ihr glücklichen Augen,
Was je ihr gesehn,
Es sei, wie es wolle,
Es war doch so schön!

Zeittafel

1749 Johann Wolfgang Goethe wird am 28. August als Sohn des Kaiserlichen Rates Dr. jur. Johann Caspar Goethe und seiner Frau Katharina Elisabeth, geb. Textor, in Frankfurt am Main geboren.

1765 Von Oktober bis August 1768 Studium der Jurisprudenz und schöngeistigen Fächer in Leipzig. Bekanntschaft mit Käthchen Schönkopf. – Juli 1768 schwere Erkrankung. – 28. August: Abreise aus Leipzig nach Frankfurt. Langsame Genesung. – Am 1. Juni wird in Weimar Christiane Vulpius geboren; der Geburtstag wird irrtümlich von Goethe und ihr immer am 6. August gefeiert.

1770 April bis August 1771: Fortsetzung des Jura-Studiums in Straßburg. Erster Besuch in Sesenheim und Freundschaft mit Friederike Brion.

1771 6. August: Promotion zum Lizentiaten der Rechte. – 14. August: Rückkehr nach Frankfurt am Main. – Ende August: Zulassung als Rechtsanwalt.

1771 Praktikant am Reichskammergericht in Wetzlar. – Freundschaft mit Charlotte Buff und mit Kestner. –

	11. September: Ohne Abschied durchs Lahntal nach Frankfurt.
1772–1775	Frankfurt am Main.
1774	Beginn der Niederschrift des »Werther«. – Im Dezember erste Begegnung mit dem weimarischen Erbprinzen Karl August in Frankfurt.
1775	Verlobung mit Lili Schönemann. – Einladung nach Weimar. – Herbst: Lösung des Verlöbnisses mit Lili Schönemann. Am 30. Oktober Abreise nach Weimar. – November: Erste Begegnung mit Charlotte von Stein.
1776	April: Goethe bezieht das Gartenhaus an der Ilm. – 11. Juni: Goethe tritt in den weimarischen Staatsdienst. – Ab jetzt beteiligt sich Goethe an den Aufführungen des Weimarer Liebhabertheaters.
1779	Januar: Übernahme der Kriegs- und Wegebau-Kommission. – 5. September: Ernennung zum Geheimen Rat.
1782	25. Mai: Goethes Vater stirbt. – 2. Juni: Goethe bezieht das Haus am Frauenplan. – 3. Juni: Goethe wird in den erblichen Adelsstand erhoben.
1785	Goethe beginnt botanische Studien. – Juni bis August erstmals in Karlsbad.

1786	Juli und August in Karlsbad. 3. September: heimliche Abreise von Karlsbad nach Italien. – Italienische Reise: Venedig, Rom, Neapel, Sizilien.
1788	18. Juni: Rückkehr nach Weimar. – Entlastung von allen Regierungsgeschäften. 12. Juli: Beginn der Lebensgemeinschaft, der Gewissensehe mit Christiane Vulpius.
1789	25. Dezember: Geburt von Goethes 1. Kind, Julius August Walter, in Weimar.
1791	Januar: Ernennung Goethes zum Leiter des neuerrichteten Weimarer Hoftheaters. – Geburt von Goethes 2. Kind am 14. Oktober in Weimar, das jedoch am selben Tag stirbt, ohne getauft zu sein oder einen Namen erhalten zu haben.
1792	Goethe nimmt im Gefolge des Herzogs Karl August an der Kampagne gegen Frankreich teil.
1793	Als Beobachter bei der Belagerung von Mainz. – Geburt von Goethes 3. Kind am 21. November in Weimar, Caroline; das Kind stirbt am 4. Dezember.
1795	Juli und August: Goethe ist in Karlsbad. Geburt von Goethes 4. Kind am 30. Oktober in Weimar, Carl; das Kind stirbt am 16. November.
1797	Goethe macht sein Testament zugunsten von Christiane und August. – Im August Reise der Familie

	Goethe nach Frankfurt zur Mutter und Schwiegermutter. – Goethe reist anschließend in die Schweiz.
1802	26. Juni: Eröffnung des neuen Theaters in Bad Lauchstädt. – Geburt von Goethes 5. Kind am 18. Dezember in Weimar, Kathinka; gestorben am 19. Dezember.
1804	13. September: Ernennung Goethes zum Wirklichen Geheimen Rat mit dem Prädikat Exzellenz.
1805	Januar und Februar: Schwere Anfälle Goethes von Nierenkolik.
1806	Juni bis August: Goethe ist in Karlsbad. 14. Oktober: Schlacht bei Jena. – 19. Oktober: Trauung von Goethe und Christiane Vulpius in der Sakristei der Jakobskirche.
1807	Mai bis September: Goethe ist in Karlsbad. – Dezember: Leidenschaft zu Minchen Herzlieb.
1808	Mai bis September: Goethe ist in Karlsbad und Franzensbad. – Am 13. September stirbt Frau Aja, Goethes Mutter in Frankfurt am Main. Oktober: Unterredungen mit Napoleon in Erfurt und in Weimar.
1810	Mai bis September: Goethe ist in Karlsbad, Teplitz und Dresden.
1811	Mai und Juni: Goethe ist mit Christiane in Karlsbad.

1814	Mai bis Oktober: Goethes Reise in den Rheingau. Begegnung mit Marianne von Willemer.
	Durch Beschluss des Wiener Kongresses wird Sachsen-Weimar-Eisenach Großherzogtum. – 12. Dezember: Ernennung Goethes zum Staatsminister.
1816	Christiane von Goethe, geb. Vulpius, stirbt am 6. Juni.
1817	Goethes Sohn August heiratet am 17. Juni Ottilie von Pogwisch.
1827	Charlotte von Stein stirbt am 6. Januar.
1828	Großherzog Karl August stirbt am 14. Juni.
1830	Goethes Sohn August stirbt am 26. Oktober in Rom.
1832	Goethe stirbt am 22. März in Weimar.

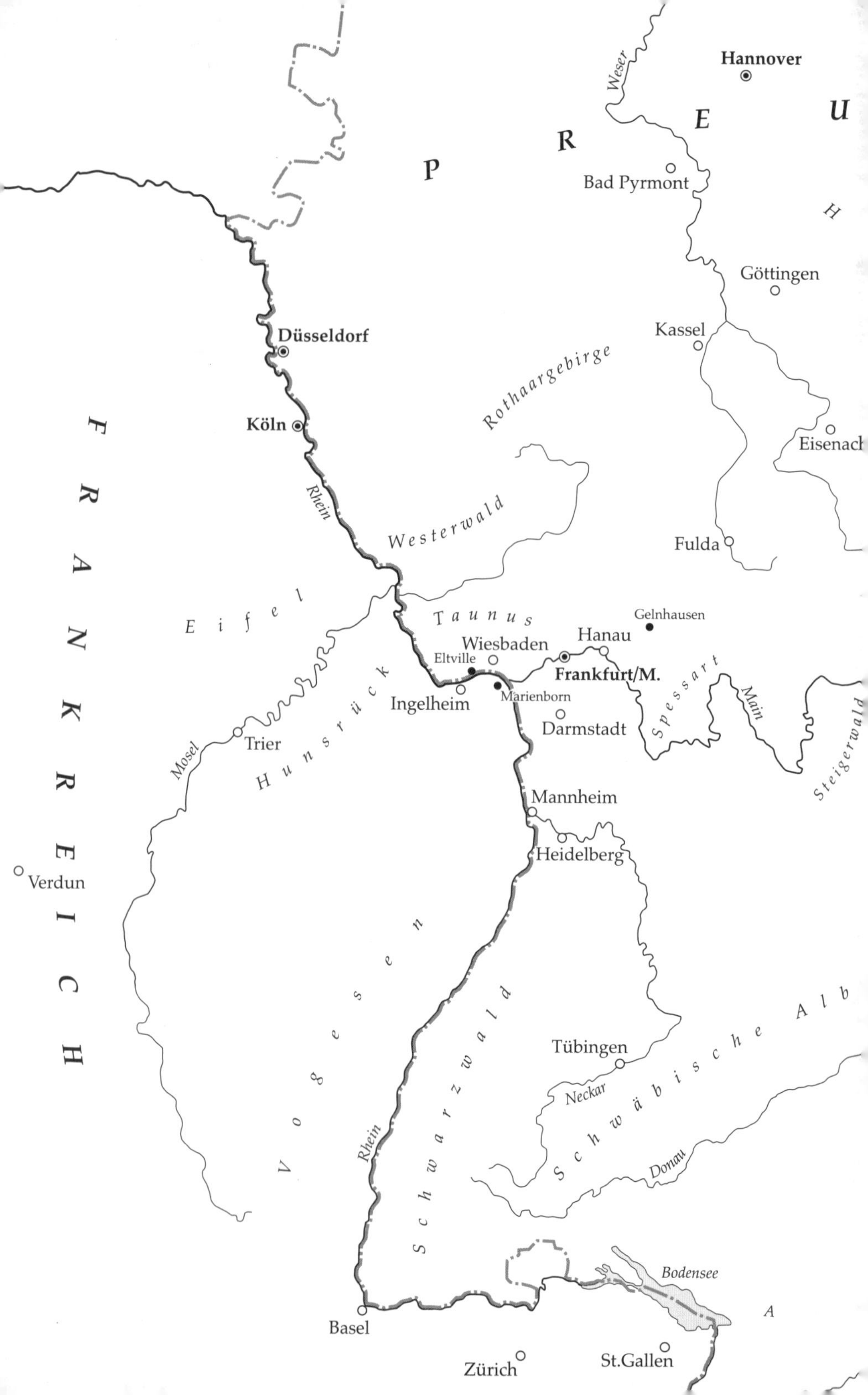
Hannover
Weser
P R E U
H
Bad Pyrmont
Göttingen
Kassel
Düsseldorf
Rothaargebirge
Köln
Eisenach
F R A N K R E I C H
Rhein
Westerwald
Fulda
Eifel
Taunus
Gelnhausen
Wiesbaden
Hanau
Eltville
Frankfurt/M.
Marienborn
Ingelheim
Hunsrück
Spessart
Main
Darmstadt
Mosel
Trier
Steigerwald
Mannheim
Heidelberg
Verdun
Vogesen
Schwarzwald
Schwäbische Alb
Tübingen
Neckar
Rhein
Donau
Bodensee
A
Basel
Zürich
St.Gallen